すぐに役立つ
文例
活用ブック

三省堂編修所＝編

三省堂

はじめに

情報化社会の拡大は、私たちの生活を豊かにしつつも、逆に、知りたい情報の探し方がわからない、その整理のしかたがわからないなどという状況を、もたらしもしました。情報を適格に整理し、解釈し、また判断する能力は、まさしく「言葉の力」によるものでしょう。

『すぐに役立つ　文例活用ブック』では、社会生活を送るうえで悩みがちな文書やメールの作成に重点を置き、さまざま表現集を活用することによって、どのような場面にも対応できる文例集をめざしました。もちろん、文章を書くうえで必要となるポイントについても、随所に丁寧に紹介しています。

本書は大きく、

第一部　すぐに役立つ場面別文例集

第二部　すぐに役立つ多様な表現集

から構成されています。「ビジネス文書とメールの書き方」で基本をおさえ、「【場面別】ビジネス文書文例集・メール文例集」などから、さまざまな場面での具体的な文例を知ることができます。また、すぐに使える多様な【場面別】表現集として「言いかえのフレーズ集」「敬語表現集」、そして「類語・類句集」まで用意いたしました。この一冊で幅広い文例の使い方を知り、日本語の豊穣さを楽しめます。さらに、必要な情報を見つけ出しやすいよう「索引」を付けたのも特徴です。

日本語の基礎的な知識やきまりを体得し、多くの具体例から、ご自身の豊かな言語生活に役立てていただければ幸いです。

三省堂編修所

二〇〇九年四月

目次

はじめに

第1部 すぐに役立つ場面別文例集 10

一 ビジネス文書とメールの書き方 10

◆ビジネス文書編 10

文書の組み立て方 10／手紙の形式（縦書き） 11／
時候のあいさつ〈文例集〉 14

◆メール編 20

電子メールの組み立て方 20／
電子メールのマナーと注意点 22／
携帯メールのポイント 24

◆はじめのあいさつ慣用表現集 28

平常の感謝の意を示す場合 28／
これまでのご無沙汰を詫びる場合 29／
会社の繁栄や相手の健康を祝う場合 30／
突然の連絡を詫びる場合 31

◆結びのあいさつ慣用表現集 32

今後の指導・協力を願う場合 32／
会社の繁栄や相手の健康を願う場合 33／
締めくくりの言葉 34

〈コラム〉ビジネス文書のミニ知識 1 35

二　【場面別】ビジネス文書 文例集──36

◆あいさつする──36
着任・転任のあいさつ 36／退職のあいさつ 38／開業のあいさつ 40／
社長就任・辞任のあいさつ 42

◆贈り物をする──44
お中元を贈る 44／お歳暮を贈る 46

◆お礼を言う──48
お中元のお礼 48／お歳暮のお礼 50／取引先紹介のお礼 52／
アンケート回答のお礼 54

◆連絡する・通知する──56
組織改編の連絡 56／電話番号・ＦＡＸ番号変更の連絡 58

◆依頼する・お願いする──60
価格引き下げのお願い 60／原稿執筆のお願い 62／
著作物使用許諾のお願い 63／アンケートのお願い 64／
工場見学のお願い 66／講演の依頼 68

◆断る──70
商品値引きに対するお断り 70／在庫不足によるお断り 72／
返品に対するお断り 74／出席依頼に対するお断り 76

◆案内する・招待する──78
祝賀会の案内 78／新年会の案内 80／講演会の案内 82／
親睦会の案内 84

◆苦情を言う・催促する――86
入金の催促 86／商品遅延の催促 88／
代金支払いの催促 90／
商品破損の苦情 92
◆お詫びする――94
納品遅延のお詫び 94／納入不手際のお詫び 96／
欠席のお詫び 98／商品破損のお詫び 100／
苦情に対するお詫び 102

三……【場面別】メール 文例集――104

◆お礼を言う――104
打ち合わせのお礼 104／食事会のお礼 105／
贈り物をもらったときのお礼 106／
依頼物が届いたときのお礼 107／
展示会に来てもらったお礼 108
◆報告する・通知する――109
会社移転・社名変更の連絡 109／
電話番号・FAX番号変更の連絡 110／
取引先への納品報告 111／上司への状況報告 112／
会議・打ち合わせの報告 113／
社員旅行の通知 114／
社内へのシステムメンテナンスの通知 115

◆お詫びする――116
納品遅延に対するお詫び 116／打ち合わせ日程変更のお詫び 117／苦情に対するお詫び 118／原稿遅延のお詫び 119
◆依頼する――120
訪問の依頼 120／見積もりの依頼 121／資料送付の依頼 122／原稿執筆の依頼 123
◆催促する――124
原稿遅延の催促 124／入荷遅延に対する催促 125／見積もりの返事に対する催促 126／入金の督促 127
四……公的文書の書き方例集――128
婚姻届の書き方 128／養子縁組届の書き方 128／離婚届の書き方 129／出生届・出生証明書の書き方 129／死亡届・死亡診断書の書き方 129／企業への照会 140／企業への依頼 141／身上書 142／履歴書 143／職務経歴書 144／始末書 145／進退伺 146／退職届 147
〈コラム〉ビジネス文書のミニ知識 2――148

第2部 すぐに役立つ多様な表現集

◆分類分け一覧表 150

一 【場面別】言いかえのフレーズ集 152

◆あいさつする 152
◆贈り物をする 153
◆お礼を言う 154
◆連絡する・通知する 155
◆依頼する・お願いする 156
◆断る 157
◆苦情を言う 158
◆催促する 159
◆案内する・招待する 160
◆お詫びする 161

二 【場面別】敬語表現集 162

◆敬語の種類 162
◆敬語表現集 165

三【場面別】類語・類句集 176

◆手紙に関係のある言葉 176
◆贈り物に関係のある言葉 178
◆人やものを呼ぶ言葉 179
◆年齢に関係のある言葉 181
◆伝統行事に関係のある言葉 182
◆自然について表現する言葉 183
◆衣食住に関係のある言葉 190
◆気持ちに関係のある言葉 191
◆日常で使う言葉 200
◆日常で使う言葉　50音別類語集 247

50音主要索引 332

第1部

すぐに役立つ場面別文例集

一　ビジネス文書とメールの書き方

二　【場面別】ビジネス文書　文例集

三　【場面別】メール　文例集

四　公的文書の書き方例集

一 ビジネス文書とメールの書き方

ビジネス文書編

文書の組み立て方

文書の書き方には、一定のルールがある。基本的なマナーではあるが、これを押さえておかないと仕事に支障を来すばかりか、会社どうしのトラブルにも発展しかねないので注意が必要である。

文書の場合、記録としてあとに残るものである。電話などとは違って、何度でも読み返すことができるため、誤記には十分気をつけたい。特に金額や数量などの表記については細心の注意が必要である。

このような心構えは、ファックス・電子メールなど、別の媒体でのコミュニケーションについても同様である。

◆手紙の形式と例文

①前文	起首（頭語） 時候のあいさつ	拝啓 陽春の候
	先方の安否	○○様には、ますますご健勝のこととお喜び申し上げます。
	当方の安否	おかげさまで、小社も順調に業績を伸ばしております。
	お礼やお詫びの言葉	平素はご無沙汰しておりまして、申し訳ございません。
②主文	起辞	ところで、
	用件	私、このたび、三十年来勤めてまいりました○○新聞社を、三月末日をもちまして、定年退職いたします。

起首と結語

一般的な往信
拝啓／拝呈／啓上／啓白
（⇩敬具／拝具／拝白）

一般的な返信
拝復／復啓／拝答
（⇩敬具／拝具／拝白）

特に丁重な場合
謹啓／粛啓／恭啓／謹呈
（⇩敬白／謹白／謹具／再拝）

前文を省略する場合
前略／略啓／略陳／草啓／冠省
（⇩草々／匆々／不一／不備）

②主文	用件	在職中はひとかたならぬご高配にあずかり、厚く御礼申し上げます。今後とも、変わらぬご厚誼を賜りますよう、よろしくお願い申し上げます。
③末文	結びのあいさつ 結語	まずは、取り急ぎごあいさつまで。 敬具
④後付け	日付 差出人の署名 宛名 わき付け	平成☆年二月＊日 ××× ○○○○様 机下
⑤副文	追伸	追伸　お暇なときにでも、囲碁のお付き合いをお願いいたします。

手紙の形式（縦書き）

①前文

a 起首（または頭語）

行の初めから下げずに書き、起首は文末の結語とペアにする。

起首はあらたまった手紙では欠かせないが、これを省いて、時候のあいさつから書き出してもかまわない。

「前略」の場合

起首を「前略」とした場合は、あとに述べるb～dを省略し、すぐ主文に入ることができる。ただし、目上の人への手紙には、普通使わない。

b 時候のあいさつ

四季豊かな日本ならではのスタイルで、季節感を楽しむ。起首のあと改行してもよいし、一字分あけて続けてもよい。

c 日常生活のあいさつ

まず相手の様子を尋ね、次に、自分や自分の会社について近況を伝える。

★相手の様子を尋ねる言葉

「貴社、ますますご清祥のこととお喜び申し上げます」

「○○様には、お健やかにお過ごしのことと存じます」

「皆様お変わりなくお過ごしでしょうか」

※親しい人に対しては、「お元気でしょうか」「いかがお過ごしでしょうか」などでもよい。

★自分や会社について、近況を伝える言葉

「私（男性なら「小生」を使ってもよい）はおかげさまにて元気に過ごしております」

「小社におきましては、新製品の発売が続いており、多忙な毎日を過ごしております」

d おれやお詫びの言葉

「日頃種々ご高配を賜りありがとうございます」

「日頃ご無礼のみ重ね深くお詫び申し上げます」

※親しい取引先には、「先日はありがとうございました」などでもよい。

> **字配りのコツ**
> ・相手を示す言葉が行の終わりに来ないようにする。
> ・自分を示す言葉が行の初めに来ないようにする。

② 主文

文書の中心部分である。手紙を出す目的・用件を要領よくまとめて、すっきりした文章にする。

★主文の書き出し

「ところで」「さて」などのつなぎ言葉で書き始めると、文が自然に流れる。これを「起辞」という。起首（頭語）を「前略」とした場合は、書き始めは「早速ですが」などとする。

> **主文を上手に書くコツ**
> ・文は短くまとめる。句読点や改行を効果的に使って、内容の重点がはっきりするように書く。
> ・同じ語句をあまり繰り返して使わないほうがよい。

③ 末文

a 結びのあいさつ

文書を締めくくる言葉を書き、主文を要約するひとことをつけ加える。

★締めくくりの言い回し

「乱筆乱文お許しください」

「以上、どうかよろしくお願い申し上げます」

「今後のご活躍をお祈りいたします」

「寒さの厳しい折、くれぐれもご自愛くださいませ」

※親しい人には「これからもよろしくね」「それではお元気で」などでもよい。

★主文を要約する言葉

「とりあえずご報告かたがた御礼まで」

「まずは略儀ながら書中をもってごあいさつ申し上げます」

b 結語

文書の終わりの区切りに書く。普通、下から一字分上げた位置に書く。はがきの場合は、これ以降は書かない。

※起首（頭語）との対応については、11ページの表参照。

④後付け

a 日付

二字ほど下げて、手紙を書いた日を記す。お祝い事などでは、「十月吉日」のように書くこともある。

b 差出人の署名

下から一、二字分上げて書き終わるようにする。署名は必ず姓名を書く。姓だけでは失礼にあたる。

c 宛名

日付より上、本文よりやや下に、署名より大きめの字で書く。

> **宛名の敬称**
>
> 個人…「様」　場合によっては「先生」
>
> 会社や団体…「御中」
>
> 複数の人…「各位」

d わき付け

宛名の左下に、「机下」、「侍史」、「みもと(許)に」(差出人が女性の場合)、「御中」(団体・会社などにあてる場合) などの言葉を添えることがある。

> **会合などのお知らせの手紙の場合**
>
> 後付けのあと、一行の中ほどに「記」と書き、改行のうえ、「日時」や「場所」を明記する。必要なら、会場の住所・電話番号を付記し、別紙に会場の案内地図を入れるなどする。

⑤副文

すべて書き終わったあとに、さらにつけ加える事柄がある場合、「追伸」「二伸」「追って」などとして、そのあとを一、二字分あけて書く。

> **横書きの手紙**
>
> ※後付けは、横書きでは一部、前付けになる。
>
> ①（前付け）日付…右に寄せて書く。
>
> ②（前付け）宛名…左に寄せて書く。
>
> ③前文……起首（頭語）は左に寄せて書く。
>
> ④主文
>
> ⑤末文…結語は右に寄せて書く。
>
> ⑥（後付け）差出人の署名…右に寄せて書く。
>
> ⑦副文

時候のあいさつ〈文例集〉

正月

○新春（初春・迎春・新陽《しんよう》・年始）の候（みぎり）
○謹んで新年のお慶（喜）びを申し上げます
○希望にあふれる新しい年を迎えました
○寒さも緩《ゆる》み気持ちのよいお正月を迎えました
○厳しい寒さの中、穏やかに年も明けました

一月

○厳寒（極寒・酷寒・厳冬・中冬）の候（みぎり）
○七草も慌ただしく過ぎてしまいました
○松飾りが取れ、普段の生活が戻ってまいりました
○初春とはいえ、毎日厳しい寒さが続いております
○寒さも急に増したように感じております
○寒気殊《こと》のほか厳しい頃となりました
○日を追って募る寒さに閉口しております
○近年にない寒さに縮み上がっております
○日ごとに寒さも加わり、こたつに親しむ毎日です
○寒風の吹きすさぶ毎日を迎えております
○みぞれ混じりの寒空に、身も縮む日が続いております
○積もる雪に一段と寒さを増す頃となりました

二月

○余寒（残冬・残寒・晩冬・向春）の候（みぎり）
○暦の上の春を迎え一息ついております
○立春とは名ばかりの寒い毎日を迎えております
○余寒なお骨身にこたえる日が続いております
○冬に後戻りしたような寒さを迎えました
○残雪に身の縮む日が続いております
○雪解けの水もようやくぬるみはじめてまいりました
○朝夕には、まだ厳しい寒さが残っております
○春はまだ浅いとはいえども、少しずつ日脚《ひあし》が伸びはじめたのが感じられます
○春もなお遠く、寒さの身にしみる日を過ごしております
○節分も過ぎ、寒さの中にも春の気配が感じられるようになりました
○思わぬ大雪に春が遠のく思いがします
○春の訪れを待ちわびる頃となりました
○梅のつぼみも膨らみかける頃となりました
○梅の一輪にも暖かさを感じる頃となりました
○早咲きの水仙に春の香気が感じられます
○うぐいすの初音《はつね》を耳にするようになりました
○日ざしにも春の息吹《いぶき》を感じる頃となりました
○春の訪れを思わせる頃となりました
○寒さの中にも春の足音が聞こえるようです

三月

○早春（浅春《せんしゅん》・春寒・啓蟄《けいちつ》・春陽）の候（みぎり）
○遠くの山々はまだ白雪に覆われております
○春とは名ばかりで厳しい寒さが続いております
○寒暖も定まらぬ毎日を迎えております
○今日は久しぶりに暖かい日を迎えております
○久しぶりに穏やかな好天を迎えました
○朝夕はともかく、昼間はようやくしのぎやすくなりました
○春寒もようやく緩《ゆる》む日を迎えるに至りました
○日ざしもようやく春めいてまいりました
○日を追って暖かさを加えております
○桃の節句が過ぎ、いよいよ春らしくなってまいりました
○寒さも緩み、一雨ごとに春めいてまいりました
○一雨ごとに暖かくなってまいりました
○辺りもようやく春めき、心も何となくのどかになりました
○日増しに暖かさを加える頃となりました
○何となくのどかな日を迎えております
○春の光に誘われる頃となりました
○庭の趣にも春の近づきを感じるようになりました
○桜のつぼみも膨らむ頃となりました
○桃の花がよい匂いを漂わせております
○花の便りも聞かれる頃となりました

四月

○春暖（陽春・春色・春和・桜花）の候（みぎり）
○春たけなわの好季節となりました
○ようやく暖かさを増してまいりました
○暖かい毎日を迎え心も弾んでおります
○快い春眠の朝を迎える頃となりました
○野辺にはかげろうの立つ頃となりました
○桜の花もほころび、心の何となく浮き立つ頃となりました
○花の便りに心を弾ませる頃となりました
○木蓮の花が匂う季節となりました
○菜の花の黄色が目にまぶしく映ります
○桜の花も満開の昨今でございます
○桜花爛漫《おうからんまん》の季節を迎え、心も晴れ晴れとしております
○いつしか葉桜の季節を迎えております
○おぼろ月夜を楽しむ頃となりました
○春雨に煙る季節となりました
○庭の若葉も一段とさわやかに感じられる頃となりました
○山の装いもすっかり春を迎えました
○花冷えで肌寒い日が続いております
○菜種梅雨《なたねづゆ》でぐずついた天気が続いております
○昨晩は春雷に驚かされました

五月

○新緑（薫風《くんぷう》・晩春・惜春・初夏）の候（みぎり）
○風も薫る好季《こうき》を迎えました
○寒からず暑からずのよい季節となりました
○こいのぼりに心も浮き立つ頃となりました
○五月晴れに明るさを取り戻しております
○青葉若葉の季節となりました
○若葉のもえたつ頃となりました
○青葉を渡る風も懐かしい頃となりました
○目にもまばゆい緑の季節を迎えました
○新緑もひときわ鮮やかに感じるようになりました
○新茶の香りを楽しむ頃となりました
○初鰹のおいしい季節になりました
○庭の躑躅《つつじ》が咲き乱れる頃となりました
○店頭には掘ったばかりの筍《たけのこ》が並ぶようになりました
○カーネーションが店頭を飾る頃となりました
○晩春の物憂さを感じる昨今となりました
○行く春を惜しむ頃となりました
○さわやかな初夏の風を楽しむ頃となりました
○暑さに向かう頃となりました
○雲の様子からも夏が近いことを感じます
○うっすらと汗ばむ今日この頃です

六月

○梅雨《つゆ》（初夏・向暑・麦秋・薄暑《はくしょ》）の候（みぎり）
○初夏の風もすがすがしい頃となりました
○吹く風にも初夏のさわやかさを感じるようになりました
○青田を渡る風も快く感じられる頃となりました
○心もめいるような雨の毎日を迎えております
○毎日うっとうしい梅雨が続いております
○連日の雨に悩まされる昨今となりました
○梅雨空に心も湿りがちな毎日を迎えております
○梅雨とはいえ連日の雨に退屈しております
○空梅雨に蒸され暑さもひとしおの毎日を迎えております
○梅雨とはいえ好天の日を迎えております
○今年はどうやら空梅雨のようで好天が続いております
○あやめの便りも聞かれる頃となりました
○庭のあじさいも雨に濡れる毎日となりました
○連日の雨で木々の緑も濃くなったように感じられます
○暑さを感じる日を迎えております
○日ごとに暑さの加わる頃となりました
○蒸し暑い日が続きぶらぶらと過ごしております
○夏至《げし》を過ぎた頃から吹く風がすっかり夏らしくなりました
○プール開きの便りにいよいよ夏の到来を感じます
○夜の明けるのも早く寝不足がちの日が続いております

七月

○猛暑（酷暑・炎暑・盛夏・三伏《さんぷく》）の候（みぎり）
○梅雨空も明けて緑も色を増したように感じられます
○梅雨も上がり、暑さもひときわ加わってまいりました
○梅雨明けの暑さもひとしお身にしみております
○海山の恋しい季節を迎えました
○いよいよ酷暑を迎える昨今となりました
○暑さも殊《こと》のほかひどく感じられる毎日を迎えております
○炎暑まことにしのぎがたい日が続いております
○厳しい暑さに蒸される日が続いております
○数日前から暑さ特に激しく困り果てております
○三十度を超す暑さに身の置きどころもない昨今となりました
○草木も枯れ果てるような暑さが続いております
○さっとひと雨ほしいこの頃です
○せみの声にも暑さを感じる日を迎えております
○寝苦しい毎夜を迎えております
○夏祭りでにぎわう頃となりました
○風鈴の音が心地よく聞こえております
○夜空の花火にひとときの涼を感じております
○真っ青な空に入道雲が浮かぶ頃となりました
○暑中お見舞い申し上げます（小暑〔七月七日頃〕から立秋〔八月八日頃〕まで）

八月

○残暑（残夏・晩夏・新涼・秋暑）の候（みぎり）
○立秋とは名のみで相変わらず暑さに悩まされております
○秋とはいいましても、まだまだ当分は暑い日が続くようです
○日中の暑さなど、なお耐えがたい日が続いております
○猛夏も去りやらぬ日が続いております
○残暑なお厳しい日が続いております
○残暑ひときわ身にこたえる日が続いております
○涼風が恋しいこの頃です
○花もしおれるほどの暑さにぐったりしております
○帰省シーズンを迎え、静かな田舎町もいつになくにぎわっております
○子どもたちは夏休みの宿題に大忙しです
○暑さも峠を越したように感じられます
○朝夕は多少ともしのぎやすくなりました
○美しい夕焼けを迎えるようになりました
○たびたびの落雷に肝を冷やしております
○虫の声がしげく聞かれるようになりました
○海に土用波が立ちはじめる頃となりました
○吹く風に秋を感じる頃となりました
○空の色に秋の気配を感じるようになりました
○残暑お見舞い申し上げます（立秋〔八月八日頃〕以降）

九月

○秋涼（清涼・新涼・初秋・新秋）の候（みぎり）
○秋とは申しながらも残暑の厳しい日が続いております
○さしもの猛暑もようやく勢いを失ったように思われます
○朝夕は幾らかしのぎやすくなってまいりました
○朝夕に多少とも冷気を感じる頃となりました
○近年にない暴風雨に肝を冷やしております
○夜来の風雨もすっかりおさまりました
○二百十日も無事に過ぎ一息ついております
○長雨もようやくおさまり、にわかに秋色を帯びてまいりました
○秋気の訪れを感じるようになりました
○木の葉のそよぎに秋を感じる頃となりました
○虫の声に秋の訪れを感じる頃となりました
○秋気ひときわ身に感じる頃となりました
○一雨ごとに秋も深まってまいりました
○七草も咲きそろう頃となりました
○すすきの穂も揺れる季節を迎えました
○庭の柿が色づきはじめました
○月が冴《さ》えて美しい季節となりました
○澄みわたる秋空に赤蜻蛉《あかとんぼ》が飛び交う季節がやってまいりました
○天高く馬肥ゆる秋です

十月

○秋冷（秋色・秋容・清秋・寒露）の候（みぎり）
○秋風の快い季節となりました
○秋たけなわの季節がめぐってきました
○秋もようやく深まってまいりました
○天もひときわ高く感じられる頃となりました
○気持ちのよい秋色に包まれるようになりました
○日増しに秋も深まり、灯火《とうか》に親しむ頃となりました
○読書の好季を迎え、落ち着いた日を過ごしております
○ずいぶんと日が短くなってまいりました
○夜長を楽しむ季節となりました
○虫の声も消え入るようなこの頃となりました
○菊薫る今日この頃となりました
○紅葉《もみじ》もひときわ鮮やかに彩られてまいりました
○街路樹の葉も、日ごとに黄ばむ頃となりました
○銀杏《いちょう》の葉が黄金色に色づいてまいりました
○新米の出まわる時節となりました
○栗、秋刀魚《さんま》、松茸など、実りの秋を迎えました
○食欲の秋と申しますとおり、何をいただいてもおいしい季節となりました
○空には鰯雲《いわしぐも》が広がっております
○夜寒を迎える頃となりました
○秋冷日増しに募る頃となりました

十一月

○向寒（暮秋・晩秋・初霜・霜降）の候（みぎり）
○秋の色もようやく深みを増してまいりました
○山々の紅葉も、ひときわ色を増してまいりました
○紅葉があでやかな季節を迎えました
○虫の音も何となく衰えてまいりました
○夜長をもてあます毎日に退屈しております
○夜寒が身にしみる季節となりました
○そろそろこたつが恋しくなる頃です
○朝夕はひときわ冷え込む日が続いております
○日増しに寒さの募る昨今を迎えております
○冷気も急に加わったように感じております
○初霜に秋の終わりを感じる頃となりました
○庭に霜柱が立つようになりました
○霜枯れの季節が到来しました
○雪の便りが届くようになりました
○街路には銀杏《いちょう》の葉が散り積もっております
○道に落ち葉の散り敷く頃となりました
○北風に枯れ葉舞う季節です
○木枯らしが吹き始めました
○落ち葉焚きがうれしいこの頃です
○朝夕はめっきり冷え込み冬支度《ふゆじたく》に追われております
○小春日和《こはるびより》の穏やかなお天気が続いております

十二月

○寒冷（寒気・霜寒・初冬・季冬）の候（みぎり）
○日増しに寒さに向かう毎日となりました
○寒気日ごとに募る昨今となりました
○師走の寒さを感じる昨今となりました
○オーバーの手放せない頃となりました
○寒気もいよいよ強く朝夕は縮まる思いをしております
○木枯らしも骨身にこたえるようになりました
○木枯らしに一段と寒さを感じる頃となりました
○池にも薄氷の張る朝を迎えました
○初雪の待たれる頃となりました
○ちらちらと雪の舞う頃となりました
○夜来の雪に外出しかねる朝を迎えました
○降り積もる雪に閉じ込められております

年末

○歳末（歳晩・歳終・窮陰《きゅういん》・月迫《げっぱく》）の候（みぎり）
○心せわしい年の瀬を迎えるようになりました
○年の瀬もいよいよ押し詰まってまいりました
○今年も余日少なくなりました
○迎春の準備に忙しい頃となりました

メール編

電子メールの組み立て方

電子メールを成り立たせている要素は、メーラー（電子メールを読み書きするためのソフト）によりデザインや呼称に多少の違いはあるが、ほぼ同じものと考えてよい。ここでは、Microsoft® Outlook Express に沿って解説する。

☆　☆　☆

ヘッダー

そのメールに関する情報を載せた部分。送信者の名前とメールアドレス、発信日時、宛先のメールアドレス、件名、経路情報（そのメールがネットワークのどこを通ってきたか）など。メーラーにより表示される項目の数は異なる。メールを送信する場合、ヘッダーには通常、宛先と件名だけ書き込めばよい。自分の名前とメールアドレスはメーラーに登録しておくと自動的に入る。発信日時も自動で入る。

宛先

アドレス帳機能を使って指定すれば、登録されている名前が入る。頻繁に送信する人については登録しておくと便利。

CC

カーボンコピー（carbon copy）の略。宛先の写しのこと。正式の宛先以外の人にも参考までに伝えておきたい内容の場合、CCを使うと、同時に何人もの人に同じメールを送ることができる。また、送られた人たちにも、同じ内容のメールが誰に送られたかがわかる。

BCC

ブラインドカーボンコピー（blind carbon copy）の略。発信者だけが知っている宛先の写しという意味。CCを使いたいが、送られた人どうしに面識がなく、名前やメールアドレスを伏せたい場合などにBCCを使う。

件名

表題。メールの内容を簡潔に表すもの。メールは受信されると、件名が一覧になって表示される。用件が相手に一目でわかるように短く具体的につける。ビジネスメールでは特に気を使いたい。「会合の日時決定」「2月3日の発注内容確認」はわかりやすいが、「昨日の件」「お願いがあります」などはわかりにくい。

本文

実際に用件が書いてある部分。通常は文章と署名で構成される。基本は左寄せ、一行30文字程度で改行する。

引用

返信メールを設定すると相手の文章に自動的に＞などのマークが付く。受け答えに活用する。

署名

送信者がサイン代わりに書くもの。名前・所属のほか、メールアドレス、ホームページアドレスなどを入れるのが一般的。一度作成すれば登録できる。

Microsoft Corprationのガイドラインに従って画面写真を使用しています。

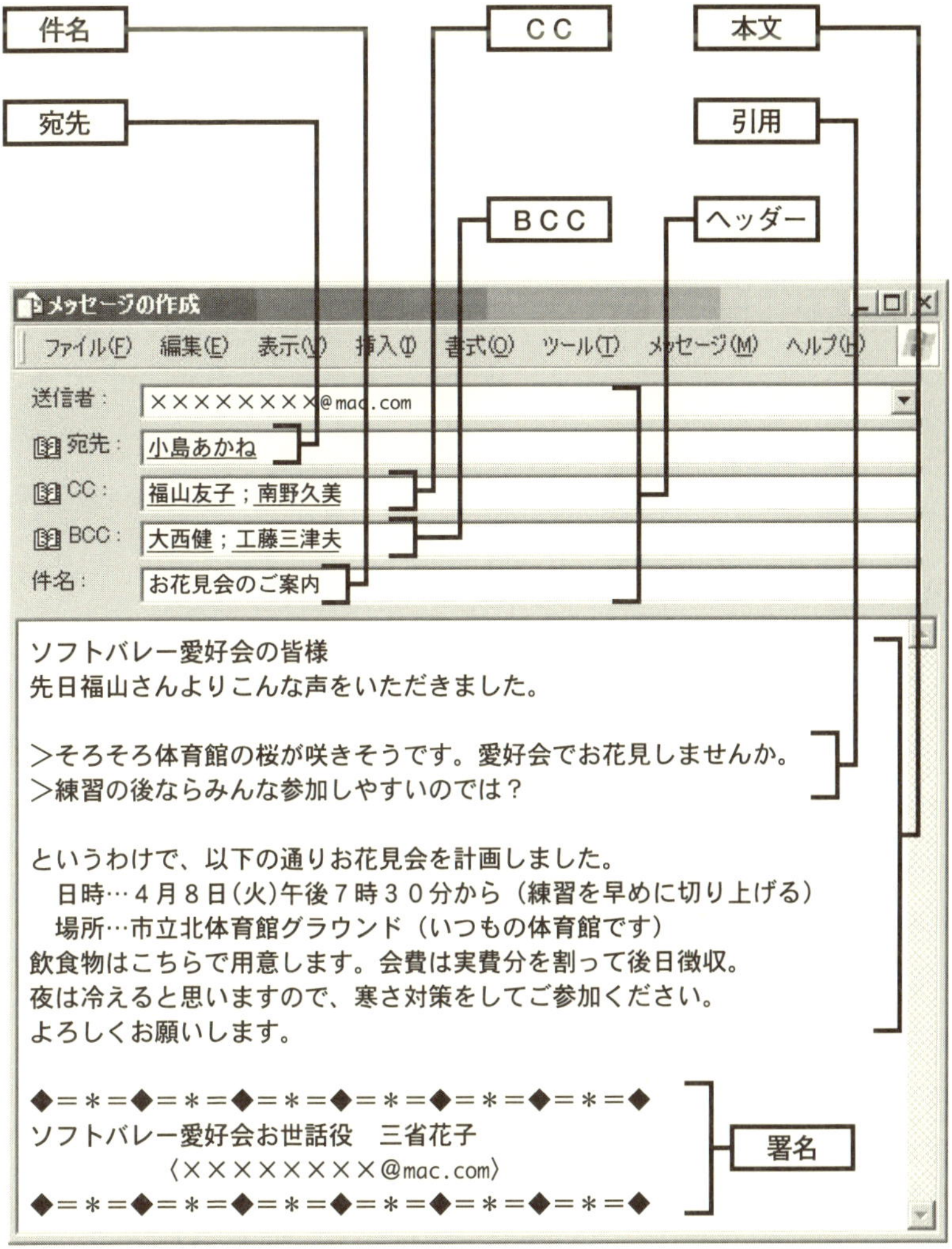
件名
宛先
CC
BCC
本文
引用
ヘッダー
メッセージの作成
ファイル(F) 編集(E) 表示(V) 挿入(I) 書式(O) ツール(T) メッセージ(M) ヘルプ(H)
送信者： ××××××××××@mac.com
宛先： 小島あかね
CC： 福山友子；南野久美
BCC： 大西健；工藤三津夫
件名： お花見会のご案内
ソフトバレー愛好会の皆様
先日福山さんよりこんな声をいただきました。
＞そろそろ体育館の桜が咲きそうです。愛好会でお花見しませんか。
＞練習の後ならみんな参加しやすいのでは？
というわけで、以下の通りお花見会を計画しました。
日時…４月８日(火)午後７時３０分から（練習を早めに切り上げる）
場所…市立北体育館グラウンド（いつもの体育館です）
飲食物はこちらで用意します。会費は実費分を割って後日徴収。
夜は冷えると思いますので、寒さ対策をしてご参加ください。
よろしくお願いします。
◆＝＊＝◆＝＊＝◆＝＊＝◆＝＊＝◆＝＊＝◆＝＊＝◆
ソフトバレー愛好会お世話役　三省花子
〈××××××××××@mac.com〉
◆＝＊＝◆＝＊＝◆＝＊＝◆＝＊＝◆＝＊＝◆＝＊＝◆
署名

Microsoft

電子メールのマナーと注意点

◆電子メールのマナー

電子メールに限らず、インターネットを利用するうえで守るべき暗黙のルールがある。「ネチケット（＝ネットワーク上のエチケット）」といわれ、一般的に「公序良俗に反する内容を発信しない」「プライバシーや著作権に配慮する」の二点をいう。電子メールも、これに従い節度をもって利用する。

また、電子メールはコミュニケーションの手段であり、人間関係を円滑にするために心がけておくとよいマナーもある。電子メールを利用する際の注意を具体的に並べると次のようになる。

◎宛先を間違えない

当然のことだが、送り先はよく確かめてから送信する。

◎件名を忘れない

件名がないと内容がすぐにはわからず、相手には不便である。大量のメールを受信する立場の人は、受信トレイにずらりと並ぶ件名を見て処理の優先順位を決めることが多い。後で必要なメールを探す時にも件名が手がかりになる。

また、件名は短く、具体的なものを工夫して付けることが望ましい。

◎機種依存文字を使わない

特定メーカーの機種でなければ読めない文字や記号は「機種依存文字」と呼ばれる。相手が同一機種を使用している場合は問題ないが、そうでない時は文字化けをするおそれがある。

おおむね、キー上面に表示されている文字や記号、ＪＩＳコードに割り付けられている文字や記号の範囲でメールを作成しておけば間違いない。

主な機種依存文字

丸付き数字…………①②❶❷
ローマ数字……………Ⅰ Ⅱ Ⅲ Ⅳ
罫線文字…………┬ ├ ┤
合字… ㈱ ㈶ ㌀ ㌔ ㍻ ㍼ ㎐ ㎗
特殊文字………ゔヸヹヺ✈✌
自分で作った外字…ロゴマークなど

◎不適切な内容のメールを送らない

第三者に対するプライバシーの侵害、不利益になる内容、公序良俗に反する内容のメールや相手が不快になるような感情的なメールを送らない。

◎もらったら早めに返事を出す

出したメールを読んでもらえたかどうかは、通常、返事をもらわない限りわからない。受け取ったということを知らせるためにも、返事を出すよう心がけたい。特に、仕事上の重要なメールの場合は早めに返事を出す。返事をゆっくり書く時間がない時は、受け取ったことだけを簡潔に伝えればよい。

◎むやみに転送しない

原則として他人からのメールは無断で転送しない。プライバシーや著作権保護の観点から重要なことである。相手の書いた文章が本人の知らないところで使われては困るし、個人情報であるメールアドレスも知られてしまう。

書いた本人の許可なく内容に手を加える、また、都合のよい部分だけを選んで転送するなどは言語道断である。メールの文章は加工しやすいだけに扱いには十分な注意が必要である。

◎引用は出典を明記する

第三者の著作物を引用する場合は、通常の文書での引用と同様、必要最小限の量にとどめ、著者名を明記する。出版物からの引用の場合は、書名・著者名・出版社名を明らかにする。また、引用部分と自分自身の考えなどを書いた部分との区別がはっきりするように書く。

◆――メール文の書き方

電子メールが便利なのは、やりとりが手早くできるからである。それを生かし、次の点に注意して書くとよい。

◎画面をスクロールせずに読める分量におさえる

電子メールは画面で読む。メール文が長く、スクロールしなければならないのは面倒である。開いた時に一目で全文が見渡せる程度の分量にまとめるのが望ましい。

◎一メールに一用件とする

複数の用件があっても、なるべく一つのメールに一つの用件にとどめる。「クレーム処理のご相談」という件名に、別件の、会合日時変更のお知らせが入っていたりすると、受け取った人が後で会合日時を確認したい時、目当てのメールを探すのに苦労する。また、長くなるため、後半に書いた内容に気付いてもらえないということも起こりうる。

◎起首（頭語）・時候のあいさつ・結語はいらない

迅速を旨とする電子メールでは、通常の手紙のような「拝啓　春暖の候となり……。敬具」という起首（頭語）・時候のあいさつ・結語を省略するのが普通である。個人宛の場合は本文冒頭に「○○様」と入れて書き出せばよい。

◎頭括型がよい

頭括型とは、結論を最初に置く叙述の型。通常の説明文などは結論が最後の尾括型が多いが、伝達を主目的とする文章に適しているのは頭括型である。

重要事項や結論を先に書くと、相手にすぐ要点を理解してもらえる。書く内容も整理でき、文章量をおさえることにもつながる。

◎改行や一行空けで見やすく

一文一文を短くし、内容の切れ目で改行して適宜段落分けをすると読みやすくなる。話題の変わり目で一行空けるのもよい。箇条書きも活用しよう。ビジネスメールは印刷されたり回覧されたりする場合もあるので、見やすく仕上げたい。

携帯メールのポイント

◆携帯メールの注意点

◎改行位置に注意して、簡潔な文面に

パソコンから携帯へ送る場合に注意しなければならないのは改行位置である。パソコンでは、30字～35字を目安に改行すると読みやすいが、パソコンから携帯へ送る場合、改行位置がずれて読みにくくなる場合が多い。また、一行空きも、携帯メールでは大きな余白となる。携帯メールへ送る場合は、無駄な改行や余白をなくし、簡潔な文面を心がけることが大切である。

件名：追加発注のお願い

○○株式会社
○○様

いつもお世話になっております。

至急、下記の数量を弊社まで送っていただけないでしょうか。
(1) ○○○○……………………100個
(2) △△△△（○○○用）……50個

以上、お忙しいとは存じますが、
よろしくお願い申し上げます。

株式会社○○○○

パソコンから携帯電話へ
送信すると……

× 悪い例

To：○○○○○

Sub：追加発注のお願い

添付：

○○株式会社
○○様

いつもお世話になっており
ます。

至急、下記の数量を弊社ま
で送っていただけないでし
ょうか。
(1) ○○○○………………
…100個

○ 良い例

To：○○○○○

Sub：追加発注のお願い

添付：

お世話になっております。
緊急のご連絡です。
至急
・○○○○100個
・△△△△50個
お送りください。
お忙しいところ、お手数を
おかけいたしますが、よろ
しくお願いいたします。
株式会社○○○○

◎深夜や早朝は避けたほうが無難

メールの大きな利点のひとつに、相手の都合をそれほど気にすることなく送信ができるということがある。ただし、同じメールでも、パソコンと携帯では少し事情が異なる。

メールを読もうという意思をもって自分から受信メールをチェックするパソコンと違い、携帯電話は、自分の意思とは関係なく受信音が鳴る。寝ている間もすぐそばに置いておくというケースも多く、時間を気にせずに自分の都合で送るのは慎んだほうが賢明である。受信音が鳴ればメールも電話も同じ。深夜や早朝のメールは控えるのが、大人としてのエチケットと心得たほうがよいだろう。

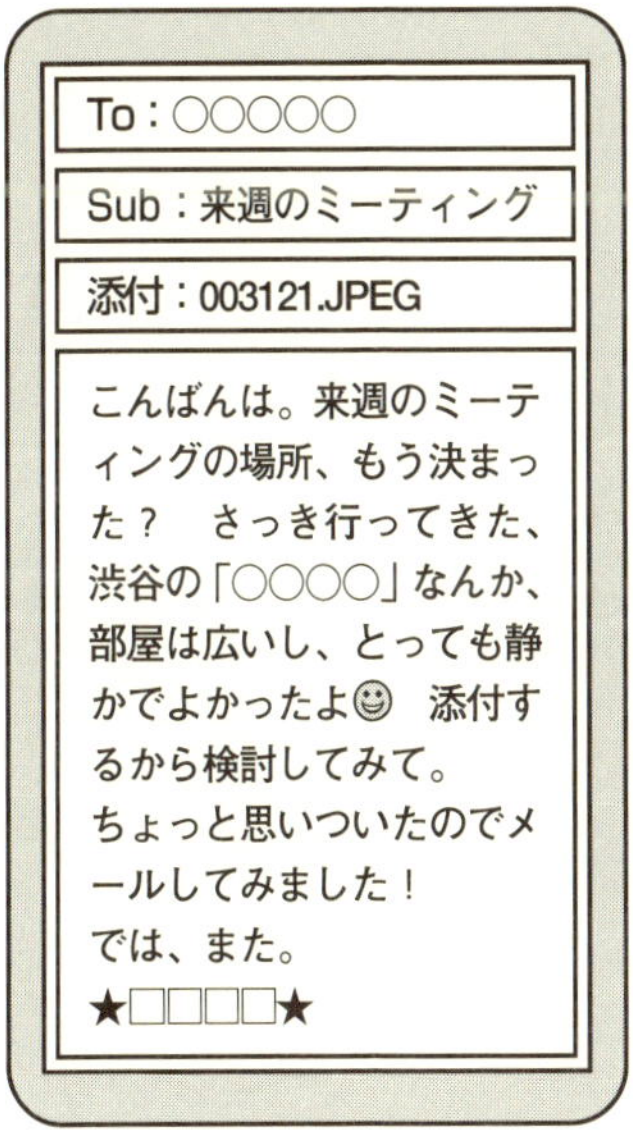
To：○○○○○
Sub：来週のミーティング
添付：003121.JPEG
こんばんは。来週のミーティングの場所、もう決まった？　さっき行ってきた、渋谷の「○○○○」なんか、部屋は広いし、とっても静かでよかったよ　添付するから検討してみて。
ちょっと思いついたのでメールしてみました！
では、また。
★□□□□★

◎絵文字の使いすぎには注意

カラフルで楽しいイメージは大切だが、どんなに親しい上司であっても、仕事絡みでメールを送る際に絵文字を濫発するのは問題である。たとえ親しい間柄であっても、相手によっては絵文字だらけの文章を読みにくいと感じるかもしれない。

最近では、さまざまな画像を取り入れて、カラフルに着飾ったメール画面にすることも可能だが、それらはお互いの了解があって初めて成り立つもの。誰にでも送るのは避けたほうが無難である。特に、重要なビジネスの場面で絵文字だらけのメールを送るのは印象を悪くしかねない。節度のあるメール送信を心がけなければならない。

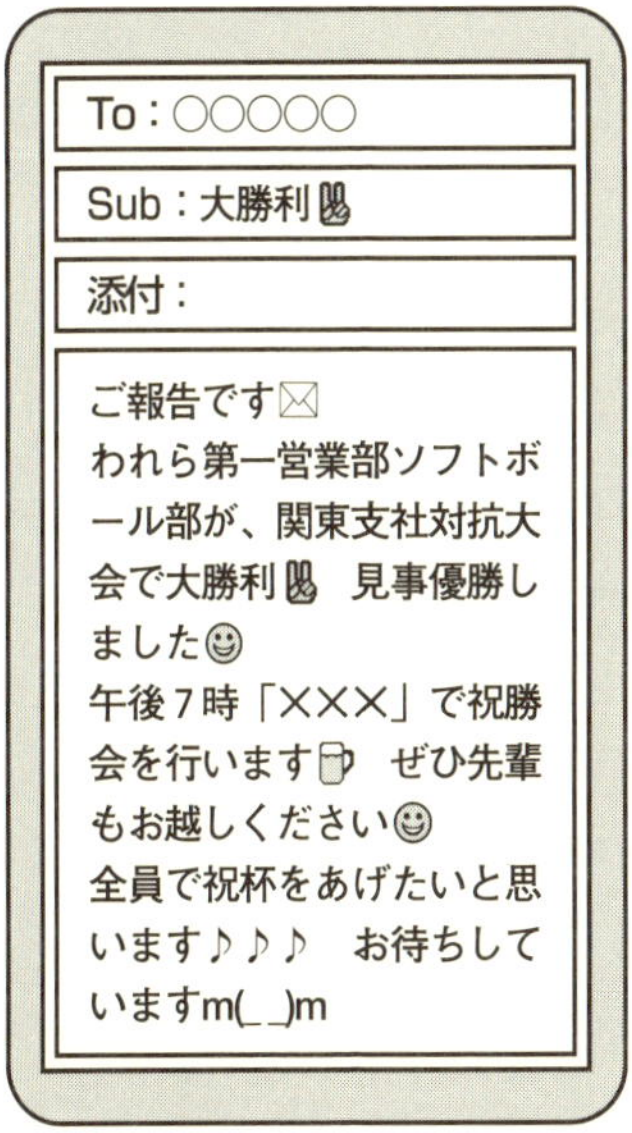
To：○○○○○
Sub：大勝利
添付：
ご報告です
われら第一営業部ソフトボール部が、関東支社対抗大会で大勝利　見事優勝しました
午後7時「×××」で祝勝会を行います　ぜひ先輩もお越しください
全員で祝杯をあげたいと思います♪♪♪　お待ちしています m(_ _)m

◆効果的な携帯メールの送り方

◎長文メールは送らない

携帯メールであっても、相手に伝えたい内容を文章にして送るという意味では、手紙と基本は同じである。

ただし、なるべく短く簡潔にというのが携帯メールならではのポイントといえる。あまり長い文章は読みにくく、スクロールする手間を取らせることにもなるため、要点を絞って伝える意識が大切である。

また、場合によっては、署名を入れたほうがよいときもある。あらかじめ署名を作っておき、メールの中に入れるようにすると便利である。

To：○○○○○

Sub：次回打ち合わせ

添付：

いつもお世話になっております。
次回打ち合わせ、○月○日○時から、第二会議室で行います。欠席される方は、○日までに□□□□までお知らせください。よろしくお願いいたします。
★□□□□★

◎携帯メールならではの迅速さを活かそう

あらたまったケースでは、礼状や電話で直接謝意を伝えることが多いが、食事をごちそうになったり、ちょっとした何かをいただいたときなど、それほど格式張った用件でない場合は、携帯メールで意思を伝えると便利である。

携帯メールのよいところは、その迅速さである。思い立ったとき、すぐに用件を伝えることができ、しかも、重苦しくなく、気軽に送ることができるため、ちょっとしたお礼にはぜひ活用するとよい。

相手によっては、適度に絵文字を挟むなど、カラフルで楽しい雰囲気を出すのも効果的である。個性豊かなメールで相手に気持ちを伝えることができる。

To：○○○○○

Sub：ごちそうさまでした

添付：

本日は、立派なリンゴをありがとうございました
m(_ _)m
早速いただいてみたら、蜜がたっぷりでとても美味しかったです♥♥
今度はぜひこちらにもお出かけください。お待ちしています。ではまた☺
★□□□□★

◎連絡網として使う場合、内容のわかるタイトルを

携帯メールは、連絡網として使われる場合も多い。外出先でもすぐに確認できるという利点もあり、どこにいても用件が伝えられるので、連絡網として利用するには最適のツールといえる。

連絡網として使う場合だけではないが、タイトルは、内容がどのようなものか推測できるものを簡潔に記すと、わかりやすくなる。メールでの改行は控えめにするのが原則だが、この場合は、日時や具体的用件について多少の改行を行うと、読みやすく、間違いが少なくなる。

携帯メールであっても、見た目の印象、画面の読みやすさには気を配りたいものである。

To：○○○○○

Sub：土日の予定

添付：

一年生連絡網です。
【土】8時グラウンド集合。
一日練習。
【日】6時グラウンド集合。
八王子遠征。
以上です。
寒くなってきました。防寒対策を各自しっかりやりましょう！
★□□□□★

◎基本形式は手紙と同じと考える

携帯メールとはいっても、基本は手紙と同じであるため、形式も手紙に則って構成すれば、失敗が少なくなる。

前文の「拝啓」、結びの「敬具」などの頭語と結語、時候のあいさつは通常不要だが、相手の安否を尋ねる言葉を最初におき、その後、本文、末文と続ける。末文は、手紙よりも砕けた調子で構わない。

もうひとつ携帯メールで大事なのは、相手からの早い返信を期待しすぎないことである。相手にも都合があるので、急ぎで返事が欲しい場合は、別の手段を考えたほうがよいだろう。

To：○○○○○

Sub：お変わりありませんか

添付：

寒くなってきましたが、皆さんお変わりありませんか。来週の日曜日、午後から近くまで行きます。もしご在宅でしたらお寄りしたいのですが、ご都合はいかがでしょうか？お返事をお待ちしています。
★□□□□★

はじめのあいさつ 慣用表現集

平常の感謝の意を示す場合

A

◎平素は
◎いつも
◎日頃は
◎毎度

B

◎何かと
◎並々ならぬ
◎ひとかたならぬ
◎温かい
◎格別の
◎過分[1]な（の）
◎多大な
◎身に余る

*1過分＝自分の立場や能力から期待される以上の様子。

C

◎ご厚情[2]を賜り
◎ご懇情[3]を賜り
◎ご指導ご厚情を賜り
◎ご支援を賜り
◎ご愛顧を賜り
◎お心遣いをいただき
◎ご協力いただき
◎お引き立ていただき
◎ご高配[4]にあずかり
◎お世話になり

*2厚情＝親切で、思いやりの深い気持ち。
*3懇情＝相手に対する思いやりの深い親切な心。
*4高配＝（相手の自分に対する）配慮の意の尊敬語。

D

◎心より
◎厚く
◎誠に
◎衷心[5]より

*5衷心＝心の奥底から本当にそう思うこと。

E

◎ありがとうございます。
◎御礼（を）申し上げます。
◎深謝申し上げます。

A〜Eの組み合わせ例

★平素は何かとお世話になり、ありがとうございます。
★日頃は並々ならぬご懇情を賜り、厚く御礼を申し上げます。
★いつも温かいご指導ご厚情を賜り、深謝申し上げます。
★平素は格別のご高配にあずかり、厚く御礼を申し上げます。
★日頃は過分なご指導ご厚情を賜り、衷心より御礼申し上げます。
★日頃は身に余るお心遣いをいただき、誠にありがとうございます。

これまでのご無沙汰を詫びる場合

A

◎その後
◎一別以来
◎○○以来
◎平素
◎日頃

B

◎心ならずも
◎すっかり
◎長らく
◎久しく
◎[*1]雑事にとりまぎれて
◎とかく
◎多忙にまぎれて

*1 雑事＝さまざまなことがら。いろいろな雑多なことがら。

C

◎ご無沙汰ばかりいたし
◎ご[*2]無音にうち過ぎ
◎お便りも差し上げず
◎ご[*3]疎遠と相なり
◎長のご無沙汰

*2 無音＝長い期間便りを出さないこと。
*3 疎遠＝音信が途絶えたり、長い間会っていないこと。

D

◎心からお詫び申し上げます。
◎[*4]汗顔の至りに存じます。
◎お許しくださいませ。
◎誠に心苦しく存じております。
◎誠に申し訳なく存じております。
◎恐縮いたしております。
◎恐縮に存じます。
◎ご容赦のほど、お願い申し上げます。
◎申し訳ございません。
◎失礼いたしました。
◎幾重にもお詫び申し上げます。

*4 汗顔＝大変恥ずかしく思い、顔に汗をかくこと。

A～Dの組み合わせ例

★その後久しくご無音にうち過ぎ、誠に心苦しく存じております。
★日頃雑事にとりまぎれてお便りも差し上げず、申し訳ございません。
★一別以来ご疎遠と相なり、誠に申し訳なく存じております。
★先月の打ち合わせ以来、多忙にまぎれて長のご無沙汰お許しくださいませ。
★平素とかくご無沙汰ばかりいたし、誠に申し訳なく存じております。
★その後すっかりご無沙汰ばかりいたし、失礼いたしました。
★日頃多忙にまぎれてお便りも差し上げず幾重にもお詫び申し上げます。
★平素心ならずもご無音にうち過ぎ、汗顔の至りに存じます。

会社の繁栄や相手の健康を祝う場合

A

◎貴社に（おかれまして）は
◎御社に（おかれまして）は
◎貴店に（おかれまして）は
◎～様に（おかれまして）は
◎皆様には
◎ご一同様には
◎貴家には

B

◎ますます
◎いよいよ

C

◎ご清栄[*1]
◎ご清祥[*2]
◎ご繁栄
◎ご隆昌[*3]
◎ご隆盛
◎ご健勝[*4]
◎ご壮健
◎ご活躍
◎お元気でお過ごし
◎お健やかにお過ごし

*1 清栄＝清く栄えること。相手の健康や繁栄を祝う手紙での言葉。
*2 清祥＝健康でめでたく過ごしていることを祝う手紙での言葉。
*3 隆昌＝勢いが盛んであること。
*4 健勝＝健やかであること。とても健康であること。

D

◎のことと
◎の由
◎の段
◎の趣
◎のことと拝察いたし
◎のことと承り

E

◎お喜び申し上げます。
◎心よりお喜びを申し上げます。
◎何よりと存じます。
◎大慶[*5]に存じます。
◎慶賀の至りに存じます。

*5 大慶＝このうえもなくめでたいこと。非常に喜ばしいこと。

A～Eの組み合わせ例

★貴社におかれましては、いよいよご隆昌の段、何よりと存じます。
★貴店におかれましては、ますますご隆盛のことと拝察いたし、大慶に存じます。
★ご一同様にはますますご健勝のことと心よりお喜びを申し上げます。
★貴家にはますますお健やかにお過ごしのことと承り、慶賀の至りに存じます。
★皆様にはお元気でお過ごしのことと拝察いたし、何よりと存じます。

突然の連絡を詫びる場合

A

◎失礼ながら
◎突然（に）
◎厚かましくも
◎初めて
◎不躾《ぶしつけ》にも

B

◎お目にかかりもいたしませんのに
◎いまだ*1拝眉《はいび》の機会を得ておりませんが
◎拝眉の機会も得ませんのに

C

◎お手紙で失礼させていただくご無礼を
◎お手紙を差し上げるご無礼を
◎*2一筆させていただく失礼を
◎お手紙を差し上げます。

D

◎お許しください。
◎ご容赦ください。
◎どうかご容赦のほどお願い申し上げます。
◎どうかご容赦願います。
◎お許しのほどお願い申し上げます。

*1拝眉＝人に会うことをへりくだっていう語。
*2一筆＝手紙やはがきなどにちょっと書くこと。

A～Dの組み合わせ例

★失礼ながら、お手紙を差し上げます。
★突然にお手紙を差し上げるご無礼をお許しください。
★厚かましくも拝眉の機会も得ませんのにお手紙を差し上げるご無礼をご容赦ください。
★初めて一筆させていただく失礼をどうかご容赦のほどお願い申し上げます。
★不躾にも、いまだ拝眉の機会を得ておりませんが一筆させていただく失礼をお許しのほどお願い申し上げます。
★初めてお手紙で失礼させていただくご無礼をお許しください。
★厚かましくもお手紙を差し上げるご無礼をどうかご容赦願います。

返信の場合のあいさつはどうする？

先に手紙を受け取って、それに対する返信の場合、手紙をもらったことに対する感謝の文章を必ず添えましょう。

★丁寧なお手紙をいただき、ありがとうございます。
★お手紙うれしく拝見いたしました。
★心のこもったお手紙、さっそく拝読いたしました。

結びのあいさつ 慣用表現集

今後の指導・協力を願う場合

A

◎今後とも
◎これからも
◎今後におかれましても
◎何卒

B

◎一層の
◎末永く
◎[*1]倍旧の
◎[*2]従前に変わらぬ
◎旧に変わらぬ
◎旧に倍する
◎引き続き

*1倍旧＝従来よりもずっと客のひいきの程度が強くなること。
*2従前＝今より前。以前。これまで。

C

◎ご芳情を賜りますよう
◎ご交誼のほど
◎ご厚誼を賜りますよう
◎ご[*3]懇情のほど
◎ご支援を賜りますよう
◎ご愛顧賜りますよう
◎ご指導ご鞭撻のほど
◎ご教示くださいますよう
◎ご助力くださいますよう
◎お引き立てを賜りますよう

*3懇情＝相手に対する思いやりの深い親切な心。

D

◎伏してお願い申し上げます。
◎よろしくお願い申し上げます。
◎衷心よりお願い申し上げます。

A～Dの組み合わせ例

★何卒、末永くご愛顧賜りますよう、よろしくお願い申し上げます。

★今後におかれましても、従前に変わらぬご交誼のほど、伏してお願い申し上げます。

★今後とも末永くご支援を賜りますよう、伏してお願い申し上げます。

★今後におかれましても、旧に変わらぬご指導ご鞭撻のほど、衷心よりお願い申し上げます。

「交誼」「厚誼」「好誼」「高誼」どう使う？

『新明解国語辞典第六版』によれば、

交誼＝交際をしている人同士の、親しいつきあい。
好誼＝他人が自分に寄せる交情。
高誼＝「一通りでない交情を受けていること」の意で、相手に対する感謝の気持を表わす時に用いる語。厚誼・厚宜とも書く。

とあります。

手紙などでは「交誼」「厚誼」「高誼」を使う場合が多いようです。

会社の繁栄や相手の健康を願う場合

A

◎末筆ながら

B

◎貴社の
◎貴会の
◎貴家の
◎皆様の
◎ご一同様（の）

C

◎ますます（の）
◎一層（の）
◎さらなる

D

◎ご繁栄を
◎ご発展を
◎ご隆盛を
◎ご[*1]清栄を
◎ご健康を
◎ご[*2]健勝を
◎ご活躍を
◎ご多幸を
◎ご多祥を
◎お元気でお過ごしくださいますよう
◎お健やかにお過ごしくださいますよう
◎ご自愛のほど

*1 清栄＝清く栄えること。相手の健康や繁栄を祝う手紙での言葉。
*2 健勝＝健やかであること。とても健康であること。

E

◎心から
◎心より

F

◎お祈り申し上げます。
◎ご祈念いたします。
◎ご祈念申し上げます。
◎お祈りいたします。

A～Fの組み合わせ例

★末筆ながら、貴社のますますのご繁栄を心よりご祈念申し上げます。
★末筆ながら、貴会のますますのご隆盛をお祈り申し上げます。
★末筆ながら、ご一同様ますますお健やかにお過ごしくださいますよう、心よりご祈念申し上げます。

末文に使用されるその他の文例

手紙での末文には、他に次のような項目もあります。

乱文・悪筆を詫びる＝乱文、どうかご容赦ください。悪文にて失礼かとは存じますがお許しください。
文面での失礼を詫びる＝勝手なことばかりで申し訳ありません。事情をご賢察ください。
返信を願う＝恐縮ながらご返信を賜りたく、お願い申し上げます。お手数ですがご返信をお待ちしております。

締めくくりの言葉

A

◎まずは
◎右
◎以上

B

◎とりあえず
◎取り急ぎ
◎略儀[*1]ながら
◎遅ればせながら
◎謹んで
◎失礼ながら
◎失礼とは存じますが

*1 略儀＝正式な様式ではない、簡略した方式。

C

◎書中[*2]にて
◎書中をもって
◎書状をもって
◎書面にて
◎手紙にて

*2 書中＝手紙の文中。または手紙そのもの。

D

◎ごあいさつ
◎御礼
◎お見舞い
◎お知らせ
◎お願い
◎お詫び
◎お返事
◎お返事かたがたお詫び
◎ご報告
◎ご報告かたがたお詫び
◎お喜び

E

◎まで。
◎申し上げます。
◎いたします。
◎する次第です。

A～Eの組み合わせ例

★まずは略儀ながら書面にてご報告する次第です。
★右、取り急ぎ書中をもってお返事かたがたお詫び申し上げます。
★以上、遅ればせながら書状をもってご報告申し上げます。
★まずは謹んで、書中をもってお知らせする次第です。
★右、とりあえずお返事かたがたお詫びまで。
★以上、書面にてごあいさつまで。
★以上、失礼とは存じますが、書中をもってお詫び申し上げます。
★右、失礼ながら手紙にて御礼申し上げます。

コラム

ビジネス文書のミニ知識 1

◆――社外文書の慣用句

業務にかかわる社外文書では、話し言葉とは異なる、伝統的な慣用句が現代でも使われており、それらは文書を構成するうえでは欠かせない要素の一つです。たとえば、前文のあいさつでは、「貴社にはますますご隆昌のことと拝察いたします」「御社にはいよいよご発展のこととお喜び申し上げます」など、末文のあいさつでは「今後ともご高配賜りますようお願い申し上げます」「何とぞお力添えくださいますようお願い申し上げます」などがあります。このような慣用句を正しく使えると、ビジネス文書としての様式を無理なく整えることができます。

◆――「お世話様です」と「お世話になっております」

ビジネスシーンで非常によく登場するのが「お世話」という言葉を使ったあいさつ文です。「お世話様です」「お世話になっております」は、日常のあいさつとしてよく使われます。たとえば、複数の人数で行動して解散するときに、お互いにお疲れ様、ありがとう、というような意味を込めて「お世話様です」を使う場合があります。しかし「お世話様」は、あくまでも軽いあいさつとしての使い方です。「様」がついているから丁寧な言葉だと思って目上の人に使ってしまうと、大変失礼に当たりますから、注意しなければなりません。

これに対して「お世話になっております」は、「様」はついていませんが、ビジネスでのあいさつとして定着しています。目上の人や取引先に使っても問題ありません。

このように、自分では丁寧だから失礼ではないだろうと思っていても本来の使い方が逆だったという場合もありますから、注意しましょう。

◆――メールの返信

もはや電子メールは、公私を問わず生活に欠かせないものになっています。電話と違って、相手の都合を気にせず送れることや記録として残ることなどの利点から、電話よりもメールをメインに伝達し合っている人も多いでしょう。

メールは通常、緊急の用件ではなくても、遅くとも翌日には相手が見てくれるだろうという暗黙の了解のもとに送信されることが多いようです。ですから、定期的にチェックをして、まめに返信をするように心がけましょう。特にビジネス関係のメールでは、重要な連絡である場合も少なくありません。返信が遅くなると、相手の仕事にも影響を来しますから、できるだけ早く返信するようにしましょう。

逆にメールを送る側は、返事が返ってくるまでに多少の時間がかかると心得ておくことが大切です。

あいさつする

着任・転任のあいさつ

◆ポイント

あいさつ状を出すタイミングは、新任地への着任前後が望ましい。

転勤（転任）についての事由や個人的感想は書かないようにし、末尾の署名欄には、職場名、住所、役職名または所属、電話番号などを付記する。不特定多数の人に送付することになるため、儀礼的な文面を心がける。

◆一般的な書き方

① 転任先とその日付を伝える。
② これまでお世話になったことに対してのお礼を伝える。
③ 今後の抱負を伝える。
④ 今後の支援と協力を願う。

拝啓　陽春の候、貴社におかれましては、ますますご清栄のこととお喜び申し上げます。

① さて、私こと、このたび○月○日をもちまして○○支社○○部に転勤を命ぜられ、同日着任いたしました。

② ○○在勤中は、並々ならぬご厚情を賜り、厚く御礼を申し上げます。

③ 今後は、これまでの貴重な経験や教訓を最大限に活かし、この地においても全力を尽くしてまいりたいと存じます。

④ 今後とも一層のご支援とご鞭撻を賜りますよう、お願い申し上げます。

まずは、略儀ながら書中をもってごあいさつ申し上げます。

敬具

◆その他の表現集

［書き出し］

▼私こと、突然ではございますが、今回の人事異動により、○○支社○○部に転勤を命ぜられ、このほど無事着任いたしました。

▼私儀、このたび○○支店への転勤を命ぜられ、来月から赴任いたすこととなりました。

［主文］

▼○○在勤中、公私にわたって賜りましたご芳情とご高庇のほど、誠にありがたく、ここに謹んで御礼申し上げます。

▼今後は、これまでの貴重な経験や教訓を最大限に活かし、この地においても全力を尽くしてまいりたいと存じます。

［結び］

▼まずは、略儀ながら書中にて、御礼かたがたごあいさつ申し上げます。

▼末筆ではありますが、今後とも従来通りのご芳情をお願い申し上げます。

拝啓　春暖の候、ますますご清栄の趣、大慶に存じます。

① さて、私こと、このたび社命により、上海支店への転勤を命ぜられ、○月○日付で赴任いたすこととなりました。

② ○○支店在勤中は、大変お世話になりました。この○年間、大過なく職責を全うできましたのは、ひとえに皆様方のご支援の賜物と、心から御礼申し上げます。

③ 不慣れな土地における新しい任務の重責に不安もございますが、前任者の築き上げた実績を無にすることのないよう、心を引き締めて任務を全うする覚悟でおります。

④ つきましては、遠隔の地ではございますが、今後とも、ご指導ご鞭撻を賜りますよう、よろしくお願い申し上げます。

本来なら直接伺ってごあいさつを申し上げるべきところ、略儀ながら書中をもってごあいさつ申し上げます。

敬具

退職のあいさつ

◆ポイント

退職のあいさつであっても、寂しさなどの感情は出さず、文面に明るさが感じられるとよい。

退職の日付はもちろん、定年なら在職年数を明記する。中途退職の場合は退職理由に簡潔に触れ、今後も変わらぬ交誼を願う言葉を必ず添える。

また、退職後の身の振り方が決まっている場合には、その内容について触れてもかまわない。

◆一般的な書き方

①　退職した日付と、在職年数を伝える。

②　これまでの交誼への感謝の言葉を述べる。

③　退職後の身の振り方などについて報告する。

④　今後も変わらぬ交誼と支援を願う。

拝啓　陽春の候、ますますご健勝のこととお喜び申し上げます。

さて私儀、

①　このたび〇月〇日をもちまして、三十八年間おりました株式会社〇〇〇〇を定年退職いたしました。

②　在職中なんとか職務を全うできましたのも、ひとえに皆様方の温かいご指導とご支援の賜物と深く感謝しております。

③　今後につきましては、長年の夢であった農作業をしながらの晴耕雨読の暮らしを実現するべく、故郷に帰って新たな生活を始めるつもりでおります。

④　皆様方にはこれからもご厚誼のほどお願い申し上げます。

本来なら、直接お目にかかってごあいさつ申し上げるところですが、まずは、略儀ながら書中をもってごあいさつ申し上げます。

敬具

◆──その他の表現集

［書き出し］

▼このたび、○年間勤務いたしました○○商店を、一身上の都合により退職することになりました。

▼私こと、○月○日をもちまして、退職することとあいなりました。

▼私こと、○月○日をもちまして株式会社○○をつつがなく定年退職いたしました。

［主文］

▼在勤中はひとかたならぬご高配にあずかり、誠にありがとうございました。

▼常にあたたかいご支援を賜り、無事その任を果たすことができました。

［結び］

▼皆様には従前に変わらぬお力添えをいただけますようお願い申し上げます。

▼末筆ではございますが、皆様の変わらぬご健勝をお祈りして、退職のごあいさつとさせていただきます。

拝啓　秋冷の候、皆様にはご健勝のこととご拝察申し上げます。

私儀、

① このたび一身上の都合により、20年間勤務してまいりました株式会社○○○○を、○月○日をもちまして円満退社いたしました。

② 当社在職中は、ひとかたならぬお引き立てをいただき、心より御礼申し上げます。

③ 今後は、長年の夢であった洋菓子店をオープンさせる予定でおります。詳細が決まりましたら、改めてご案内をさせていただきますので、その際は何卒よろしくお願い申し上げます。

④ 皆様には、以前にも増してご指導ご支援を賜りますよう、衷心よりお願いして、ごあいさつとさせていただきます。

敬具

開業のあいさつ

◆ポイント

開業・開店のあいさつは、ビジネス文書ではあるが、あくまでもあいさつ状であるため、誠実で謙虚な文面を心がけ、今後の支援をいただけるようなものがよい。

内容には開業の日付や場所とともに、開業の意図や設立までの過程も簡潔に盛り込む。

あいさつ文とは別に、地図などを載せた案内状を同封してもよい。

◆一般的な書き方

① 開業に至る経緯に簡潔に触れ、開業日、名称などの具体的内容を伝える。チラシ等を同封して、「別紙」とするのも効果的。

② 開業した事業の特色などについて述べる。

③ 今後への決意の表明と、これからも変わらぬ支援を願う。

謹啓　時下ますますご清栄のこととお喜び申し上げます。

①
さて、このほど、○月○日に、○○線駅前商店街の一角、○○○ビル内に、本格手打ちそばの店「本郷庵」を開店する運びとなりました。
以前から修業を重ねてまいりましたが、このほどようやく念願の自分の店を持つことができました。

②
店内には本格的な石臼も導入しました。挽きたて、打ちたて、茹でたての薫り高いそばをご提供できると存じます。

③
皆様に愛される店になるよう努力してまいりますので、ぜひ一度、ご来店くださいますよう、お願い申し上げます。

まずは、略儀ながら書中をもってごあいさつ申し上げます。

敬白

◆その他の表現集

［書き出し］

▼おかげさまをもちまして、このほど左記の通り、新しく店をオープンすることとなりました。

▼このたび○○部門が独立し、支店として発足することになりました。

▼おかげさまでこのたび、新会社を設立する運びとなりました。

［主文］

▼無事開店となりましたのも、ひとえに皆様方のご支援の賜物と、スタッフ一同深く感謝しております。

▼今後はさらに新たな開発に取り組み、皆様のご要望にお応えできるよう努力する所存です。

［結び］

▼本社同様、支社にも温かいご支援を賜りますようお願い申し上げます。

▼今後ともよろしくお引き立て賜りますようお願い申し上げます。

新店舗開設のご案内

謹啓　盛夏の候、皆様にはますますご隆昌の段、大慶に存じます。

① さて、弊社におきましては、業務拡張に伴う新店舗の準備を進めてまいりましたが、このたび別紙の通り○月○日に、業務開始の運びとなりました。

② 新店舗は、駅にも近く、また喫茶コーナーを設けるなど、女性にもご利用しやすい配慮を施しました。なおいっそう、親しみやすさを感じていただけるよう、工夫をしておりますので、ぜひご利用いただければ幸いに存じます。

③ つきましては、今後とも皆様にはご支援ご高配を賜りたく、何卒お引き立てのほど、切にお願い申し上げます。

まずは略儀ながら、書中をもちまして新店舗開業のごあいさつを申し上げます。

敬白

あいさつする

社長就任・辞任のあいさつ

◆―ポイント

役職への就任、退任、辞任に関するあいさつでは、まず、平素の交誼にお礼を述べたうえで、新しい役職名を正確に伝えることが大切である。

次に、新たな部署での働きに対する決意、今後の支援や協力を願う言葉を述べる。退任や辞任の場合は、自分の後任となる人物への、変わらぬ引き立てなどを願うのもよい。

就任に関連して他の人事に変更があるときは、別記する。

◆―一般的な書き方

① 就任・退任の日付、新しい役職の正式名称を伝える。関連した人事の変更があれば触れる。

② 新しい役職での決意などを述べる。

③ 今後も変わらぬ指導や支援を願う言葉を述べる。

謹啓　紅葉の候、皆々様にはますますご隆昌の段、お喜び申し上げます。

さて、私儀、

①
このたび〇月〇日の株主総会並びに取締役会におきまして、代表取締役社長に就任いたしました。併せて前社長〇〇〇〇は代表取締役会長に就任いたしました。

②
はなはだ微力ではございますが、社業の発展のため、全力を傾けて精勤いたす所存でございます。

③
つきましては、なお一層のご支援ご鞭撻を賜りますよう、伏してお願い申し上げます。

まずは、略儀ながら書中をもってごあいさつ申し上げます。

敬白

◆その他の表現集

［書き出し］

▼私儀、○月○日の弊社株主総会並びに取締役会におきまして、代表取締役に選任され、本日就任いたしました。

▼弊社では、去る○月○日の株主総会並びに取締役会において代表取締役社長○○○○が会長に就任し、後任として○○○○が代表取締役社長に就任いたしました。

［主文］

▼身に余る重責を担いましたが、全力を尽くして職責を全うしていく所存です。

▼全身全霊、社業の発展に尽くす所存です。

［結び］

▼この機に当たり、各位には一層のご支援ご高配を賜りますよう、衷心よりお願い申し上げます。

▼つきましては、前任者同様、ご指導を賜りますよう、切にお願い申し上げます。

謹啓　錦秋の候、皆々様にはますますご清祥のこととお喜び申し上げます。

さて、私儀、

①　このたび○月○日、○○○○の代表取締役会長就任に伴い、後任として代表取締役社長に就任いたしました。

②　なにぶんまだまだ若輩者ではございますが、社業の発展のため、誠心誠意尽くして参る所存でございます。

③　つきましては、皆々様のなお一層のご指導ご鞭撻を賜りますよう、衷心よりお願いを申し上げます。

略儀ながら、書中にてごあいさつ申し上げます。

謹白

お中元を贈る

◆ポイント

日頃お世話になっているお礼の意を込めて贈るのがお中元やお歳暮である。お中元は通常、七月初旬から十五日までの間に到着するように送り、十五日を過ぎてしまった場合には、暑中お見舞いのような上書きにする必要がある。

送り状は、品物と前後して先方に着くのが理想。贈ったものの自慢にはならないよう、あくまでも謙虚な文面になるよう気をつける。

◆一般的な書き方

① 時候のあいさつと、相手の繁栄を喜ぶ言葉を述べる。
② 平素の助力や引き立てなどへの感謝を述べる。
③ お中元の品物を別送したことを伝える。
④ 結びの言葉で締めくくる。

①
謹啓　向暑のみぎり、貴社におかれましては、ますますご清栄のこととお喜び申し上げます。

②
日頃はひとかたならぬご高配を賜り、誠にありがたく、社員一同心から感謝申し上げます。

③
つきましては、日頃のご芳情に対し、御礼のしるしとして、本日○○デパートより、心ばかりの品を拝贈させていただきました。ご笑納くだされば幸甚に存じます。

④
本来なら参上してごあいさつ申し上げるべきところ、略儀ながら書状にて失礼させていただきます。
今後とも一層のご支援とご鞭撻を賜りますよう、お願い申し上げます。

敬白

◆—その他の表現集

［書き出し］

▼暑さ厳しき折、〇〇様にはますますご隆昌の段、大慶に存じます。

▼盛夏の候、〇〇様にはお変わりなくお過ごしのことと存じます。

［主文］

▼おかげさまをもちまして、業績も順調に推移しております。

▼平素は格別のお引き立てを賜り、深く感謝申し上げます。

▼ささやかではございますが、感謝の意を表したく、別便にてお中元の品をお送りいたしました。ご受納いただければ幸いです。

▼本日お中元のしるしとして、心ばかりの品をお送りいたしました。ご賞味いただければ幸いです。

［結び］

▼毎日暑い日が続きますが、体調にはくれぐれもご留意ください。

▼暑さ厳しき折、皆様のご無事息災を心よりお祈り申し上げます。

① 謹啓　盛夏の候、貴社にはますますご清栄の段、大慶に存じます。

② 日頃お世話になりながら、多忙にまぎれてご無沙汰にうち過ぎ、大変失礼しております。

③ 本日は、平素の御礼をと考えまして、ささやかな品を送らせていただきました。お気に召していただければ幸いに存じます。

④ 末筆ながら、酷暑の折、皆々様のご健康をお祈りいたします。

まずは、略儀ながら書面をもちまして、暑中のごあいさつとさせていただきます。

敬白

贈り物をする

お歳暮を贈る

◆ポイント

お歳暮は、十二月の初旬から、遅くとも二十五日までには到着するように送るものである。一年間の感謝という意味が込められているため、お中元よりは重みがあると考えられる。

送り状には、日頃の感謝とともに、年末の多忙を見舞う言葉を添えるとよい。お中元同様、品物についてあまり詳細に記述すると自慢めいた文章になるので、簡潔に軽く触れるだけに留めておくのが無難である。

◆一般的な書き方

①　時候のあいさつとともに、この一年間の交誼への感謝の言葉を述べる。

②　お歳暮の品を別送したことを伝える。

③　今後も変わらぬ交誼を願う言葉を述べ、結びの言葉で締めくくる。

①

拝啓　師走の候、皆様にはますますご健勝のこととお喜び申し上げます。

今年も残すところあとわずかとなりましたが、本年も種々ご高配にあずかりまして、衷心より厚く御礼申し上げます。

②

年末にあたり、御礼のしるしとして、お歳暮の品をお送りしました。代わり映えのしない、心ばかりの品ではございますが、ご賞味いただければ幸いに存じます。

③

来年も変わらぬご厚誼を賜りたく、お願い申し上げます。年が改まりましてから、いずれごあいさつにお伺いいたします。

まずは、略儀ながら書中をもってごあいさつ申し上げます。

敬具

◆その他の表現集

［書き出し］

▼年の瀬も押し迫ってご多忙のことと存じますが、皆様お変わりございませんか。

▼今年もあとわずかとなり、街に流れるクリスマスソングが、いっそう慌ただしさを感じさせる今日この頃ですが、皆様にはお変わりございませんか。

［主文］

▼この一年、何かとお引き立ていただき、誠にありがとうございました。

▼年末のごあいさつ代わりに当地の名産○○を送らせていただきました。どうぞご笑納くださいますようお願い申し上げます。

［結び］

▼向寒の折、お風邪など召しませぬようご自愛くださいませ。

▼くれぐれもご自愛専一に、よいお年をお迎えくださるようお祈り申し上げます。

①
拝啓　今年もはや余白わずかとなり、何かとご多用の毎日と拝察いたします。
日頃は何かとご配慮いただき、誠にありがたく感謝申し上げます。

②
年末に当たり、本年賜りましたご厚情に対しいささかの謝意を表したく、本日心ばかりの品を別送いたしましたので、何卒ご受納くださいますようお願い申し上げます。

③
今後とも、いっそうのご支援のほど、よろしくお願いいたします。
向寒のみぎり、くれぐれもご自愛のうえ、よいお年をお迎えください。

敬具

お中元のお礼

◆ポイント

贈り物全般に当てはまることだが、送り主は、受け取った側の印象や反応がとても気になるもの。品物が到着したら、間をおかずに、すぐにお礼状を出すのが礼儀である。

その際絶対に忘れてはいけないのは、中身をきちんと確認すること。また、一度に複数のお礼状を出すときは、宛先を間違えないように十分注意することが大切である。

文面には季節感を盛り込むと、より丁寧な印象を与えることができる。

◆一般的な書き方

① 時候のあいさつと相手の繁栄を喜ぶ言葉を述べる。

② お中元をいただいたことに対してのお礼を述べる。

③ 相手のさらなる発展を願う言葉を述べる。

①
拝復　盛夏の候、貴社におかれましては、ますますご隆昌のこととお喜び申し上げます。

②
さて、このたびはご丁重なごあいさつに接し、そのうえ結構なお中元の品をご恵贈くださり、誠に恐縮に存じます。日頃のお引き立てに加えて、いつもながら季節ごとのお心遣い、ありがたく心より御礼を申し上げます。

③
暑さ日ごとに厳しさを増す折から、貴社ご一同様のご健康と、さらなる社業のご発展をお祈り申し上げます。

まずは、略儀ながら書中をもって御礼のごあいさつを申し上げます。

敬具

◆──その他の表現集

［書き出し］

▼本日、宅配便にてお中元の品を拝受しました。

▼このたびは心のこもったお品を頂戴し、誠にありがとう存じます。

［主文］

▼本当に珍しいお品を賞味させていただき、幸せな気分に浸っているところです。

▼普段お引き立てを賜っておりますのに、ご高配賜り恐縮に存じます。

▼いつもながらのご厚志、誠に痛み入ります。

［結び］

▼末筆ながら、ご家族の皆様にもよろしくお伝えください。

▼時節がら、皆様のご健康をお祈り申し上げます。

①拝復　盛夏のみぎり、貴社にはますますご清祥の由、心よりお喜び申し上げます。

②　さて、このたびは結構なお中元の品を頂戴し、誠にありがとうございました。平素はこちらこそ大変お世話になっておりますのに、ご丁重なお心遣いに恐縮するばかりでございます。

③　暑さ厳しき折、皆様のご健康と、貴社のさらなるご発展を、心よりお祈り申し上げます。

　まずはとりあえず、書面をもちまして、お中元への御礼のごあいさつを申し上げます。

敬具

お礼を言う

お歳暮のお礼

◆ポイント

一年間の感謝を込めた贈り物がお歳暮なので、その気持ちに心から感謝するお礼状にする。

また、贈られた品物に対しての具体的な感想を盛り込むと、真実味が増して、相手に感謝の気持ちがより伝わりやすくなる。

お返しは不要とされているが、お礼状はお歳暮の品が届いたらその日のうちに出すことを心がけ、くれぐれもお礼状を年賀状で代用しないように注意する。

◆一般的な書き方

① 時候のあいさつと相手の繁栄を喜ぶ言葉を述べる。
② お歳暮へのお礼を伝える。
③ 一年間お世話になったことへのお礼、相手のさらなる発展や来年の交誼を願う言葉などを述べる。

---

①
拝復、寒冷の候、貴社におかれましては、ますますご清栄のこととお喜び申し上げます。

②
さて、本年中も何かとお引き立てを賜りましたうえ、このたびはご懇情なるお歳暮までご恵贈くださいまして、いつもながらのご芳志に心より御礼申し上げます。

③
いよいよ年内も残り少なくなり、ご多忙のこととは存じますが、貴社の皆様には、ご自愛のうえ、幸多き新年をお迎えくださいますよう、お祈り申し上げます。
なお今後とも変わらぬご支援のほど、よろしくお願い申し上げます。

まずは、取り急ぎ御礼まで。

敬具

◆その他の表現集

［書き出し］

▼本年も余すところわずかとなりましたが、お元気でお過ごしのことと存じます。

▼今年も慌ただしい年の瀬がやってまいりました。

▼歳晩の候、貴社におかれましてはますますご隆昌のこととお喜び申し上げます。

［主文］

▼ご丁重な歳末のご芳志を賜りまして、深く御礼申し上げます。

▼いつもながらのお心尽くしに、重ねて御礼申し上げます。

▼平素ご無沙汰ばかりしておりますのに、お心にかけていただき、恐縮の至りに存じます。

［結び］

▼ご自愛されて新年をお迎えくださいますよう、お祈り申し上げます。

▼来年もさらなるご助力を賜りますよう、よろしくお願い申し上げます。

---

① 謹啓　歳末の候、貴社におかれましてはますますご隆盛の段、心よりお喜び申し上げます。

② 本年もまた、ご丁重なお歳暮のお心遣いをいただき、厚く御礼申し上げます。平素ご支援を賜りまして、本来ならこちらから御礼を差し上げるべきところ、誠に恐縮の至りに存じます。

③ 本年、我が社はおかげさまで目標以上の業績を達成することができました。これもひとえに皆様方のご助力のおかげと、衷心より感謝いたしますとともに、来年もさらなるご支援を賜りたく、よろしくお願い申し上げます。

まずは書中にて、御礼のごあいさつを申し上げます。

謹白

取引先紹介のお礼

◆ポイント

紹介をお願いし、そのお礼の気持ちを伝える手紙は、結果の良否にかかわらずなるべく時間をおかずに送るようにする。文面は、まず手数をかけたことへのお詫びと感謝、その後の経過説明、そして、今後の見通しについても触れるとよい。

手紙は、たとえ正式な手順に則っていても、あくまでもとりあえずのものであるため、きちんと訪問して、直に感謝を伝えるようにする。

◆一般的な書き方

① 取引先紹介へのお礼を伝える。
② 結果を簡単に報告する。
③ よい結果が出た場合は、その旨の報告と再度のお礼を伝える。結果がうまくいかなかったときでも、感謝の意は伝える。
④ 取り急ぎ、書面での報告になったことを伝える。

拝啓　清秋の候、貴社におかれましては、ますますご清栄のこととお喜び申し上げます。

①
さて、このたびは、ご多忙のところ○○社の○○部長をご紹介いただきまして、誠にありがとうございました。

②
早速ご連絡申し上げたところ、おかげさまでお時間を割いていただき、当方との取引につきましても、ご検討いただけるとのことでございました。

③
これもひとえに、ご紹介いただいたご尽力の賜物と、深く感謝申し上げます。今後は、ご紹介いただいたお気持ちを無にすることのないよう、誠心誠意努めたいと存じます。

④
まずは、取り急ぎ、ご報告かたがた御礼申し上げます。

敬具

◆その他の表現集

［書き出し］

▼このたびは、勝手なお願いをお聞きくださり、ありがとう存じます。

▼このたびは、いろいろとお骨折りいただき心より感謝申し上げます。

▼ご多忙の折にもかかわらずご尽力いただき、誠にありがとうございました。

［主文］

▼おかげさまをもちまして、望外の条件にて商談を成立させることができました。

▼ご紹介をいただきました○○様のお力添えにより、順調な進行をみることができました。

▼ご紹介いただきました件、結果につきましては、改めてご連絡を差し上げたいと存じます。

［結び］

▼改めて御礼に伺わせていただきたいと存じます。

▼これもひとえにご高配の賜物と感謝しております。

謹啓　新緑の候、貴社におかれましては、ますますご清栄の趣、慶賀の至りに存じます。

①　さて、このたびは格別なるご高配を賜り、ありがとうございました。

②　ご紹介いただいた○○商事株式会社様のご尽力により、業績不振を挽回、今期売り上げは、当初の予定を大きく上回るペースで推移しております。

③　これもひとえに、お力添えのおかげと、深く感謝する次第です。
○○商事株式会社様とのお取引は、今後も大切にさせていただく所存でおります。

④　本来なら直接御礼にお伺いすべきところ、取り急ぎ、まずは書面にてご報告かたがた御礼申し上げます。

謹白

お礼を言う

アンケート回答のお礼

◆ポイント

最近では、アンケートへの回答を簡単にいただくことが難しいようである。まずは相手の厚意あってこそのものという認識をもち、手数や面倒をかけさせたことへのお礼を伝えるようにする。

また、いただきっぱなしにせず、その結果どうなったか、今後どうしていくのかを述べると、相手に気持ちが伝わる。

◆一般的な書き方

① 調査に回答してもらったことへの感謝を伝える。
② いただいた回答の扱いについて伝える。
③ 改めてお礼を述べる。
④ 特記事項があれば伝える。
⑤ 今後も変わらぬ交誼の言葉で締めくくる。

拝啓　陽春の候、ますますご清栄のこととお喜び申し上げます。

①
過日郵送にてお送りさせていただきました「○○○○調査」にご協力いただき、ありがとうございます。

②
ご回答いただきました内容は、将来の事業展開に使用させていただきます。

③
本来なら直接伺って御礼を申し上げるべきところ、略儀にて失礼とは存じますが、本状をもって、御礼に代えさせていただきたく存じます。

④
なお、ささやかながら心ばかりの品を同封させていただきましたので、どうぞご笑納ください。

⑤
これからもご指導ご鞭撻のほど、お願い申し上げます。

敬具

◆その他の表現集

［書き出し］

▼ご無理なお願いをお聞きくださいまして、誠にありがとうございました。

▼突然のお願いにもかかわらず、ご回答をお寄せいただき、深く感謝申し上げます。

▼ご多忙のところ快くお引き受けいただき、ありがとう存じます。

［主文］

▼丁寧なご回答に、心より御礼申し上げます。

▼弊社のためにご面倒をおかけし、恐縮の限りでございます。

▼今後の事業に活かしていきたいと存じます。

［結び］

▼今後もご厚意に報いるべく、誠心誠意努めてまいります。

▼お忙しいなか誠に申し訳ありませんが、ご理解とご協力をお願いいたします。

○○株式会社「○○○○調査」ご協力への御礼

時下ますますご清栄のこととお喜び申し上げます。

① さて、過日お願いいたしました「○○○○調査」につきまして、ご多忙のところ早々にご回答いただき、誠にありがとうございました。

② お寄せいただきました内容は、分析・検討のうえ、今後の製品開発に役立てていきたいと存じます。

③ 社員一同、心より感謝申し上げる次第です。

④ なお、誠に恐縮ですが、ご回答をいただいていない方々につきましては、調査の趣旨をご理解いただき、お手数ですがご協力を賜りますよう、再度お願い申し上げます。

⑤ 今後ともご協力くださいますよう、伏してお願い申し上げます。

組織改編の連絡

◆ポイント

会社内の組織改編や業務内容変更のあいさつは、社外に出す文書としては、フォーマルの度合いが高い正式文書である。何よりもまず、正確であることが第一である。

そのうえで、なぜそのような変更が行われることになったのかについての経緯、今後どのようにしたいかという抱負や展望などを伝えるとよい。

◆一般的な書き方

① 平素の交誼への感謝を伝える。
② 組織改編について伝える。
③ 組織改編に至るこれまでの経緯や、今後の抱負、決意を伝える。
④ 今後も変わらぬ指導、支援をお願いする。

拝啓　陽春の候、貴社におかれましては、ますますご清栄のこととお喜び申し上げます。

①
平素はひとかたならぬご支援とお引き立てをいただき、社員一同、厚く御礼申し上げます。

②
さてこのたび、弊社営業部を、統合することとなりました。

③
弊社営業部は、部門ごとに細分化しており、部門ごとの連携を強化することが課題となっておりました。今後は統合によって、より機能強化を図る所存です。
なお、住所、電話番号については変更はございません。

④
今後とも変わらぬご支援とご指導を賜りますよう、お願いいたします。

まずは、略儀ながら書中をもってごあいさつ申し上げます。

敬具

◆その他の表現集

［書き出し］

▼平素よりひとかたならぬご厚誼にあずかり、心より御礼申し上げます。

▼日頃は何かとお引き立てにあずかり、誠にありがとうございます。

［主文］

▼弊社では、長年の懸案でありました販売部門の組織を、左記の通り変更いたしました。

▼新組織のもと、社員一同心を新たにし、皆様のご期待に添えますよう努力いたす所存です。

▼おかげさまをもちまして、下記の通り、新部門を立ち上げることになりました。

［結び］

▼まずは右、略儀ながら書中をもちまして、ご通知かたがたごあいさつ申し上げます。

▼何卒倍旧のご愛顧を賜りますよう、よろしくお願い申し上げます。

組織改編に伴う新事務所設立のお知らせ

拝啓　桜花のみぎり、貴社にはいよいよご隆昌のこととお喜び申し上げます。

① 平素は格別のご愛顧を賜り、誠にありがたく、御礼申し上げます。

② さて、このたび弊社では、業務の多角化と拡張に当たり、販売部門のさらなる拡充のため新部門「○○○○」を設立、併せて新事務所を別紙の通り開設する運びとなりました。

③ これを機にお客様からのさらなるご要望に的確にお応えするため、いっそうのサービス向上に努めてまいる所存です。

④ つきましては、新部門、新事務所ともに、何卒倍旧のお引き立てを賜りますよう、衷心よりお願い申し上げます。

まずは略儀ながら、書中をもちましてごあいさつといたします。

敬具

連絡する・通知する

電話番号・FAX番号変更の連絡

◆ポイント

住所や電話番号などの変更の通知は、通常はがきなどで大量に発送することが多く、不特定多数の目に触れる可能性も十分考えられるので、正式な形式に則った、間違いのない文書を作成しなければならない。

具体的な変更点については、別記で箇条書きにするなど、見た目のわかりやすさにも配慮し、ただの伝達文にならないよう、日頃の感謝と、今後の支援を願う文章は忘れずに盛り込むことが大切である。

◆一般的な書き方

①　平素の交誼への感謝を伝える。
②　何が変更になったのかを伝え、変更の手続きをお願いする。
③　今後も変わらぬ交誼の言葉や、相手の発展を願う言葉を添える。
④　さらに別記で変更点を記す。

拝啓　清涼の候、貴社におかれましては、ますますご隆盛のこととお喜び申し上げます。

①
平素は格別のお引き立てを賜り、誠にありがたく、感謝申し上げます。

②
さて、このたび電話番号が、左記の通り変更されますのでお知らせいたします。大変お手数をおかけして誠に恐縮ですが、お手元の記録をご訂正いただきたく、お願い申し上げます。

③
今後とも一層のご支援とご鞭撻を賜りますよう、お願い申し上げます。

まずは取り急ぎご通知まで。

敬具

④
記

従来の電話番号　○○―○○○○―○○○○
変更後の電話番号　○○―○○○○―○○○○（○月○日より）

◆——その他の表現集

［書き出し］

▼時下ますますご清祥のこととお喜び申し上げます。

▼秋冷の候、貴社にはますますご隆昌のことと拝察申し上げます。

▼貴社にはますますご清栄の段、慶賀の至りに存じます。

［主文］

▼さて、このたび弊社では、部門拡張に伴い、代表番号を左記の通り変更することとなりました。

▼さて、来る○月○日より、ファクシミリの番号を左記のように変更いたしました。

▼お手数ながら、お手元の記録を、以下のようにご訂正いただければ幸いに存じます。

［結び］

▼これまで同様、お引き立てのほど、よろしくお願い申し上げます。

FAX番号変更のお知らせ

拝啓　時下ますますご清祥の段、お喜び申し上げます。

①　皆様方には、日頃からひとかたならぬご配慮とご愛顧をいただき、誠にありがたく存じます。

②　さて、このたび弊社では、業務拡張により新しくファクシミリを増設、併せて番号を以下の通り変更いたします。お手数をおかけしますが、お手元の記録をご変更いただけますようお願いいたします。

③　末筆ながら、皆様のご健勝をお祈り申し上げます。

敬具

④
記

新FAX番号　○○（○○○○）○○○○　　変更日○月○日

価格引き下げのお願い

◆ポイント

相手に何かを依頼する場合は、何よりも相手の厚意があってこそこちらの願いを聞いていただけるのだという認識をもつことが大切である。礼を失することのないよう配慮し、丁寧な文面を心がける。

もうひとつ大切なことは、具体的に、はっきりと伝え、依頼の内容が曖昧にならないようにすることである。説明不足や、伝えにくいからと遠回しな表現をすると、かえって相手の反感を招く結果になり、スムーズに話が運ばなくなる可能性もある。

◆一般的な書き方

① 見積書など、相手側の価格提示に対する感謝の意を述べる。

② 現在の状況を説明し、丁重にお願いする。

③ 配慮を願う言葉で締めくくる。

拝啓　陽春の候、貴社ますますご清栄の段、お喜び申し上げます。

① このたび〇〇の見積もりをお願いいたしましたところ、早速ご返答くださいまして、誠にありがとうございます。格別のご配慮によりお見積もりをお示しくださったものと存じ、感謝いたしております。

② しかしながら、当地の商況では、ご提示の価格にては相当割高で、荷さばきが困難かと推察され、発注に踏み切れないでおります。

当地では大型店舗の出店もあり、非常に激しい価格競争にさらされていることもありまして、誠に恐縮ですが、ご配慮をいただきたく存じます。

③ つきましては、右事情をご賢察のうえ、再度ご検討いただきたく、お願い申し上げる次第です。

敬具

◆その他の表現集

［書き出し］

▼過日は弊社よりお願い申し上げました見積書を早速ご返答くださり、誠にありがとうございました。

▼貴社発行の見積書番号○号にかかる貴信拝見いたしました。

［主文］

▼下記の条件でお見積書を頂戴できますでしょうか。

▼価格割引などの制度はございますでしょうか。

［結び］

▼右の事情をご高察のうえ、くれぐれもご配慮のほど、お願い申し上げます。

▼他の条件に関しましては全く異存がございませんので、当方の事情をお汲み取りいただき、何卒ご高配のほどお願い申し上げます。

▼ご用繁多の折から、誠に恐縮ではございますが、右お願い申し上げます。

再見積のご依頼

拝啓　貴社いよいよご発展の段、大慶に存じます。

① 過日ご依頼申し上げました○○の見積書につきまして、早速のご送付、誠にありがとう存じます。

② しかしながら、御社ご提示価格に対し、小社希望と相当な開きがございます。最近の市場状況を考え合わせますと、ご指定通りではお取引が困難な状況でございます。つきましては、価格設定に関しまして、ご再考のほどお願い申し上げます。

③ 誠に恐縮ではございますが、格別のご高配を賜りたく、再度ご依頼を申し上げる次第です。

敬具

依頼する・お願いする

原稿執筆のお願い

◆ポイント

原稿を依頼する場合は、相手の社会的立場をふまえ、失礼のないように、丁寧で謙虚なあいさつから始める。

次に、こちらの趣旨を明快に説明して、なぜその方に頼む決心をしたかという理由を述べるとよい。相手が多忙を極める人物だと、スムーズに返事はもらえないかもしれないが、こちらから期日を指定するのは失礼にあたるので注意する。高飛車に受け取られかねない文言は避ける。

◆一般的な書き方

① 簡単に自己紹介する。

② 執筆の依頼と、原稿の掲載物の内容について説明する。

③ ご返事いただけるよう、またはこちらから改めて連絡する旨を伝える。

謹啓　先生におかれましては、ますますご清祥のこととお喜び申し上げます。

①
初めてお手紙を差し上げます。株式会社〇〇〇〇の〇〇と申します。

②
このたび、弊社の社内報で、「〇〇〇〇」についての連載を開始する運びとなりました。普段気づかない業界の豆知識を、わかりやすく解説するという趣旨でございます。つきましては、先生にぜひご執筆賜りたく、不躾《ぶしつけ》とは存じますが、お手紙を差し上げた次第でございます。

何卒ご執筆いただけますようお願い申し上げます。

③
誠に恐縮ではございますが、同封のはがきにて、また、メール、電話どちらでも構いませんので、お引き受けいただけるかどうかのご返事を賜りたく存じます。

ご多忙中恐縮ですが、何卒ご執筆賜りますよう重ねてお願い申し上げます。

謹白

記

一、ご依頼分量　〇〇〇字（原稿用紙〇〇枚程度）

二、ご原稿料　〇〇〇〇円（税込）

著作物使用許諾のお願い

◆ポイント

印刷物などに、著作権が発生しているものを掲載する場合、必ず著作物使用許諾が必要である。通常、面識がないことが考えられるので、突然の手紙を出す失礼をまず詫び、その後、何に掲載したいのか、なぜ掲載したいのかを明確に述べる。
また、使用料についてもはっきりと明記しておくと、相手も返事がしやすくなる。その場合は支払い方法にも言及するとよい。

◆一般的な書き方

① 突然手紙を差し上げることへのお詫びと、簡単な紹介を述べる。
② 使用についてお願いする。
③ どのようなものに使用するのか、使用目的は何かなどを、別記として具体的に説明する。

謹啓　陽春のみぎり、ますますご健勝のこととお喜び申し上げます。

①
さて、突然ではございますが、私どもでは現在、○○で使用する教材を発行いたすべく、編集作業を進めております。

②
つきましてはその中に、先生のお書きになりましたエッセイ「○○○○」の一部を掲載させていただきたく、お手紙を差し上げた次第です。

具体的な使用作品名や詳細につきましては、左記をご参照ください。
誠に厚かましいお願いで恐縮ですが、同封のはがきをご利用のうえ、ご回答をくださいますよう伏してお願い申し上げます。

謹白

③

記

一、使用作品　「○○○○」
二、学習教材　「○○○○」小学○年生用
三、総ページ数　○○○ページ
四、定　価　予価○○○○円（税込）
五、発行予定部数　初版○○○○部
六、使用許諾料　規定により○○○○円とさせていただきます。
（弊社規定は別添①）
七、発行予定日　平成○年○月○日

以上

依頼する・お願いする

アンケートのお願い

◆ポイント

アンケートへの回答のお願いは、相手が決まっている依頼状とは異なり、ある程度の数を想定したものが普通である。

さらに、必ずしも回答しなければならないというものではないので、相手の厚意を引き出せるような配慮がぜひとも必要となる。ただし、あまり下手に出たり、くどくどとお願いを繰り返すのは逆効果になりかねないため、明るく歯切れのよい印象にするとよい。

◆一般的な書き方

① 今回のアンケートをすることになった経緯を説明する。

② いただいた回答の扱いについて伝える。

③ 回答のお願いと期日などの具体的な説明も入れる。

拝啓　新緑の候、貴社におかれましては、ますますご清栄のこととお喜び申し上げます。

①

　このたび当社では、女性向けの新しいスポーツウエアの新商品を開発することとなりました。そこで、開発途中の見本を関連各社の皆様にご覧いただき、率直なご意見をいただければと思い、今回のアンケートを実施することとなりました。

②

　お寄せいただいたご意見をもとに、さらに改良を重ね、皆様にご愛用いただける商品の開発に活かしたいと存じます。

③

　つきましては、ご多用中恐縮ですが、同封のアンケート用紙に貴社の率直なご意見をご記入のうえ、八月末日までに当社までご返送くださるようお願い申し上げます。

　以上、ご依頼まで。

敬具

◆──その他の表現集

［書き出し］

▼このたび弊社では、販路拡大に向けて、全社的取り組みを行うことになりました。

▼現在皆様が抱えていらっしゃる課題に的確に対処するべく、具体的なシステムを構築することといたしました。

［主文］

▼今回の調査にご協力を賜りたく、何卒ご承諾くださいますようお願いいたします。

▼ぜひともお力添えを賜りたく、お願い申し上げます。

▼調査の趣旨をご理解のうえ、ぜひともご協力いただきたく存じます。

［結び］

▼貴社のご担当者様の忌憚《きたん》のないご意見をご記入のうえ、○月○日までにご返送くださるようお願い申し上げます。

▼誠に勝手ながら、○月○日までにご返送いただければ幸いに存じます。

放課後の家庭学習状況調査への
ご協力のお願い

拝啓　保護者の皆様には、日頃より当塾にご理解ご協力をいただき、厚く御礼申し上げます。

①
当塾はおかげさまでこのたび、開設以来10周年を迎えることができました。この間、地域の小中学生の学習の手助けをさせていただけたことは、何よりもうれしく、また、今後もさらに充実したものにしていきたいと考えております。

そこでこのたび、お子様の普段の放課後の家庭学習の実情について把握するべく、調査を行うことになりました。

② 結果は、家庭も含めた学習の充実に役立てたいと考えております。

③
つきましては大変恐縮ですが、別紙の調査用紙にご記入のうえ、○月○日までにご返送くださいますようお願い申し上げます。

以上、ご依頼まで。

敬具

工場見学のお願い

◆ポイント

社外へのお願いは、申し込みであると同時に依頼であるという、似ているようで若干性格の異なる二つの要素がある。しかし、あくまでもお願いであるため、手順を踏んで、正式な書式に則った文書にすることが大切である。

なぜその用件をお願いしたいのかという理由では、相手に気持ちが伝わって、ぜひかなえてあげようと思ってもらえるよう、謙虚な文面を心がけるのが理想である。

◆一般的な書き方

① お願いのあいさつと内容。
② お願いをするに至った経緯と理由を述べる。
③ 面倒をかけることへのお詫びと配慮のお願いをする。

謹啓　惜春の候、貴社におかれましては、ますますご清栄のこととお喜び申し上げます。

①
さて、本年も小社の新入社員研修の一環として、御社の工場見学をさせていただきたく、本状を差し上げる次第です。

②
御社への見学は、研修の総仕上げとして大変意義深いもので、毎年大きな成果を上げております。

③
つきましては、お手数をかけて誠に恐縮ですが、ご承引のうえ、よろしくご配慮くださいますようお願い申し上げます。

まずは書面にてお願いまで。

敬白

記

一、見学日時　平成○年○月○日（○）　午後○時より
二、見学場所　御社○○○工場
三、引率者　弊社○○部○○○○
四、見学者　弊社平成○年度新規入社社員○名（合計○名）

以上

◆その他の表現集

［書き出し］

▼さて、先日お電話でお願いいたしましたが、下記の要領で貴工場の見学をさせていただきたく、本状を差し上げる次第です。

［主文］

▼技術部門研修のため、貴社〇〇工場において実習を行わせていただきたいと存じます。

▼営業部門社員の実地研修の一環として、貴工場の見学をさせていただきたく、お願い申し上げます。

▼誠に不躾《ぶしつけ》なお願いながら、貴工場を見学させていただけないでしょうか。

［結び］

▼ご多用中のところ誠に恐縮ですが、お手配のほどよろしくお願いいたします。

▼何卒、格別のお取りはからいをいただけますよう、心よりお願い申し上げます。

お客様向け工場見学のお願い

謹啓　爽涼の候、貴社にはますますご隆盛の段、お喜び申し上げます。

① さて、本年もお客様向け工場見学をさせていただきたく、お願いいたします。

② 昨年、当店をご愛顧いただいているお客様に実際の製造工程を見学していただいたところ、大変ご好評をいただきました。当店はもとより、商品への信頼度もさらに増し、新規顧客の獲得にも大変功を奏したところです。

③ 日時等は、下記を予定しております。ご面倒をおかけいたしますが、何卒ご検討のうえ、ご都合をお聞かせいただきたく存じます。

まずは書面にてお願いまで。　　敬白

記

日時　　〇月〇日〜〇月〇日の平日いずれか１日

時間　　午後２時から約１時間

参加人数　　約３０名（予定）

引率者　　弊社〇〇部〇〇〇〇　　以上

依頼する・お願いする

講演の依頼

◆ポイント

講演の依頼は、その人物がどのようなポジションにあるかを認識し、相手の気分を害さないような配慮をする。

別紙にしてもよいので、依頼の他に、日付や場所はもちろんのこと、講演の目的、対象となる聴衆の性別や年代、決まっているのであれば、大まかなタイトルも明記する。謝礼についても、触れておくとよい。

◆一般的な書き方

① まず突然依頼する失礼を詫びる。
② 講演の目的を説明して、ぜひお願いしたい旨を伝える。
③ 依頼するに至った経緯、依頼したい内容などを伝える。「別紙」として同封するのもよい。
④ 後日改めて連絡することを明記する。

謹啓　秋涼の候、○○先生にはますますご清祥のこととお喜び申し上げます。

①
突然このようなお手紙を差し上げる失礼をお許しください。先生のお力をお貸しいただければ幸甚に存じます。

②
弊社では、毎年創業記念日にお客様をお招きしての感謝の会を開催しております。今年度のその会で、ぜひ先生にご講演いただきたく、お手紙を差し上げた次第です。

③
当日は、同じ業界の方々が多く出席されますので、先生の日頃の当業界に関する知識と見識をご披露いただければ、大変ありがたく存じます。期日、謝礼等につきましては、別紙の通りでございます。どうぞご高覧ください。

④
後日、改めてご連絡させていただきますので、何卒ご検討いただけますようお願い申し上げます。

まずは、略儀ながら書中をもってご依頼申し上げます。

謹白

◆―その他の表現集

［書き出し］

▼面識もございませんのに、突然お手紙を差し上げる失礼をお許しください。

▼突然にお手紙を差し上げるご無礼をお許しください。

［主文］

▼先生に「○○○○」というテーマでご講演をお願いできませんでしょうか。

▼先生の○○についてのお話を拝聴できればと存じます。

▼先生にぜひ講演会にご来臨賜りたく、お願い申し上げます。

［結び］

▼先生のご都合のよい時間をお知らせいただき、一時間ほどご講演いただきたいのです。

▼お忙しいところ誠に恐縮ですが、お時間をいただきたくお願い申し上げます。

▼この手紙が着きました頃、お電話を差し上げたいと存じます。

謹啓　秋冷の候、○○先生にはますますご健勝のこととお喜び申し上げます。

① 突然のお手紙を差し上げるご無礼を、どうかお許しください。

② さて、弊社では毎年夏に、初任者を対象としたセミナーを開催しております。そのセミナーで、ぜひ先生にご講演いただきたく存じます。

③ 実は昨年、○○社の講演会に伺った際、先生のお話を拝聴し、感銘を受けました。その時これからの若い社員にぜひ先生のお話を聞かせたいと思った次第です。
　お忙しいこととは存じますが、ぜひこのお願いをお引き受けいただきたく、心からお願い申し上げます。セミナーの期日や場所につきましては、別紙の通りです。

④ この手紙が届きました頃を見計らって、改めてお電話をさせていただきます。何卒ご検討いただけますようお願い申し上げます。

謹白

商品値引きに対するお断り

◆ポイント

依頼に対しての断りの手紙で何よりも大切なのは、迅速さである。依頼した側は返答を気にかけていることが多く、時間が経てば経つほど、相手が気をもんでしまうことが予想される。断りの理由については、可能ならば明快に示してもよいが、はっきりとは言いにくいときは、遠回しな表現にしてもよい。

あまりにも厚かましい場合には、きっぱりと断ることも重要である。その場合も、相手を怒らせないような配慮は欠かさないようにする。

◆一般的な書き方

① 書き出しのあいさつを述べる。
② 受けた依頼について、まずは結論を述べる。
③ 値引きに応じられない理由について伝える。
④ 断りについての理解を求める。

①
拝復　ご書面確かに拝見しました。
ご依頼のありました件について、お答えいたします。

②
来年度からの価格の値引きをとのご依頼ですが、誠に恐縮ですが、ご期待に添うことができません。

③
と申しますのも、ご存じの通り、昨年以来原材料の価格が急騰しており、現在の価格でも大変厳しい状況だからでございます。

④
当方の事情をご賢察いただき、ご理解をいただけますようお願いいたします。

まずは右、お詫びとお願いまで。

敬具

◆――その他の表現集

[書き出し]

▼今回ご依頼のあった、価格見直しについてご返答申し上げます。

▼書面受け取りました。貴社におかれましてはますますご発展のご様子、心よりお喜び申し上げます。

[主文]

▼残念ながら、今回のお申し出については、お断りをさせていただきたく存じます。

▼誠に恐縮ですが、今回はお断りをせざるを得ない状況です。

▼早速社内で協議いたしましたが、今回はどうしても無理という結論になりました。

[結び]

▼情けない限りですが、当方の事情をお察しいただけないでしょうか。

▼何卒事情をお汲み取りいただき、ご容赦くださいますようお願い申し上げます。

▼心ならずもお断りすることになり、お詫び申し上げます。

---

① 拝復　このたびは、ご丁重なる書状を頂戴し、ありがとうございました。また、貴社におかれましてはますますご発展の由、大慶に存じます。

② 　さて、このたびのご依頼の件ですが、誠に心苦しいのですが、ご希望のお値引きはできそうにありません。

③ 　ご承知のように近年、市場の激しい価格競争にさらされ、当方といたしましても、でき得る限りのコスト削減を図り、努力に努力を重ねてまいりました結果の価格設定でございます。

④ 　そのような事情ですので、どうぞご理解をいただきたくお願い申し上げます。

　まずは書中をもちまして、お返事かたがたお詫びとさせていただきます。

敬具

在庫不足によるお断り

◆ポイント

注文のあった商品が在庫不足でお断りする場合、辞退という意味合いが強くなる。そのため、文面はあくまでも誠実さが伝わるように、まずは注文へのお礼、次に、なぜお断りをしなければいけないかの理由を述べ、重ねてお詫びを述べるとよい。

そして最後に、今後もこれまで通りの交誼を願う文章で締めくくる。

◆一般的な書き方

① 書き出しのあいさつと、注文へのお礼を述べる。

② 在庫不足のため、注文に応えられないという事情を説明する。

③ 今後入荷の見通しがあれば、後日連絡する旨を伝える。ない場合は、辞退の旨を伝える。

④ 辞退についての謝罪と理解を求める。

①
拝復　貴社ますますご清祥の由、お喜び申し上げます。
さて、このたびは書面にてご注文をいただき、厚く御礼申し上げます。

②
ご注文いただいた品ですが、実は原材料不足のため、○○年から製造を中止しており、現在在庫が全くない状態です。

③
このような事情で、ご注文通りに揃えることができず、ご辞退を申し上げる次第です。

④
せっかくのご注文にお応えできず、申し訳ございませんが、当方の事情をご賢察いただき、ご理解をいただけますよう、衷心よりお願いいたします。

まずは右、お詫びとお返事まで。

敬具

◆──その他の表現集

［書き出し］

▼このたびは、当社製品をご注文いただき、厚く御礼申し上げます。

▼このたびは発注のご紹介を賜り、誠にありがとうございます。

［主文］

▼誠に遺憾ながら、今回のご注文にお応えすることができず、やむを得ずご辞退させていただきたく存じます。

▼不本意ながら、ご注文に応じることができない状況でございます。

▼入荷の見通しが立たず、ご注文をお断りしております。

［結び］

▼誠に残念ですが、今回のご注文をご辞退申し上げるほかありません。

▼そのような事情でございますので、何卒ご容赦くださいますようお願い申し上げます。

▼せっかくのご厚情に背くことをどうかお許しください。

ご注文についてのお詫び

①　拝復　先日は、小社製品のご注文を賜りまして、誠にありがとうございました。ご注文いただきました商品につきまして、ご報告を申し上げます。

②　ご指定の品ですが、実は現在在庫が全くなく、誠に不本意ながら、ご注文をお断りしている状況でございます。

③　ただいま、なるべく早くお客様方のご要望にお応えできるよう、全社を挙げて努力をいたしております。入荷の見通しがつきましたら、改めてご連絡を差し上げたいと存じます。

④　ご迷惑をおかけして申し訳ありませんが、今回はあしからずご了承くださいますよう、お願い申し上げます。

まずは書中をもちまして、お返事かたがたお詫びとさせていただきます。

敬具

返品に対するお断り

◆ポイント

常識で考えても無理な依頼というものがある。そのような場合のお断りでは、たとえ相手が無理なことを言っていても、丁寧に、礼を尽くした文面に終始するのが得策である。

さらに、断りの文章は、はっきりと明確にして、曖昧にならないように十分注意する。これ以上の依頼には応えられないということを、きっぱりと伝えるようにする。

◆一般的な書き方

① 返品対象商品を受け取ったことを述べる。返品を受けかねる場合は、ここで断る旨を伝える。

② 事情の説明と、断るにあたっての理由を述べる。

③ 断る場合はお詫びを述べ、確認が必要な場合は、その旨を伝える。

④ 結びの言葉として今後の交誼を願う。

拝復　陽春の候、ますますご清栄のこととお喜び申し上げます。

①
さて、このたびの返品のお申し出、誠に恐れ入りますが、お受けすることができません。

②
と申しますのも、当方では、返品をお受けするのはご購入後一週間までという期限を設けております。お客様のお申し出は、納入後三か月を経過しており、申し訳ありませんが、ご辞退申し上げる次第です。

③
ご希望に添えず恐縮ですが、当方の事情もご賢察いただき、ご了承いただきますようお願いいたします。

④
今後とも一層のご愛顧をいただければ幸いです。
取り急ぎ、お詫びかたがたお返事まで。

敬具

◆その他の表現集

［書き出し・主文］

▼返品いただきましたが、当方ではお断り申し上げます。

▼お返しいただいた品ですが、こちらではお受けすることができません。

▼返品のご意向とのことですが、理由をお聞かせいただけますでしょうか。

▼誠に心苦しいのですが、返品はご容赦いただきたいのです。

▼申し訳ありませんが、今回はご希望に添えそうもありません。

▼失礼とは存じますが、お断りいたしたく存じます。

［結び］

▼そのような事情ですので、今回のお申し出はお控えください。

▼そのような次第でございます。お断りする失礼をお許しください。

▼何卒ご容赦くださいますよう、お願い申し上げます。

拝復　錦秋の候、ますますご健勝のこととお喜び申し上げます。

① さて、先日お買い上げいただいた品を返品したいというこのたびのお申し出、お送りいただいたものを拝見いたしました。

② 先日お電話でお伺いしたところでは、商品の欠陥とのことでしたが、当社で精査いたしましたところ、欠陥は見あたらず、正常に作動することが確認されました。

③ つきましては、本日ご返送いたしますので、お手数をおかけして恐縮ですが、再度ご確認をいただきたく、お願い申し上げます。

④ 取り急ぎ、ご報告かたがたお願いまで。

敬具

出席依頼に対するお断り

◆ポイント

集まりへの出席を依頼されて、理由があって断る場合、その集まりの性格や、自分とのかかわり合いによって、断り方の程度を変える必要がある。

また、依頼された相手が自分よりも目上の場合と、同等かそれ以下であるかによっても、ニュアンスは異なる。いずれも、本当は出席したいという意思を伝え、相手を傷つけないような配慮が必要である。

◆一般的な書き方

① 招待や出席依頼へのお礼の気持ちを伝える。
② 断りのあいさつと、出席できない理由を述べる。
③ お詫びの言葉を述べる。
④ 会の成功と今後も変わらぬ交誼を願う。

謹啓　盛夏の候、貴店におかれましては、ますますご清栄の段、慶賀の至りに存じます。

①
過日、貴店の二号店新装開店のご披露パーティーにお招きにあずかり、厚く御礼申し上げるとともに、必ず参上の趣、ご返事を差し上げました。

②
ところが、社内の事情により、急遽現地に赴かなければならなくなりました。よって、残念ながら欠席せざるを得ない仕儀となりました。

③
私といたしましても予期せぬ出来事ではありますが、失礼の段、ひらにお許しのほどお願い申し上げる次第です。

④
なお、お祝いの気持ちとして、心ばかりの品をお送りいたしましたので、ご笑納くだされば幸甚に存じます。

まずは、取り急ぎお詫びまで。

敬白

◆――その他の表現集

［書き出し］

▼記念祝賀会のご案内、本日ありがたく拝受いたしました。

▼新年会のお誘い、うれしく拝見いたしました。

▼このたびは、御社研修会にお誘いいただき、誠に恐れ入ります。

［主文］

▼お招きいただいたのですが、当日は亡父の法事のため出席できません。

▼どうしても都合がつかず、誠に恐縮ですが、ご辞退申し上げます。

▼ぜひ出席させていただきたいのですが、どうしてもお伺いすることができません。

［結び］

▼せっかくのご高配を賜りながら、ご辞退する失礼をお許しください。

▼ご厚情に背くことになり、誠に申し訳なく思っております。

▼機会を見て、あらためてごあいさつに伺いたいと思っております。

謹啓　涼秋のみぎり、貴社におかれましては、ますますご隆盛の段、お喜び申し上げます。

①　このたびは、貴社のパーティーにご招待いただき、ありがとうございました。

②　何をおいても出席したいと存じておりましたが、あいにく当日は社用で海外に出張しなければならず、どうしてもお伺いすることができません。

③　せっかくのお誘いをお断りいたしますこと、お許しくださいませ。

④　これに懲りず、どうか次回もお誘いいただきたく、よろしくお願い申し上げます。次回での再会を楽しみにしております。

取り急ぎ、お詫びとお返事まで。

敬白

案内する・招待する

祝賀会の案内

◆ポイント

業務としての祝賀会は、公式行事に位置づけられる重要な行事である。そのため、案内状は正式の書式に則り、格式の高さが感じられるものが望ましい。

招待の趣旨を簡潔に示し、敬意をもって謙虚に出席を懇請する。日時や場所は別記に、詳しい案内図などは、別紙に記すとよい。

出欠確認は、返信用はがきを同封し、遅くとも開催日の半月前には相手に届くようにする。

◆一般的な書き方

① 祝賀会開催の要因と祝賀会を開催する旨を伝える。

② 出席のお願いをする。相手の都合を考慮したものにする。その際、

③ 日付や開催時間、場所などを明記する。出席の諾否を確認したいときは、その旨を追記する。

拝啓　陽春の候、貴社におかれましては、ますますご清栄の趣、慶賀の至りに存じます。

①

さて、弊社儀、来る○月○日をもちまして、創業三十周年を迎えることになりました。これもひとえに、皆様方の永年にわたるひとかたならぬご愛顧と温かいご支援の賜物と、衷心より深く感謝申し上げる次第でございます。

つきましては、創業三十周年を記念し、左記のとおり、心ばかりの小宴を催したいと存じます。

②

ご多用のところはなはだ恐縮ではございますが、何卒ご来臨の栄を賜りますようお願い申し上げます。

まずは、ごあいさつかたがたご案内申し上げます。

敬具

③

記

一、日時　平成○年○月○日（○曜日）　午後○時〜○時

二、場所　○○ホテル　○○の間

なお、誠にお手数ですが、ご出席の諾否につき、同封のはがきにて○月○日までにご連絡くださいますようお願い申し上げます。

以上

◆——その他の表現集

［書き出し］

▼新秋の候、いよいよご盛業のこととお喜び申し上げます。

▼錦秋の候、貴社ますますご隆盛の趣、慶賀の至りに存じます。

▼師走の候、貴社ますますご隆盛のこととお喜び申し上げます。

［主文］

▼さて、当社は昭和○年の創立以来、来る○月○日をもちまして○周年を迎えます。

▼先般ご案内申し上げましたとおり、弊社○○部門が独立し、新会社として発足いたす運びとなりました。

▼つきましては、ささやかではございますが、記念パーティーを催したいと存じます。

［結び］

▼ご多忙の折とは存じますが、何卒ご来臨のほど、お願い申し上げます。

謹啓　秋冷の候、貴社にはいよいよご隆盛の趣、大慶に存じます。

平素は格別のご高配を賜り、厚く御礼申し上げます。

①

さて、かねてから建設中の当社新社屋が今般落成いたし、来る○月○日より当社屋にて業務開始の運びとなりました。これもひとえに皆々様のご芳情と絶大なるご支援によるものと、深く感謝申し上げます。

つきましては、御礼のごあいさつかたがた今後いっそうのお引き立てを賜りたく、下記のとおり新社屋のご披露を兼ね、落成記念の宴を催すことといたしました。

②

ご多忙の折から誠に恐縮に存じますが、何卒お繰り合わせのうえ、ご来臨の栄を賜りたく、謹んでご案内申し上げます。

敬白

③

記

〔1〕日時　平成○年○月○日（○曜日）　午後○時～○時

〔2〕場所　本社新社屋５階ホール

なお、準備の都合もございますので、ご出席の有無を同封のはがきにて、○月○日までにご連絡くださいますようお願いいたします。

以上

新年会の案内

◆ポイント

新年会は、新年の儀礼的なあいさつや漠然とした親睦である場合が多く、忘年会に比べると、あらたまった雰囲気で行われるのが普通である。案内状の工夫次第で出席率に差が出ることもあるため、「○○さんも出席されますので、ぜひお越しください」のような一言を手書きで書き添えるのもよい。いずれにしても、新年らしい清新な雰囲気が感じられる文面になるよう心がける。

◆一般的な書き方

① 新年を寿《ことほ》ぐあいさつの言葉を述べ、新年会を開催する旨を伝える。

② ぜひ出席していただきたいという意を伝える。

③ 具体的な日時や場所について明記する。別記する場合はその旨を述べ、参加についての諾否の連絡をお願いする。

①
謹んで初春のご祝詞を申し上げます。

さて、本年も、日頃弊社をお引き立ていただいている方々にお集まりいただき、新年会を開く所存でございます。

②
つきましては、何かとお忙しい時期かと存じますが、どうかご来駕《らいが》いただき、楽しい談笑のひとときをお過ごしいただければと存じます。

③
準備の都合もございますので、何卒同封のはがきにて、ご出席の有無をお知らせいただきたくお願い申し上げます。

詳細につきましては同封別紙をご覧ください。


右、新年会のご案内まで。

◆その他の表現集

［書き出し］

▼謹んで新年のごあいさつを申し上げます。

▼初春を迎え、皆々様のご多幸をお祈り申し上げます。

▼新春を寿ぎ、ご祝詞を申し上げます。

［主文］

▼今年も例年のとおり、新年会を開きたいと存じます。

▼左記の要領で、新年の初顔合わせをいたしたいと存じます。

▼弊社では下記のとおり、本年も恒例の新宴会を執り行います。

［結び］

▼本年の初顔合わせでございます。多数のご出席をお待ち申し上げます。

▼新年早々何かとお忙しいとは存じますが、何卒お繰り合わせのうえ、ご出席くださいますようご案内申し上げます。

---

①

新年あけましておめでとうございます。

さて、新しい年を迎え、皆様ご多用のこととは存じますが、恒例となっております新年会を開催いたしますので、ご来会賜りますよう、謹んでご案内申し上げます。

②

本年のさらなる飛躍を期するべく、ひとりでも多くのご参集をいただきたく存じますので、ぜひともお繰り合わせのうえ、ご参会くださいますよう心よりお願い申し上げます。

以上　新年会のご案内まで。

③

記

日時　　平成○年○月○日（○曜日）午後○時から

場所　　○○○○○

なお、ご出席の有無は同封のはがきにて、○月○日までにお知らせいただけますようお願い申し上げます。

以上

講演会の案内

◆ポイント

会社主催の講演会は、なるべく多くの参加者を募りたいという前提があるため、案内状を受け取った側が、出席したいと思えるような文面にするよう心がける。

テーマや趣旨、講師の紹介はもちろん、講演内容を明快に伝え、参加する意欲をかき立てることが大切である。

併せて、会費の有無や金額、参加人数に制限がある場合にはそのことも明記する。

◆一般的な書き方

① 講演会を開催するというお知らせをする。

② 講師やテーマなど、講演会の具体的な内容を伝える。

③ 出席、参加をしていただきたいという意を伝える。

④ 改めて、日時や会場その他などについて別記する。

謹啓　時下ますますご隆盛の趣、大慶に存じます。

日頃は小社発行の経済誌『〇〇』の定期ご購読を賜り、厚く御礼申し上げます。

①
さて、小社主催、定例の秋の講演会を左記の通り開催いたします。

②
今回は、経済評論家〇〇〇〇先生をお招きし、「未来を見据えるクロス思考」と題しまして、ご講演をお願いすることにいたしました。〇〇先生の鋭い分析と斬新な発想に基づくご講演は、必ずや皆様のご期待にお応えできるものと確信いたします。

③
ご多忙のこととは存じますが、お繰り合わせのうえ、ご来臨賜りますようご案内申し上げます。

敬白

④
記

一、日時　〇月〇日（〇）午後〇時から

二、場所　〇〇会館〇階大ホール

三、講演　「未来を見据えるクロス思考」

四、講師　経済評論家　〇〇〇〇先生

以上

◆──その他の表現集

［書き出し］

▼時下ますますご清栄のこととお慶び申し上げます。日頃は弊社製品をご愛顧賜り、誠にありがとうございます。

▼紅葉の候、皆様にはますますご健勝のこととお慶び申し上げます。

［主文］

▼弊社では、新商品発売を記念して、来る○月○日に○○先生をお招きして講演会を開催いたします。

▼講師として○○先生をお迎えし、「□□□□□□□□□」というテーマでお話しいただく予定です。

▼講師はテレビでおなじみの人気アナウンサーの○○○○さん、演題は「出会い」です。

［結び］

▼何卒ご列席賜りますようお願い申し上げます。

▼こぞってご参加くださいますよう、お待ちしております。

記念講演会開催のお知らせ

拝啓　向暑のみぎり、皆様にはますますご健勝のこととお喜び申し上げます。

①　このたび、当スクールで新講座を開設するにあたり、担当講師の○○○○先生による記念講演会を開催することとなりました。

②　新講座は、最近注目の○○○○について本格的に学ぶことのできるものです。長い間海外でもご活躍された先生の貴重な体験を、存分にお話しいただきます。

③　つきましては、皆様お誘い合わせのうえ、ぜひお出かけくださいますようご案内申し上げます。

敬具

④

記

日時　○月○日（○曜日）　午後○時より

場所　当スクール８階大教室

以上

親睦会の案内

◆ポイント

会社主催の催事への案内状は、強制的なイメージを与えて反発を買わないよう、気持ちよく参加してもらえるような配慮が必要である。

堅苦しい行事とは異なり、催事は季節感が反映される場合が多いもの。案内状は、詳細を記述した別紙を同封するなどの配慮に加え、春夏秋冬の趣が感じられるものにするとよい。

◆一般的な書き方

①　催事を行うことが決まったというお知らせと催事の内容を伝える。特に強調したいことがあればそれを伝える。

②　ぜひ参加をしていただきたいという意を伝える。

③　催事への参加方法や、伝えたい特記事項があれば添える。

拝啓　猛暑の候、貴社におかれましては、ますますご清栄のこととお喜び申し上げます。

①
さて、このたび弊社営業部では、納涼と親睦を兼ねた「納涼ビア・パーティー」を企画いたしました。弊社ケータリング部門が誇る料理の数々と、当地の名物である地ビールをご用意させていただく予定です。

②
つきましては、ぜひ大勢の皆様にご参加いただき、楽しいひとときをお過ごしいただければと存じます。

日時、会費などは左記のとおりです。

敬具

③
記

日時　○月○日(○)　午後6時から
場所　弊社屋上庭園
会費　男性○○○○円　女性○○○○円

なお、参加ご希望の方は、○月○日までに弊社担当○○までお知らせください。

以上

◆その他の表現集

［書き出し］

▼春風駘蕩《たいとう》の候、皆様にはいかがお過ごしでしょうか。

▼今年も弊社恒例の夏祭りの季節がやってまいりました。

［主文］

▼さて、このたび当社におきましては、恒例の「○○○○会」を開催する運びとなりました。

▼毎年皆様からご好評をいただいております「○○○○パーティー」を、左記の要領で開催いたします。

▼このたび、支店間の親睦を図るための機会を設けることになりました。

［結び］

▼皆様のご参加を、心よりお待ち申し上げております。

▼ご多用とは存じますが、ぜひお運びくださいますよう、お願い申し上げます。

▼ご都合がよろしいようでしたら、ご参加いただければ幸いに存じます。

親睦社員旅行のお知らせ

拝啓　陽春の候、皆様にはご健勝のことと存じます。

①　さて、毎年恒例の社員旅行を、下記の日程で開催することになりましたのでお知らせいたします。社員一同の親睦を図るとともに、日頃の疲れをいやすため、今回は温泉への一泊旅行を計画いたしました。宿泊予定の旅館は、豪勢な海の幸が自慢の、テレビでもたびたび紹介されている宿です。

②　大勢の皆様のご参加を心よりお待ちしております。

敬具

③

記

日　時　○月○日(○)〜○月○日(○)

宿泊先　熱海市○○旅館

日　程　別紙参照

参加費　○○○○円（交通費含む）

参加ご希望の方は、各部に配布の用紙に必要事項をご記入のうえ、参加費を添えて、○月○日までに、総務部までお申し込みください。

以上

入金の催促

◆ポイント

本来支払われるべき代金が期日を過ぎても支払われない場合に出すのが催促状である。その際、可能ならば相手の事情にも配慮を示し、そのうえで、感情的にならないよう、できるだけソフトに、返済を求めることが大切である。

返済をこれ以上待つことができない場合、具体的な例を挙げることができるのなら、それについて触れてもかまわない。

◆一般的な書き方

① いまだに入金の確認ができていない旨を伝える。
② なぜ期限をこれ以上待てないかという事情を説明する。
③ 返済してほしい旨を重ねてお願いする。
④ 本状との行き違いの可能性について触れる。

拝啓　ご健勝のこととお喜び申し上げます。

①
さて、誠に申し上げにくいことですが、先月の納品分につきまして、お約束の期日を過ぎましたが、いまだ入金が確認できておりません。

②
当方も、取引先への支払いなどを行わなければならず、大変困っております。

③
ご事情もおありかとは存じますが、私どもの事情をご賢察いただき、大至急ご入金いただけますようお願いいたします。

④
なお、ご入金が本状と行き違いになりましたら、どうかご容赦くださいますようお願い申し上げます。

お電話でかまいませんので、ご返事をお待ちしております。

敬具

◆その他の表現集

［書き出し］

▼○月○日までにご返済いただけるとのお話でしたが、いかがなりましたでしょうか。

▼本日このお手紙を差し上げましたのは、先々月の賃金についてです。

▼冠省　取り急ぎお伺いいたします。

［主文］

▼当初のお話では○月締めで毎月○日にご入金とのお話でしたが、現在のところ確認できておりません。

▼お約束の期限を○か月経過しておりますので、お伺いのお手紙を差し上げた次第です。

［結び］

▼ご都合もおありかと存じますが、ご返済いただけますようお願いいたします。

▼些少な金額で催促状をお送りするのは心苦しいのですが、窮状をご賢察のうえ、お手配のほど、よろしくお願い申し上げます。

制作費お支払いのお願い

拝啓　時下ますますご清祥のこととお喜び申し上げます。

① さて、過日参加させていただきましたプロジェクトの制作費につきまして、請求書ご送付の際、○○日にご入金とのお約束でしたが、期日を○日過ぎた本日に至りましても、ご入金いただいておりません。

② 何かの手違いとは存じますが、当方も事務処理上支障を来しておりまして、大変困惑しております。

③ ご事情もおありかと存じますが、何卒早急なお支払いをお願いいたしたく存じます。

④ なお、ご入金が本状と行き違いになりましたら、どうかご容赦くださいますようお願い申し上げます。

敬具

商品遅延の催促

◆ポイント

催促などの督促状で大切なのは、感情的にならず、あくまでも冷静さを失わないこと。相手に非があることが明らかであっても、それをあまり強調しないのが大人の対応である。

まずは事実を記して、どのように困っているか、こちらの事情を説明し、その後で、責任の所在について触れたり、迅速な対応を求めたりするなどの今後の対策について話を進めるとよい。

◆一般的な書き方

① 注文した商品の到着が遅れていることを知らせる。
② 遅延によって困っているという、こちらの実情を説明する。
③ 迅速な納品を求める意の催促の言葉を入れる。
④ 本状との行き違いの可能性について触れる。

拝啓　暮秋の候、貴社におかれましては、ますますご清栄のこととお喜び申し上げます。

①さて、去る○月○日付で発注いたしました商品○ケース、昨○日に納入のお約束にて、当方準備を整えておりましたところ、遅延との突然のご通知、はなはだ心外に存じます。

②当方、新装オープンのため売り場も設定しておりました。予定通りの陳列ができず、大変困惑しております。

③そちらにもご事情がおありとのことですが、こちらも大変困っております。早急に対処いただき、直ちに納品いただきたく、この段お願い申し上げます。

④なお、本状と納品が入れ違いになりましたらお許しください。

右、取り急ぎご催促まで。

敬具

◆その他の表現集

[書き出し]

▼先般○月○日付でご注文いたしました商品につきましてお伺いいたします。

[主文]

▼先日来再三お問い合わせしておりますす貴社製品未着の件ですが、依然納品いただいておりません。どのような事情によるのか、当方では全くわからず、困惑しております。

▼これ以上遅れますと、納入先期限に間に合わないという事態が発生するおそれがあり、大変切迫した状況でございます。

[結び]

▼至急折り返しご返答のほど、よろしくお願い申し上げます。

▼年末商戦直前の時節柄、くれぐれもご配慮賜りますよう、よろしくお願い申し上げます。

▼すでに出荷されたのか、あるいはこれから出荷なさるのか、大至急事情をお知らせください。

納品のお願い

拝啓　時下いよいよご清栄のこととお喜び申し上げます。

① さて、○月○日付で発注いたしました商品につきまして、先月末までに納入のお約束でしたが、いまだ着荷しておりません。

② 該当の品は、古くからの大口のお得意様へ発送予定となっており、弊店といたしましても、間に合わなかった場合は信用問題となるため、大変困惑しております。

③ 至急お取り調べのうえ、誠意あるご回答をいただけますよう、よろしくお願い申し上げます。

④ なお、この書状が商品発送と入れ違いになった場合には、何卒ご容赦ください。

敬具

代金支払いの催促

◆ポイント

催促状、督促状は、その期限を過ぎてから出すのがマナーである。

期限が過ぎていても、相手を一方的に責めないよう、まずは、単純な手違いではないかと、丁重に切り出し、その次に、事実として支払いが遅れていること、そのためにどのような迷惑を被っているかなどを整然と述べるようにする。

最後に早急な対処を求めて結ぶとよい。

◆一般的な書き方

①支払いが期限になっても成されていないという事実を知らせる。

②手違いの可能性や相手の事情を察する言葉を入れる。

③支払いの遅延で、困っていることを率直に伝える。

④早急に約束通り支払いを行うよう、相手に求める。

拝啓　日頃は種々お引き立てにあずかり、深く感謝いたします。

①
さて、貴注文書○号にてご注文いただき、過日お送り申し上げました○○の代金につきまして、請求書同封のうえ先月末日までにご送金くださるようお願いいたしましたが、十日を経過しました本日までのところ、ご入金がございません。

②
あるいは、何か行き違いでもあったのかと危惧いたしております。

③
当社といたしましても、経理処理の都合もございますので、恐れ入りますが、一応お調べのうえ、ご高配賜りたくお願い申し上げる次第です。

④
念のため再発行の請求書とお振り込み用紙を同封いたしますので、○月○日までにお振り込みくださいますようお願い申し上げます。

万一本状と入れ違いにご送金済みの節は、あしからずご容赦のほど願い上げます。

まずは取り急ぎお伺いまで。

敬具

◆その他の表現集

［書き出し］

▼○月○日付にてご請求申し上げました品代金につき、至急お問い合わせしたい件がございます。

▼ご請求申し上げた品代金、いまだご入金が確認できずにおります。

［主文］

▼今月は決算につき、ぜひともお支払いいただきたく、よろしくお願い申し上げます。

▼ご連絡もつかず、いかがされたものかと懸念いたしております。

［結び］

▼何かご事情がおありかとは存じますが、至急お調べのうえ、ご送金くださいますようお願い申し上げます。

▼当社の都合もございますので、早急にご回答を賜りますようお願い申し上げます。

▼ご決済遅延の件、ご説明を伺いたく、本状を差し上げた次第です。

代金支払いのお願い

前略　取り急ぎ用件のみ申し上げます。

① 去る○月○日付書面にて再度ご請求申し上げました○月分品代、その後１週間経過いたしましたが、いまだお支払いいただいておりません。そのうえ何のご連絡もなく、誠に遺憾に存じます。

② ご事情がおありかと存じますが、このうえさらにご送金が遅滞いたしますと、しかるべき手続きを取らざるを得ないものと考えております。

③ ご承知のように、当社の決済は翌月○日までを期限としてお取引を願っております関係上、このようなお支払いの遅延、はなはだ困惑いたしております。

④ つきましては、本月末までに必ずご送金いただきたく、重ねて督促の書状を差し上げる次第です。

以上の件、至急ご返事を賜りたく、ご高配のほどお願い申し上げます。

草々

商品破損の苦情

◆ポイント

不良品に対する抗議、あるいは、商品を破損させられた場合の苦情は、差し迫った用件であるため、お悔やみ状同様、時候のあいさつは省き、いきなり用件を切り出すのが一般的である。こちらがどのように困っているかを具体的かつ冷静に説明し、今後どのような対処をしてほしいのかについて言及する。できるだけ感情を抑えた文章になるように注意する。

◆一般的な書き方

① 用件を切り出す書き出しの言葉を入れる。
② どのような苦情であるか、はっきりと明記する。
③ 破損により、どのような損害を被ったかなどを説明する。
④ 今後どのようにしてほしいか、希望を述べる。

①
前略　取り急ぎ用件のみ申し上げます。

②
先日お電話にて注文し、本日届きました写真立てについてですが、開封いたしましたところ、そのうちの半分の品にヒビが入っておりました。

③
輸送の際の事故の可能性もあるかとは存じますが、本日返送させていただきましたので、ご確認をお願いいたします。本社創業記念式典の引き出物にと考えておりましたので、困惑しております。

④
つきましては、大至急該当の品をお手配いただきたく、善処のほどお願いいたします。

草々

◆その他の表現集

［書き出し］

▼貴店で購入いたしました○○につきまして、申し上げたいことがございます。

▼ご送付賜りました商品に、一部の破損が判明いたしました。

▼お客様からのご連絡で、商品の破損がわかりましたのでお問い合わせいたします。

［主文］

▼この件に関しまして、貴社調査のうえ、誠意あるご回答をいただきたいと存じます。

▼御社とは長いお取引をいただいておりますので、穏便に済ませたいと願っております。

［結び］

▼以上ご了承いただき、なるべく早い対処をお願い申し上げます。

▼早急に原因をお調べいただき、至急お知らせください。

▼今後このようなことのないよう、厳重な対処をお願いいたします。

商品破損についてのお知らせ

① 前略　先日お送りいただきました○○○○につき、お尋ねします。

② 中身を改めましたところ、一部の梱包材に亀裂があり、内容物がはみ出しているものが複数ありました。

③ このままでは店頭に出すことができず、大変困っております。

④ 当該商品をご返送申し上げますので、ご確認のうえ、改めて破損のない商品を大至急ご送付ください。

お忙しいところ恐縮ですが、よろしくお取りはからいのほど、お願い申し上げます。

取り急ぎご報告とお願いまで。

草々

納品遅延のお詫び

◆ポイント

自分に落ち度がある場合、相手から苦情が来た場合のいずれも、お詫び状の第一のポイントは、タイミングをはずさないことである。早めに対応し、指摘された内容を真摯に受け止めて、素直に非を認めることが大切である。また、言い訳や責任転嫁などをしないよう注意する。

◆一般的な書き方

① 書き出しのあいさつと、平素の交誼への感謝を述べる。
② 納期が遅延することを伝える。
③ 遅延の理由を説明し、謝罪の意を伝える。
④ 遅延についての了解をいただきたいとお願いする。

① 拝啓　平素は格別なお引き立てを賜り、誠にありがとうございます。

② さて、○月○日付でご用命を賜りました商品につきまして、お約束の納入期限○月○日までに、納品の見通しが立たない事態になりました。深くお詫びいたします。

③ 実は弊社工場製造ラインの一部に不具合が発生し、修理の後、製造を再開したのですが、ご用命数に達せず、どうしても納期に間に合わせることができない次第でございます。

④ ここへきて、生産も軌道に乗り始めましたので、一週間ほどご猶予をいただければ、○日には新製品を完納できるものと存じます。
何卒右事情をご高察のうえ、今回の違約をご容赦くださり、今後ともご下命のほどよろしくお願い申し上げます。

敬具

◆──その他の表現集

［書き出し］

▼このたびはご迷惑をおかけいたしまして、誠に申し訳なく存じております。

▼ご注文いただきました○○につきまして、納品日の変更をお願いいたしたく存じます。

▼本日は、○○納入遅延につきましてご照会いただき、恐縮に存じております。

［主文］

▼誠に恐れ入りますが、新製品入荷の○日までご猶予をいただきたくお願いいたします。

▼製造元火災のため、当方への入荷が遅れを来しております。

［結び］

▼何卒事情をご賢察のうえ、ご容赦のほど願い上げます。

▼とりあえず遅延のお詫びかたがたご報告まで。

▼右、お詫びかたがたお願い申し上げます。

納期遅延のお詫び

① 拝啓　平素は格別なお引き立てを賜り、誠にありがとうございます。

② 本日、○月○日付のご書面拝受いたしました。納期の見通しにつきましてご報告を申し上げます。

③ 先にご注文いただきました分につきましてはご指定の期日にお納めが可能でございますが、過日の水害による影響もあり、追加の○日付によるご注文分につきましては、１～２日の遅れが生じる見通しとなっております。

④ ご心配とご迷惑をおかけいたしましたこと、深くお詫び申し上げます。
何卒ご海容をもちまして、今後ともよろしくお引き立てのほど、伏してお願い申し上げます。

敬具

納入不手際のお詫び

◆ポイント

注文された品を間違って送ってしまった、発送した品に手違いがあった、または商品に欠陥があったという場合は、素直に詫び、今後二度とこのような間違いがないよう対処するとの決意を示して、信用を回復しなければならない。

ミスに対してどのような対処をしているかということも、正確に相手に知らせて謝罪することが大切である。

◆一般的な書き方

① 不手際についてのお詫びを伝える。

② どのように対処するか説明する。

③ 反省の言葉と、今後についての決意を示す。

④ 今後も変わらぬ交誼を願う。

拝復　平素は格別のご用命を賜りまして深謝申し上げます。

①
さて、○月○日付貴状により、ご注文品誤送のご通知をいただき、直ちに調査いたしましたところ、ご指定の○○の代わりに○○をお送りしていたことが判明しました。初歩的な注意を怠りましたこと深くお詫び申し上げます。

②
急ぎ当日便でお送りいたします。改めてご査収のほどお願い申し上げます。なお、ご返送の品は確かに拝受いたしました。

③
今後は、このようなことのないよう、改めて気を引き締めてまいる所存でございます。

④
今後とも一層のご支援とご鞭撻を賜りますよう、お願い申し上げます。

取り急ぎ、お詫びかたがたお知らせまで。

敬具

◆その他の表現集

［書き出し］

▼このたびは、不良品をお納めするという不手際、お恥ずかしい限りでございます。

▼先般ご送付申し上げた品につき、一部不良品があるとのご指摘、誠に申し訳ございません。

［主文］

▼不良品につきましては、即時お引き取りさせていただきます。

▼大変ご迷惑をおかけいたしますが、しばらくのご猶予をいただきたく、伏してお願い申し上げます。

▼代替品を送付させていただきましたので、ご検収のほどよろしくお願いいたします。

［結び］

▼こちらの不手際でご迷惑をおかけし、誠に申し訳ありませんでした。

▼事情をご賢察賜りまして、格段のお取りはからいのほどお願い申し上げます。

欠陥商品ご送付のお詫び

拝復　貴社におかれましてはいよいよご隆盛の趣、大慶に存じます。

①　このたびは、当社の不手際によりご迷惑をおかけし、誠に申し訳ございませんでした。欠陥商品が一部混入していたとのこと、検品の際見落としたものと深く反省しております。

②　つきましては、直ちに代替品をご送付申し上げますので、お手数をおかけして恐縮ですが、よろしくご検収ください。

③　今後はこのようなことがないよう、社員一同、気を引き締めて業務に励んでいく所存でございます。

④　近日中に、担当者がお詫びに伺いたく存じます。どうか従来通りご愛顧賜りますよう、衷心よりお願い申し上げます。

まずは取り急ぎお詫び申し上げます。

敬具

お詫びする

欠席のお詫び

◆ポイント

招待を受けたものの欠席しなければならない場合には、出席したい気持ちはあるけれど、どうしても出席できないという理由を明記して、誠意をもって丁重にお断りとお詫びをする。また、単にお詫びだけではなく、次の機会にはぜひという希望を付け加えるとよい。

いずれにしても、先方にも都合があるので、返事はなるべく早めに出すようにするのが礼儀である。

◆一般的な書き方

① 招待をいただいたことへのお礼を述べる。

② 欠席しなければならないこと、またその理由を記す。

③ せっかく受けた招待を欠席することについて、お詫びを述べる。

④ 結びの言葉と、今後の交誼を願う言葉を述べる。

復啓　寒露の候、貴社におかれましては、ますますご清栄のこととお喜び申し上げます。

① このたびは、ご令息の結婚披露宴に、数ならぬ私までお招きいただき、恐縮しております。

② ぜひお祝いを申し上げたいのですが、あいにく当日は先約がありまして、誠に残念ながら、お伺いすることができません。

③ そのような事情で出席できませんこと、何卒お許しください。よろしくお願い申し上げます。

④ ご令息様にもどうかよろしくお伝えください。

まずは書中をもってお詫び申し上げます。

拝具

◆――その他の表現集

［書き出し］

▼ご丁重なる招待状を頂戴し、誠にありがたく感謝申し上げます。

▼記念すべき式典にお招きいただき、ありがとうございます。

▼弊社社員までお招きにあずかり、恐縮いたしております。

［主文］

▼大変申し訳ないのですが、体調が万全ではなく、出席がかないません。

▼誠に心苦しいのですが、ご辞退しなければなりません。

▼本来ならば何をおいても出席させていただきたいのですが、あいにくお伺いができません。

［結び］

▼事情をご賢察のうえ、何卒ご容赦くださいますようお願い申し上げます。

▼いずれ改めてごあいさつに参上したいと存じます。

拝復　貴社ますますご清栄のこととお喜び申し上げます。

① このたびは、貴社展示会のレセプションにご招待賜り、厚く御礼を申し上げます。

② 何をおきましても駆けつけて、お祝い申し上げたいと存じておりましたが、あいにく弊社前会長の叙勲に伴う祝賀会と重なり、社員一同、どうしてもお伺いすることができません。

③ せっかくのご招待を失礼すること、何卒お許しいただきたく、お願い申し上げます。

④ また改めて、お祝いに参上したいと存じます。その節はよろしくお願いいたします。

会の成功を心よりお祈り申し上げます。
取り急ぎ、お詫びのお返事を申し上げます。

敬具

商品破損のお詫び

◆ポイント

不良品を納入してしまった場合、または借用していたものを破損してしまった場合のお詫び状である。

非がどちらにあるかによって、文面は異なるが、明らかに自分に非がある場合は、誠心誠意お詫びをするという気持ちを前面に出し、下手な言い訳は控えた方が無難である。

最後に、今後どのように再発防止に努めるかという決意を述べるとよい。

◆一般的な書き方

① 書き出しの言葉で、時候のあいさつは省いてよい。

② 商品破損、または不良品を納入したことについてのお詫びを述べる。

③ 今回の不手際について、どのように対処するのか説明する。

④ 今後の再発防止への決意を述べる。

---

① 急啓　平素格別のお引き立てを賜り、厚く御礼申し上げます。

② さて、このたびお納めした商品に、一部破損品が混入していたとのこと、誠に申し訳ございませんでした。当社のチェック体制に不備があったものと、深く反省しております。

③ 不良品につきましては即時お引き取りをし、直ちに代替品をご送付申し上げますので、何卒ご容赦のほど、お願い申し上げます。

④ 今後二度とこのようなことのないよう再発防止に努めてまいりますので、今後もご愛顧を賜りますよう、伏してお願い申し上げます。

まずは、お詫びかたがたお願いまで。

敬具

◆──その他の表現集

［書き出し］

▼〇月〇日、貴社に納入の商品のうち、〇〇台の破損があった旨伺いました。

▼このたびは不良品をお納めし、お恥ずかしい限りでございます。

▼一部破損があったとのご指摘、まことに遺憾に存じます。

［主文］

▼貴社に多大なご迷惑をおかけすることとなり、大変申し訳ありません。

▼今回のような不始末を二度と繰り返さぬよう、全社を挙げて取り組んでまいる所存でございます。

［結び］

▼近日中に担当者をお詫びに向かわせますので、何卒ご容赦くださいますよう、お願い申し上げます。

▼何卒ご寛容のほど、お願い申し上げます。

▼後日改めてお詫びに参上いたします。

商品破損のお詫び

① 前略　本日はお詫びを申し上げるため本状を差し上げました。

② 先日、展示会のために借用したパネルですが、当日の天候不順のため、会場が突風に襲われ、転倒してしまいました。その際、大変申し訳ないことに、フレーム部分を傷つけてしまいました。深くお詫び申し上げます。

③ 現在急いで修理を行っておりますが、完成まで１週間ほどかかるとのことでございます。誠に恐縮ですが、ご返却の期日を〇日延長させていただけないでしょうか。私どもの不注意ですので、当然、修繕費はこちらで支払わせていただきます。

④ 今回の教訓を生かし、今後は万全の体制で臨む所存でございます。

取り急ぎ、お詫びとお願いまで。

草々

苦情に対するお詫び

◆ポイント

電話でのクレームに対して口頭でお詫びをしたとしても、改めて文書の詫び状を出すとより丁寧な対応となる。

クレームに対する詫び状で大切なのは、冷静かつ誠意をもって対処すること。いわれのない無理な苦情だとしても、とりあえずは反論せず、貴重な情報をいただいたという姿勢を取ると、スムーズに話が進む可能性もある。無理難題には毅然とした態度を取ることも考えておくとよい。

◆一般的な書き方

① まずはお詫びの言葉を述べる。
② 苦情の原因となったことの事情を説明する。
③ 今回の苦情に対して、どのような対応をするのか伝える。
④ 今後の再発防止への決意を述べる。

拝復　日頃弊社製品をご利用いただき誠にありがとうございます。

①
さて、このたびは弊社製品の不具合により、お客様にはご迷惑をおかけいたしました。心より深くお詫び申し上げます。

②
急ぎ原因を調べましたところ、単純な製造時のミスと判明いたしました。
初歩的な不手際で、誠にお恥ずかしい限りです。直ちに対応策を講じたいと存じます。

③
早速弊社担当者が今後の対応についてご説明に伺いますので、お手数とは存じますが、ご理解とご協力をいただけますよう、お願い申し上げます。

④
今後はこのようなことがないよう、細心の注意を払っていく所存です。

まずは、取り急ぎお詫びかたがたお願いまで。

敬具

◆その他の表現集

[書き出し]

▼このたびは、ご愛用いただいております弊社製品でご迷惑をおかけし、深くお詫び申し上げます。

▼ご指摘をいただきました製品について調査したところ、不具合が判明いたしました。

[主文]

▼つきましては、正常な代替品を至急ご送付させていただきたく存じます。

▼つきましては、お手数をおかけして誠に恐縮ですが、着払いにて弊社あてお送りいただけますようお願い申し上げます。

[結び]

▼今後とも弊社製品をご愛顧賜りますよう、伏してお願い申し上げます。

▼重ねてお詫び申し上げますとともに、今後も変わらぬご愛顧を、よろしくお願い申し上げます。

納品書についてのお詫び

復啓　平素は格別のご愛顧を賜り、感謝申し上げます。

① さて、このたびお知らせをいただきました納品書につきまして調査しましたところ、ご指摘の通り誤りがあることが判明いたしました。誠に申し訳ございません。

② 原因は、弊社担当者による計算ミスでございました。社内業務の不手際から生じた初歩的なミスで、申し開きのしようもございません。

③ つきましては、改めて正確な納品書を作成し、ご送付申し上げますので、ご検収をよろしくお願いいたします。前回お送りした納品書につきましては、恐れ入りますが、破棄していただきますようお願いいたします。

④ 今後は二度とこのような誤りがないよう努めてまいりますので、何卒お許しいただきたくお願い申し上げます。

拝具

お礼を言う

打ち合わせのお礼

◆ポイント

お礼のメールは、間をおかず、タイミングを逃さずにすぐに出すことが重要である。お礼の言葉とともに、どのような点が嬉しかったかなど、内容についても記すと気持ちが伝わりやすい。

お礼の最後には、今後につながるようなあいさつを加えて、なごやかに締めくくるようにするとよい。

◆一般的なメールの書き方

1. 日頃の感謝の意を伝える。
2. 打ち合わせに足を運んでいただいたことへのお礼を述べる。
3. 打ち合わせの内容を伝える。
4. 現在の状況を説明する。
5. 今後の予定などについて伝える。

メッセージの作成

ファイル(F)　編集(E)　表示(V)　挿入(I)　書式(O)　ツール(T)　メッセージ(M)

送信者：
宛先：
CC：
件名：○月○日のお打ち合わせ、ありがとうございました

株式会社○○○○商事
東関東支社　○○部　○○様

いつもお世話になっております。○○です。
昨日はお忙しい中、ご来社いただき、
誠にありがとうございました。

ご提案いただいた新製品の広告キャンペーン案、
いずれも斬新なアイデアあふれるものばかりと存じます。
現在社内で検討しており、
来週○日までに結論を出す予定にしております。

弊社の方針が決まりましたらご連絡を差し上げますので、
次回の打ち合わせで細部をさらに検討させて
いただきたいと思います。

取り急ぎメールにて失礼いたします。

食事会のお礼

◆ポイント

食事会に招待された場合、終了後速やかにお礼の意を伝えるのが礼儀である。その会の性格、格式にもよるが、なれなれしくならないよう、丁寧な文面になるよう心がけることが大切である。

お礼の最後には、次の機会につなげる言葉、たとえば次回はお返しをさせていただきたいなどの文言を添えるとよい。

◆一般的なメールの書き方

1. 日頃の感謝の意を伝える。
2. 食事会に招待されたことに対するお礼の気持ちを伝える。
3. 食事会の感想を述べる。
4. 今後のさらなるおつきあいを願う言葉を述べる。また機会があれば、お返しをしたいという意味の言葉を加える。

メッセージの作成

ファイル(F)　編集(E)　表示(V)　挿入(I)　書式(O)　ツール(T)　メッセージ(M)　ヘルプ(H)

送信者：

宛先：

CC：

件名：食事会にお招きくださり、ありがとうございました

○○○株式会社
○○○○様

平素より、大変お世話になっております。

先日は、ご丁重なるお招きにあずかり、誠にありがとうございました。
心より御礼申し上げます。
おもてなしをいただいたうえに、結構なおみやげまで頂戴し、
恐縮に存じます。

おかげさまで、皆様と共に本当に楽しいひとときを
過ごすことができました。
機会がございましたら、ぜひお返しなどさせていただければと思います。

今後とも何卒よろしくお願いいたします。
取り急ぎ御礼まで。

お礼を言う

贈り物をもらったときのお礼

◆ポイント

言うまでもなくメールは、いつ、誰が読むかわからないものである。よく知っている間柄であっても、格式のある、丁寧なお礼になるように注意したほうがよいだろう。

お礼は一般的に、タイミングがとても大切である。機を逸することのないように、あまり遅くならないうちに送るように心がける。

◆一般的なメールの書き方

1. 日頃の感謝の意を伝える。
2. 贈り物をいただいたことに対するお礼の気持ちを伝える。贈り物についての感想も入れるとよい。
3. 返礼を送った場合には、そのことについて記す。

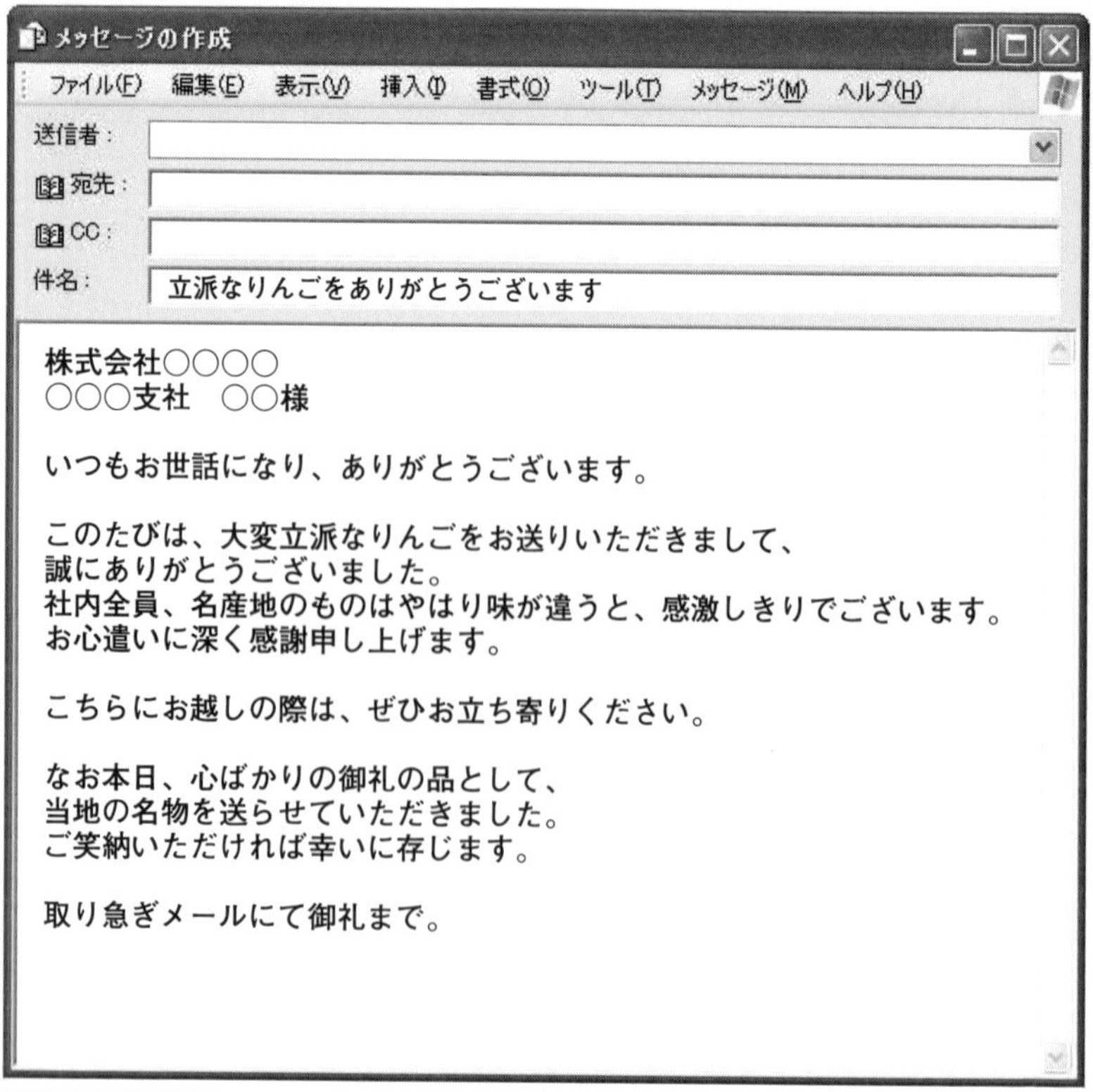

メッセージの作成

ファイル(F)　編集(E)　表示(V)　挿入(I)　書式(O)　ツール(T)　メッセージ(M)　ヘルプ(H)

送信者：

宛先：

CC：

件名：立派なりんごをありがとうございます

株式会社○○○○
○○○支社　○○様

いつもお世話になり、ありがとうございます。

このたびは、大変立派なりんごをお送りいただきまして、
誠にありがとうございました。
社内全員、名産地のものはやはり味が違うと、感激しきりでございます。
お心遣いに深く感謝申し上げます。

こちらにお越しの際は、ぜひお立ち寄りください。

なお本日、心ばかりの御礼の品として、
当地の名物を送らせていただきました。
ご笑納いただければ幸いに存じます。

取り急ぎメールにて御礼まで。

依頼物が届いたときのお礼

◆ポイント

依頼したものが無事届いたとき、送ったほうはいつ着いたか気にかけている場合も多いので、間をおかず、すぐに返事を出すのがマナーである。

単なるお礼にとどまらず、手数をかけたという意識をもって、文面を構成するとよい。また、届いたもののおかげでどのように助かったか、今後それをどのように扱うかなどにも言及すると、なお丁寧なお礼状になる。

◆一般的なメールの書き方

1. 突然のお願いで、失礼したお詫びの言葉を述べる。
2. 依頼したものが無事に届いたという報告と、感謝を述べる。
3. 依頼して拝借したものについての今後の扱いについて伝える。

メッセージの作成

ファイル(F) 編集(E) 表示(V) 挿入(I) 書式(O) ツール(T) メッセージ(M) ヘルプ(H)

送信者：

宛先：

CC：

件名：資料ご送付の御礼

○○○資料館
○○課　○○○○様

先日は突然のお願いで、大変失礼いたしました。

その際お願いいたしました資料、本日受け取りました。
早速のご送付、誠に恐れ入ります。

拝見いたしましたところ、いずれも素晴らしい第一級の資料ばかりです。
ありがとうございました。

拝借いたしました資料は、控えを取らせていただき、
速やかにご返送申し上げますので、何卒よろしくお願い申し上げます。

取り急ぎメールにて、受領の報告と御礼まで。

展示会に来てもらったお礼

◆ポイント

展示会などのイベントや、開業、開店など、お祝いに駆けつけていただいたときのお礼は、そのときの感謝だけではなく、今後につながる交誼を願うという意味合いも強くなる。

わざわざ足を運んでもらったことへの感謝とともに、今後の支援や愛顧を願う文章を必ず添える。

◆一般的なメールの書き方

1. 日頃の感謝の意を伝える。
2. 展示会に足を運んでもらったことへの感謝を伝える。
3. 展示会が無事終わったことを報告する。
4. 不明な点などがないか、意向を伺う。
5. 今後も変わらぬご愛顧を願う旨のあいさつで締めくくる。

メッセージの作成

ファイル(F)　編集(E)　表示(V)　挿入(I)　書式(O)　ツール(T)　メッセージ(M)　ヘルプ(H)

送信者：

宛先：

CC：

件名：ご来場いただきありがとうございました

株式会社○○○○
○○○○様

いつも大変お世話になっております。

昨日は、お足元の悪い中、弊社の展示会にお越しいただき、
誠にありがとうございました。

おかげさまで盛況のうちに無事閉会することができました。
これもひとえに皆様方のお心遣いの賜物と感謝申し上げます。

なお、展示の内容につきまして、ご不明な点などございましたら
遠慮なくお尋ねいただければと存じます。

今後ともこれまでと変わらぬお引き立てを賜りますよう
よろしくお願い申し上げます。

会社移転・社名変更の連絡

◆ポイント

会社の移転や社名変更などに関する通知は、正式には文書で知らせるのが望ましいが、最近はメールでの連絡が増えているようである。

何よりも大切なのは、間違いがないよう、十分注意して、変更点を明確にしておくことである。

変更の項目は、本文に含めずに別記すると見やすくなり、変更点が一目でわかりやすくなる。

◆一般的なメールの書き方

1. 日頃の感謝の意を伝える。
2. 社名変更の理由と変更日について伝える。
3. 今後の決意について述べる。
4. 今後も変わらぬ交誼を願う言葉で締めくくる。

メッセージの作成

ファイル(F) 編集(E) 表示(V) 挿入(I) 書式(O) ツール(T) メッセージ(M) ヘルプ(H)

送信者:
宛先:
CC:
件名: 社名変更のお知らせ

お取引先各位

平素は、大変お世話になっております。

このたび弊社では、業務拡大に伴い、○月○日より
社名を下記の通り変更することとなりました。

これを機に、より一層の業務の充実に努めてまいる所存でございます。

今後とも相変わらぬお引き立てを賜りますよう、
社員一同衷心よりお願い申し上げます。

まずは略儀ながら、メールにてごあいさつ申し上げます。

【記】
新社名……○○○○○○株式会社

電話番号・FAX番号変更の連絡

◆ポイント

電話番号やファクシミリの番号を変更する場合は、いつから変更するか、その期日を正確に伝える必要があり、その次に新しい番号を明示するとよい。

先方には、手元に登録してある場合、その訂正もお願いしなければならない。

なによりも正確さが大切であるため、くれぐれも誤りのないよう、十分注意が必要である。変更点が正確に伝わるように、シンプルな文面にするとよい。

◆一般的なメールの書き方

1. 日頃の感謝の意を伝える。
2. 電話番号を変更する期日と、変更について知らせる。
3. 手元の記録を訂正してもらえるようお願いする。

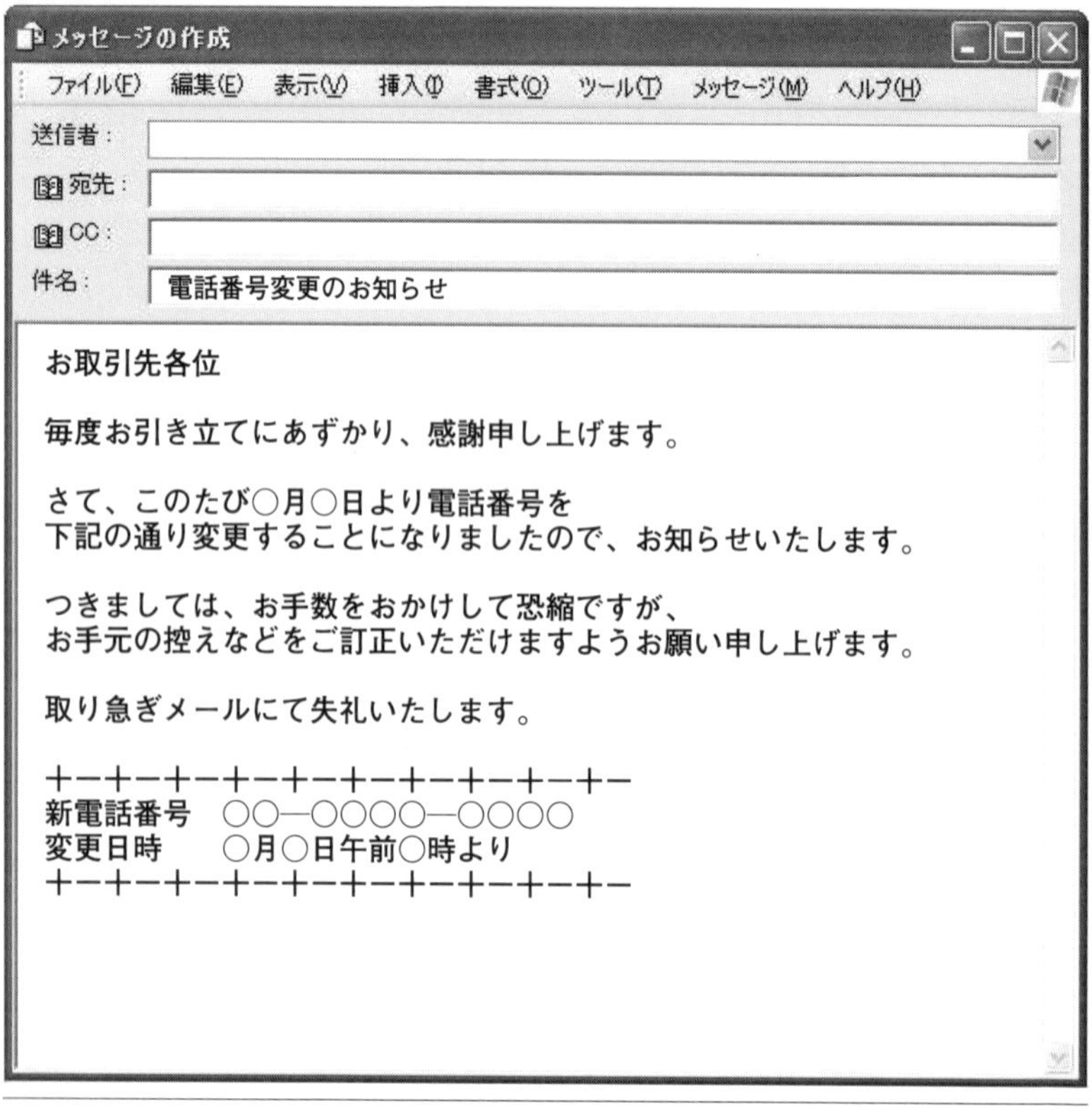

電話番号変更のお知らせ

お取引先各位

毎度お引き立てにあずかり、感謝申し上げます。

さて、このたび○月○日より電話番号を
下記の通り変更することになりましたので、お知らせいたします。

つきましては、お手数をおかけして恐縮ですが、
お手元の控えなどをご訂正いただけますようお願い申し上げます。

取り急ぎメールにて失礼いたします。

+−+−+−+−+−+−+−+−+−+−+−
新電話番号　○○−○○○○−○○○○
変更日時　　○月○日午前○時より
+−+−+−+−+−+−+−+−+−+−+−

取引先への納品報告

◆ポイント

いただいた注文に対して、確かに納品したという報告は、相手からの確認を引き出すうえでも大切である。面倒がらずにその都度送るようにしたいものである。

その際、期日や品名、数量などを明記し、不明な点があれば、問い合わせていただけるよう、一言添える。

取引先への報告は、ビジネスの連絡の一環であるとともに、今後につながるあいさつ状でもあることを意識して、あまり事務的にならないよう注意する。

◆一般的なメールの書き方

1. 日頃の感謝の意を伝える。
2. 納品が完了したことを報告する。
3. 納入に関しての具体的な品名、数量、納入先などを明記する。
4. 不明な点などがあれば問い合わせていただくよう伝える。

メッセージの作成

ファイル(F)　編集(E)　表示(V)　挿入(I)　書式(O)　ツール(T)　メッセージ(M)　ヘルプ(H)

送信者：

宛先：

CC：

件名：○○○納品のご報告

○○○○株式会社
○○部　○○○○様

平素よりご愛顧賜り、誠にありがとうございます。

このたびは弊社製「○○○」をご注文いただき、
誠にありがとうございます。
このほど納品が完了いたしましたので、ご報告いたします。

◎納品日
　　○月○日
◎納入品
　　「○○○」○○ケース
◎納品先
　　○○○○株式会社○○部○○様

なお、ご不明の点がございましたら、
お手数ですがご連絡をいただけますようお願い申し上げます。

報告する・通知する

上司への状況報告

◆ポイント

仕事の多くは、最初から最後まで一人きりで行うということはほとんどない。何かあったらその都度報告をすることを習慣づければ、記録にもなり、いざというときに見直すこともできる。さらに、間違いを防止するうえでも非常に有効である。

報告は簡潔に、過不足なくということが第一であるが、用件のみに終始して事務的になりすぎないように気をつける。

◆一般的なメールの書き方

1. 多くの部署からのメールが集中する上司には、名前を名乗り、誰からのメールかを明確にする。
2. 報告する用件について明記する。
3. 別記として、内容についてより具体的に伝える。
4. 詳細については別紙で提出することを伝える。

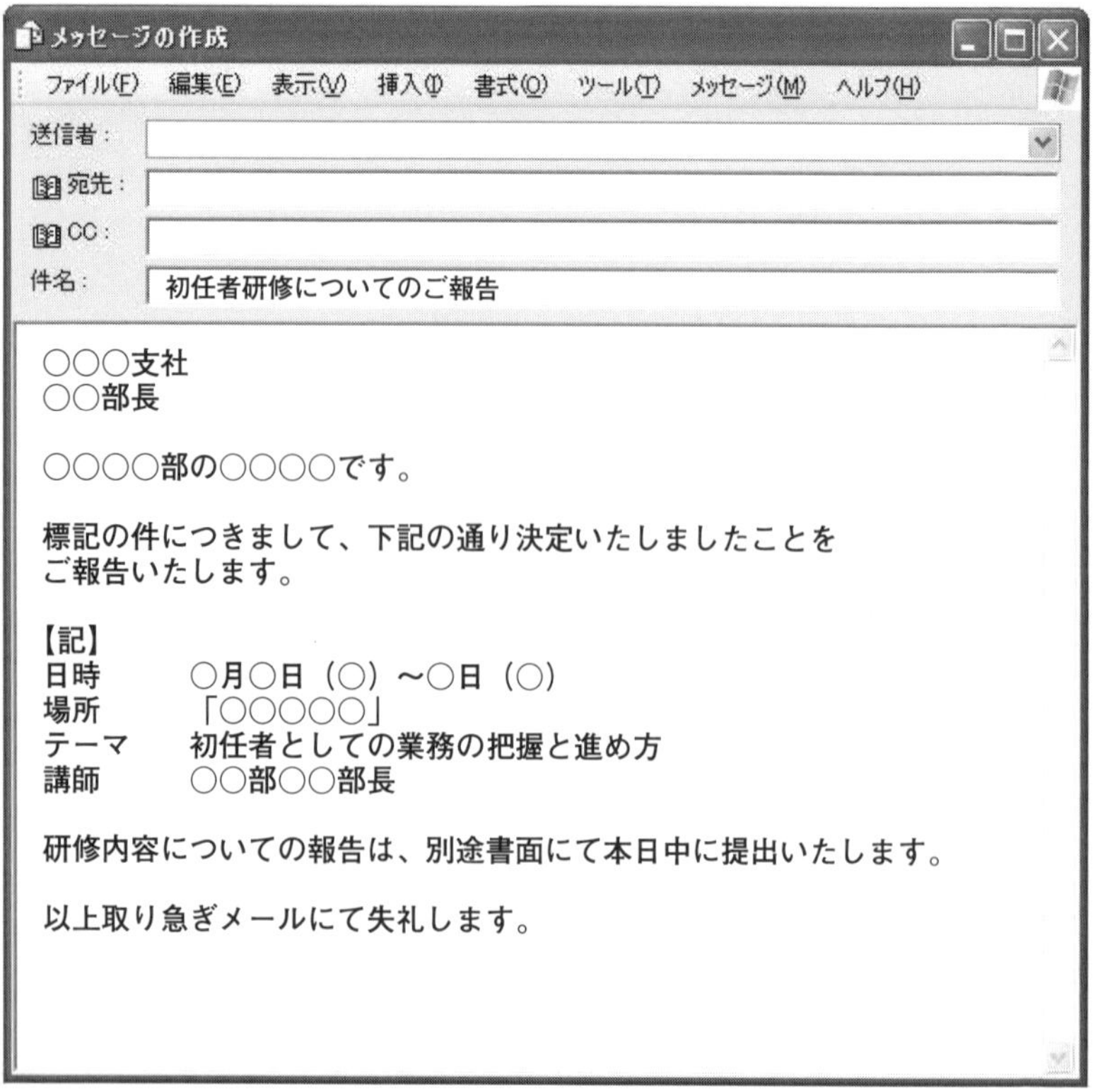
メッセージの作成

ファイル(F)　編集(E)　表示(V)　挿入(I)　書式(O)　ツール(T)　メッセージ(M)　ヘルプ(H)

送信者：

宛先：

CC：

件名：初任者研修についてのご報告

○○○支社
○○部長

○○○○部の○○○○です。

標記の件につきまして、下記の通り決定いたしましたことを
ご報告いたします。

【記】
日時　○月○日（○）～○日（○）
場所　「○○○○○」
テーマ　初任者としての業務の把握と進め方
講師　○○部○○部長

研修内容についての報告は、別途書面にて本日中に提出いたします。

以上取り急ぎメールにて失礼します。

会議・打ち合わせの報告

◆ポイント

会議や打ち合わせに関しては、記録を残す意味でも、意識を共有する意味でも、その都度周囲へ報告をしておくと安心である。

文面はわかりやすさを重視し、箇条書きにする、ひとつの文章をなるべく短くするなどの工夫をする。

送信後さらに補足の説明などがあると、かえってわかりにくくなるため、必ず読み返して、必要な項目が全て入っているか確認することも忘れないようにする。

◆一般的なメールの書き方

1. 社内での報告メールであっても、簡単なあいさつを忘れずに。
2. 打ち合わせのタイトルと、これから報告しようとしていることを伝える。
3. 具体的な報告内容を記す。
4. 今後の展開について伝える。

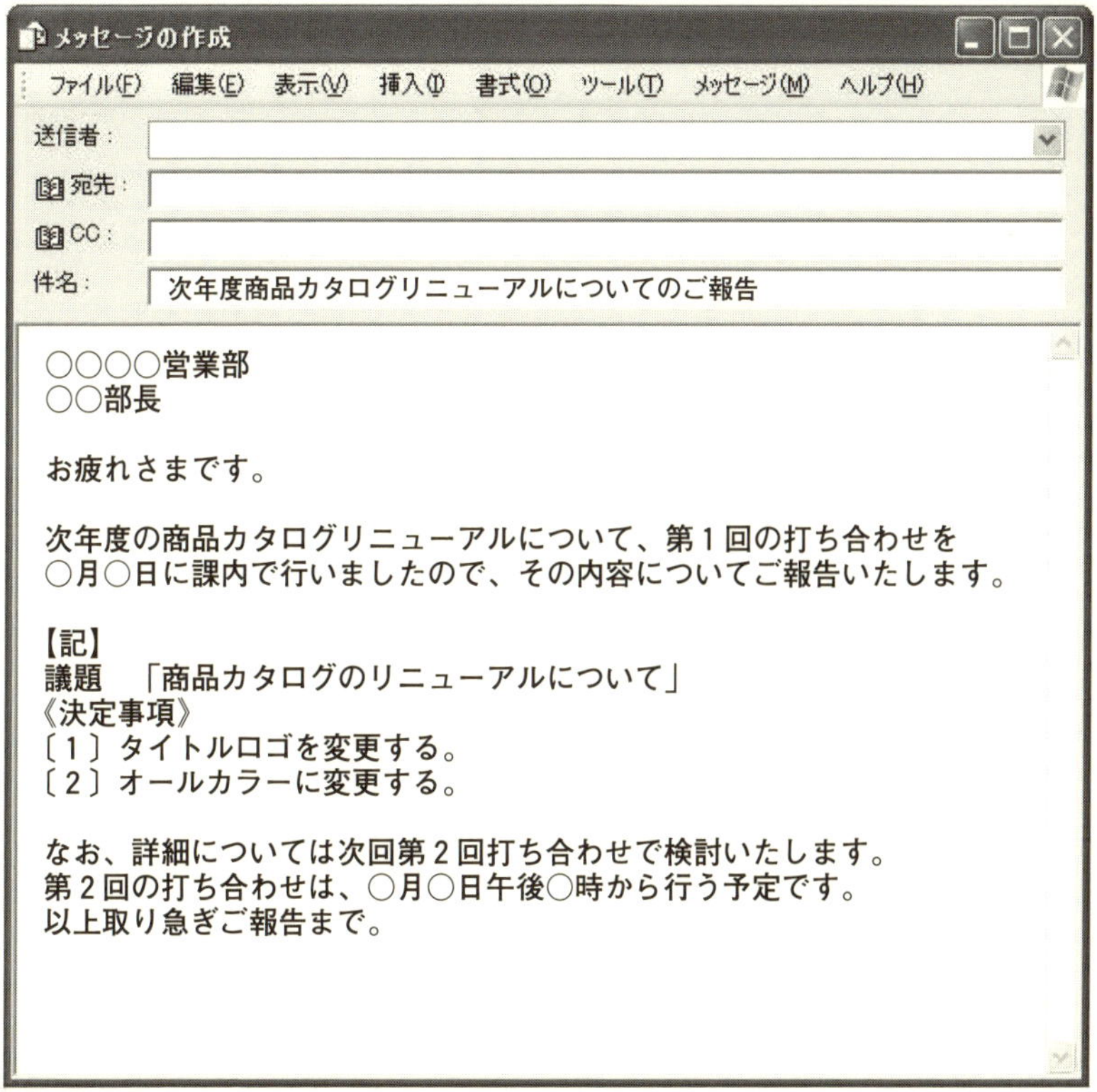
メッセージの作成
ファイル(F) 編集(E) 表示(V) 挿入(I) 書式(O) ツール(T) メッセージ(M) ヘルプ(H)
送信者：
宛先：
CC：
件名：次年度商品カタログリニューアルについてのご報告

○○○○営業部
○○部長

お疲れさまです。

次年度の商品カタログリニューアルについて、第１回の打ち合わせを
○月○日に課内で行いましたので、その内容についてご報告いたします。

【記】
議題　「商品カタログのリニューアルについて」
《決定事項》
〔１〕タイトルロゴを変更する。
〔２〕オールカラーに変更する。

なお、詳細については次回第２回打ち合わせで検討いたします。
第２回の打ち合わせは、○月○日午後○時から行う予定です。
以上取り急ぎご報告まで。

社員旅行の通知

◆ポイント

社員旅行の通知は、案内であると同時に勧誘の意味もそなえているものである。単なるビジネス文書にとどまらず、参加したいと思えるような、楽しい雰囲気が感じられる文面になるのが理想的である。

旅行の具体的な内容については別記とし、申し込み期限などを忘れずに、はっきりとわかるように書き添える。

◆一般的なメールの書き方

1. 日頃の労をねぎらう。
2. 社員旅行を行うことを伝える。
3. 申し込み方法などについて伝える。
4. 申し込み期限と申込書の提出先を伝える。
5. 改めて参加を呼びかける。

メッセージの作成

ファイル(F)　編集(E)　表示(V)　挿入(I)　書式(O)　ツール(T)　メッセージ(M)　ヘルプ(H)

送信者：

宛先：

CC：

件名：社員旅行のお知らせ

皆様にはお元気で業務に励まれていることと存じます。

さて、毎年恒例の社員旅行を、下記の日程で実施することに
なりましたのでお知らせいたします。
詳細につきましては、各課に配布した参加申込書に掲載しております。

参加される方は、申込書に必要事項をご記入のうえ、
参加費を添えて○月○日までに○○課○○までご持参ください。

楽しい催しも用意しておりますので、多くの皆様のご参加を
お待ちしております。

【記】
日時　○月○日（○）～○日（○）一泊二日
場所　○○温泉○○荘
参加費　○○○○円

社内へのシステムメンテナンスの通知

◆ポイント

業務に影響を及ぼす可能性のある重大な連絡は、一度だけではなく、複数回行うなどの気遣いが必要である。

一方的に送りっぱなしで済ますことなく、連絡の内容が確かに行き渡ったかどうかを確認できるような手だてを講じることも大切である。

タイトルや文面を作成する際は、見た目のインパクトにも配慮して、いつもよりも目立つように、注意を引きつける工夫が必要である。

◆一般的なメールの書き方

1. 日頃の労をねぎらう。
2. サーバーメンテナンス実施の告知と、実施日時を伝える。
3. 作業時間を明記し、不明な点についての問い合わせ先を添える。
4. 理解と協力を求めて締めくくる。

メッセージの作成

ファイル(F)　編集(E)　表示(V)　挿入(I)　書式(O)　ツール(T)　メッセージ(M)　ヘルプ(H)

送信者：

宛先：

CC：

件名：【お知らせ】サーバーメンテナンスを実施します

社員各位

お疲れさまです。

次の日時に、恒例の定期サーバーメンテナンスを行います。

来週○月○日（○）午前○時より

作業中は、サーバーのご利用ができませんのでご注意ください。

なお、作業時間は約１時間を予定しております。
何か不明な点などございましたら、担当の○○課○○まで
お知らせください。

よりスムーズな業務環境へのメンテナンスです。
皆様のご理解とご協力をよろしくお願いいたします。

納品遅延に対するお詫び

◆ポイント

約束の日時に納品できないことがわかった時点で、すぐに連絡することが大切である。緊急の場合は電話で伝えたほうが望ましいが、相手が忙しくてなかなか連絡がとれないときは、メールで一報を伝えるとよい。

特に、今後の納期予定と、それに向けて最大限の努力をしていることを忘れずに伝える。

◆一般的なメールの書き方

1. 日頃の感謝の意を伝える。
2. 請け負っていたものを具体的に記す。
3. 約束の日時に間に合わなかったことを謝る。
4. 最大限努力をしていることと、今後の見通しを伝える。
5. やむを得ずメールでの連絡になったことを詫びる。

メッセージの作成

ファイル(F)　編集(E)　表示(V)　挿入(I)　書式(O)　ツール(T)　メッセージ(M)　ヘルプ(H)

送信者：

宛先：

CC：

件名：納品日変更のお願い

株式会社○○○○
○○○支社長　○○○○様

毎度お引き立てにあずかり、感謝申し上げます。

このたび、○月○日付でご注文いただきました
「○○○○／○○○枚」につきまして、工場での製造が追いつかず、
お約束の納期○月○日までに、
納品の見通しが立たないという事態になりました。

弊社の見込み違いにより御社にはご迷惑をおかけすることになり、
誠に申し訳なく、深くお詫び申し上げます。
只今、できるだけ早い納品を目指すべく、
工場内の人員を増やして対応しております。
○日ほどのご猶予をいただければ、
○月○日には必ず完納できるものと存じます。
何卒上記事情をご高察のうえ、今後ともご下命のほど、
よろしくお願い申し上げます。

取り急ぎメールにて失礼いたします。

打ち合わせ日程変更のお詫び

◆ポイント

「明日」「来週」だけの曖昧な表現では混乱するおそれがあるため、必ず具体的な日時を記すようにする。

「忘れていた」「もっと大事な用事ができた」といった理由は、相手に対して失礼になるので注意が必要である。

こちらの都合で変更をお願いしているわけなので、先方の都合を伺う一文を入れ、相手から変更受諾の連絡がない場合は、必ず電話で確認することを忘れずに。

◆一般的なメールの書き方

1. 日頃の感謝の意を伝える。
2. 予定の打ち合わせ日時を変更しなくてはならなくなった理由とお詫びの気持ちを伝える。
3. 変更希望の打ち合わせ日時を伝え、先方の都合を伺う。

メッセージの作成

ファイル(F)　編集(E)　表示(V)　挿入(I)　書式(O)　ツール(T)　メッセージ(M)　ヘルプ(H)

送信者：
宛先：
CC：
件名：打ち合わせ日程変更のお願い

○○○株式会社
○○部　○○○○様

いつも大変お世話になっております。

明日○月○日（○）の○時から予定しておりました打ち合わせの件ですが、
急遽、外せない会議が入ってしまい、伺うことができなくなりました。
つきましては、大変申し訳ございませんが、
来週○月○日（○）の○時に変更していただくことは可能でしょうか。

変更が難しいようであれば、○○○○様のご都合のよい日を
いくつか候補として頂戴できれば幸いです。

勝手なお願いで誠に恐縮ではございますが、
何卒よろしくお願い申し上げます。

苦情に対するお詫び

◆ポイント

苦情に対する謝罪は、こちらに非があることがはっきりしたらすぐに行うようにする。重大な過失であればメール書面ではなく、直接出向いて直にお詫びするのが礼儀だが、まずは取り急ぎメールでの連絡を行うとよい。

メールは、不特定多数に広がるおそれがあることを念頭に置き、失礼のないよう、誠意が伝わるようにする。

◆一般的なメールの書き方

1. 日頃の感謝の意を伝える。
2. 苦情について調査を行ったこと、その結果について伝える。
3. お詫びの言葉と、今後はこのようなことのないよう注意することを知らせる。
4. 改めて謝罪に出向くことを知らせる。

メッセージの作成

ファイル(F)　編集(E)　表示(V)　挿入(I)　書式(O)　ツール(T)　メッセージ(M)　ヘルプ(H)

送信者：

宛先：

CC：

件名：ご迷惑をおかけし申し訳ございません

株式会社○○○○商事
○○○支社長　○○○○様

平素はひとかたならぬご愛顧を賜り、誠にありがとうございます。

昨日ご連絡いただきました商品の内容につきまして
緊急に調査いたしましたところ、ご指摘の通り不備が見つかりました。

これは当方の確認ミスであり、お詫びの言葉もございません。
今後このようなことのないよう、
全社一丸となって努力してまいりますので
何卒ご容赦のほど、お願い申し上げます。

なお、改めて担当者が謝罪にお伺いし、
当該商品の交換に当たらせていただきたく存じます。

まずは取り急ぎメールにてお詫び申し上げます。

原稿遅延のお詫び

◆ポイント

原稿などを依頼されて、一度約束したのに期限がどうしても守れそうもないとき、わかった時点でなるべく速やかに連絡し、真摯にお詫びの言葉を述べる。

その際、遅延の理由を説明するのはよいが、言い訳に終始することのないように気をつけることが大切である。

また、お詫びとともに、延期の期限がいつならば確実に納められるのかを明記して、それをさらに延期することのない決意を伝えるとよい。

◆一般的なメールの書き方

1. 日頃の感謝の意を伝える。
2. 原稿が遅れてしまった理由を述べ、謝罪する。
3. いつまでなら原稿が仕上がるかの見通しを伝える。
4. 再度謝罪して締めくくる。

メッセージの作成

ファイル(F)　編集(E)　表示(V)　挿入(I)　書式(O)　ツール(T)　メッセージ(M)　ヘルプ(H)

送信者：

宛先：

CC：

件名：遅れておりまして申し訳ありません

〇〇〇編集部
〇〇様

いつもお世話になり、誠にありがとうございます。

〇月〇日までというお約束でお引き受けしました
月刊「〇〇〇」の原稿が遅れておりまして、誠に申し訳ございません。

実は急に親戚の葬儀が入りまして、東京を離れており、
原稿を仕上げることができず、ご迷惑をおかけいたしました。

現在は自宅に戻り、執筆に専念しております。
〇月〇日までにはお送りできる予定です。

勝手を申し上げるご無礼をご容赦ください。
何卒よろしくお願い申し上げます。

訪問の依頼

◆ポイント

この場合の訪問の依頼は、こちらが相手を訪問することについての承諾を求めるものである。先方から来てほしいと言われたわけではないのに訪ねることになるため、まずお願いをして、承諾をいただいてから訪問するための依頼状となる。

文面はあまりへりくだりすぎない程度に丁寧にし、相手が返事をしやすいように、あまり仰々しくならないよう注意する。

◆一般的なメールの書き方

1. 日頃の感謝の意を伝える。
2. 訪問させていただきたいというお願いと、その内容を述べる。
3. 日時については、お任せする旨を伝える。
4. 忙しいところ時間を取ってもらうことへのお詫びと再度のお願いをする。

メッセージの作成

ファイル(F)　編集(E)　表示(V)　挿入(I)　書式(O)　ツール(T)　メッセージ(M)　ヘルプ(H)

送信者：

宛先：

CC：

件名：商品説明のためのご訪問のお願い

株式会社○○○○
○○○支社長　○○○○様

平素からひとかたならぬお引き立てを賜り心から感謝いたします。

さて、かねてよりお知らせしておりました新製品が、
このたび完成、発売の見込みとなりました。
つきましては、ご訪問のうえ、直接ご説明申し上げたく、
お時間をいただければ幸いに存じます。

日時につきましては、御社及びご担当者様のご都合のよいお時間を
ご指定ください。

ご多忙のところ誠に恐縮ですが、
何卒ご承引くださいますようお願い申し上げます。

見積もりの依頼

◆ポイント

見積書の送付を依頼するときは、なぜその見積書が必要なのかを最初に述べ、そのあとで、見積書送付の具体的な期限についてはっきりと書くようにする。

見積書など、普段の業務の一環としての書類は、相手も作成に慣れているはずなので、期限を長く設定せず、至急という意識で依頼してもよい。

◆一般的なメールの書き方

1. 日頃の感謝の意を伝える。
2. 見積書の作成、送付を依頼することになった理由を述べる。
3. 見積書の送付をお願いする。
4. 送付の期限についての希望を伝え、最後に相手の都合に配慮した文章で全体を締めくくる。

メッセージの作成

ファイル(F)　編集(E)　表示(V)　挿入(I)　書式(O)　ツール(T)　メッセージ(M)　ヘルプ(H)

送信者：

宛先：

CC：

件名：見積書送付のお願い

○○○株式会社
○○部　○○○○様

いつも大変お世話になっております。○○株式会社の○○○○です。
先日は、お忙しいところお時間をいただき、誠にありがとうございました。

さて、その際ご提案いただいた「○○○○○」につきまして、
社内で検討した結果、さらに具体的に検討することと決定いたしました。

つきましては、御社から費用についてのお見積もりをいただきたく、
お願いいたします。

勝手を申し上げて恐縮ですが、できましたら
○月○日までにご送付をお願いしたく存じます。

ご多忙中恐れ入りますが、よろしくお願いいたします。

資料送付の依頼

◆ポイント

相手に資料などを送ってもらいたいとき、または借用したいときは、メールでの依頼が便利である。

問い合わせの意味合いの強い資料請求は、相手も対応に慣れているため、特に格式張ることなく、平明で簡潔な文書にするとよい。

住所や電話番号、担当者などの宛先に間違いがないか、送信する前に必ずチェックするようにする。

◆一般的なメールの書き方

1. 突然のメールで失礼するというあいさつを述べる。
2. 資料の送付をお願いする理由を記す。
3. 資料送付のお願いをする。
4. 送付の期限について、希望を伝える。
5. 締めくくりのあいさつと送付先を記す。

メッセージの作成

ファイル(F)　編集(E)　表示(V)　挿入(I)　書式(O)　ツール(T)　メッセージ(M)　ヘルプ(H)

送信者：

宛先：

CC：

件名：資料請求のお願い

株式会社○○○○
○○部　○○○○様

初めてご連絡を差し上げます。
株式会社○○○○、○○課の○○○○と申します。

このたび御社のホームページを拝見し、
掲載されている「○○○」につきまして
もう少し詳しく教えていただきたく存じます。

ご多忙中恐縮ですが、関連する資料を
下記宛にご送付いただけませんでしょうか。
社内で回覧いたしますので、2部以上いただけるとありがたく存じます。

なお、申し訳ありませんが、○月○日着でご送付いただけると助かります。
何卒よろしくお願いいたします。
【送付先】
〒○○○—○○○○　○○市○○町○—○—○
TEL　○○（○○○○）○○○○
株式会社○○○○　○○課　担当：○○

原稿執筆の依頼

◆ポイント

原稿執筆の依頼は、以前はまず文書を郵送した後に電話をすることがほとんどであったが、最近はメールも一般的になり、メールは略式という認識も薄くなってきたようである。また、まずは電話で依頼し、詳細をメールで提示するというケースも増えている。

たとえメールであっても、会ったことのない相手に依頼するときは、礼を失することのないよう十分注意が必要である。

◆一般的なメールの書き方

1. あいさつの言葉を述べ、名乗る。
2. 突然連絡をする失礼を詫び、原稿執筆をお願いする。
3. 依頼内容について伝える。詳しくは別紙にある旨も添える。
4. 引き受けていただけるよう、重ねてお願いする。

メッセージの作成

ファイル(F)　編集(E)　表示(V)　挿入(I)　書式(O)　ツール(T)　メッセージ(M)　ヘルプ(H)

送信者：
宛先：
CC：
件名：原稿執筆のお願い

○○○○先生

時下、先生にはご清祥のこととお喜び申し上げます。
『月刊○○○○』編集部の○○○○と申します。

突然のお願いで恐縮ですが、原稿のご執筆をお願いいたしたく、
ご連絡を差し上げました。

『月刊○○○○』では、来年○月号の特集として
「○○」を取り上げることになり、
その分野において多数の著書をご執筆なさっている先生に、
ぜひご寄稿賜りたく、謹んでお願い申し上げる次第です。
特に最近の「○○」の動向について、詳しい分析を行いたいと存じます。

テーマ、締め切り、原稿枚数、原稿料につきましては別紙の通りです。

ご多用中、勝手なお願いで誠に恐縮ではございますが、
何卒お引き受けくださいますよう伏してお願い申し上げます。

原稿遅延の催促

◆ポイント

原稿遅延が初めてである場合はもちろん、度重なる遅延であるとしても、あくまでもこちらはお願いする立場であるということを忘れずに、高飛車な物言いにならないように十分注意が必要である。

催促にあたっては、なぜ遅れると困るのか、こちらの事情を説明し、速やかに善処してもらうようお願いする。

◆一般的なメールの書き方

1. 日頃の感謝の意を伝える。
2. 原稿が期日を過ぎても到着していないことを伝える。
3. 期日がこれ以上延びると不都合が生じることを述べる。
4. 至急速やかに送付していただけるようお願いする。
5. やむを得ず遅れるのであれば、連絡が欲しいと伝える。

メッセージの作成

ファイル(F)　編集(E)　表示(V)　挿入(I)　書式(O)　ツール(T)　メッセージ(M)　ヘルプ(H)

送信者：

宛先：

CC：

件名：原稿ご送付のお願い

○○○○先生

平素よりご協力を賜り、感謝申し上げます。

さて、先日ご依頼申し上げました原稿が、
お約束の○月○日を過ぎても到着せず、大変心配しております。

ご存じの通り、発行日が決まっており、
そのための作業の時間もございますので、
一両日中にご送付いただけないと、発行ができない事態も考えられます。

ご多忙とは存じますが、何卒速やかに原稿をご送付いただけますよう、
お願いいたします。

なお、万一何らかの事情がおありでしたら、
その旨至急ご連絡をいただければと存じます。

取り急ぎ原稿ご送付のお願いまで。

入荷遅延に対する催促

◆ポイント

督促をする際、一方的に相手を責めず、まず事実関係を確認するところから始めるとよい。入荷の遅延によって、こちらがどのように困るのかについても具体的に述べ、速やかな対処を求めるようにする。

なお、催促に関しては、連絡と入れ違いに入荷する場合も考えられるので、その際は容赦していただけるよう、ひとこと添えるのが一般的である。

◆一般的なメールの書き方

1. 日頃の感謝の意を伝える。
2. 入荷が遅れていることを伝える。
3. これ以上遅れると、どのような事態になってしまうのか具体的に説明する。
4. 速やかな対処を求める。

メッセージの作成

ファイル(F)　編集(E)　表示(V)　挿入(I)　書式(O)　ツール(T)　メッセージ(M)　ヘルプ(H)

送信者：

宛先：

CC：

件名：納品のお願い

○○○株式会社
○○○○様

平素からひとかたならぬご愛顧を賜り、感謝申し上げます。

さて、先月○日にご注文した○○が、
納入期日の本日になっても着荷しておりません。

このままですと、製造ラインを停止せざるを得ない事態も考えられ、
憂慮しております。

つきましては、一刻も早い入荷をお願い申し上げる次第です。

なお、このメールと納品が入れ違いになりましたら、
どうぞご容赦ください。

取り急ぎお願いまで。

見積もりの返事に対する催促

◆ポイント

先方から見積もりを依頼され、期日通りに提出したにもかかわらず返事がない場合、相手の意向を確かめる意味でも催促をしてみるとよい。重要なのは、あくまでも謙虚な姿勢に徹し、厚かましいという印象をもたれないことである。

先方が見積もりに関しての返事が遅れるにはそれなりの事情もあるはずなので、そのことにも言及するとよい。

◆一般的なメールの書き方

1. 日頃の感謝の意を伝える。
2. 送付した見積もりについて、その後どうなったのかを尋ねる。
3. 要望があれば、それについて連絡をいただきたいと伝える。
4. 今後も変わらぬ交誼をお願いして締めくくる。

メッセージの作成

ファイル(F)　編集(E)　表示(V)　挿入(I)　書式(O)　ツール(T)　メッセージ(M)　ヘルプ(H)

送信者：

宛先：

CC：

件名：お見積もりについてのお尋ね

株式会社○○○○
○○支社　○○○部　○○○○様

毎度ひとかたならぬお引き立てにあずかり、ありがとうございます。

さて、○月○日付でご送付申し上げましたお見積書につきまして、
その後の経過などをお伺いしたく、ご連絡差し上げました。

社内でご検討いただいているかと存じますが、
ご要望などございましたら、ご遠慮なくお申し出ください。
弊社でも対応させていただきたいと存じます。

ご多用中恐れ入りますが、以上の内容につきまして
お知らせいただければ幸いに存じます。

今後とも、何卒よろしくお願い申し上げます。

入金の督促

◆ポイント

督促の中でも、代金に関する催促は扱いが非常に難しいものである。しかし、ビジネス上そのような事態が生じたら、しっかりとした態度で臨まなくてはならない。

ただし、相手の非をただ責めるのではなく、終始冷静に対処することを心がけ、基本的には、相手の誠意を信じているということがわかってもらえるようにするのがポイントである。

◆一般的なメールの書き方

1. 日頃の感謝の意を伝える。
2. いまだ入金がないという事実を伝える。
3. 期日を過ぎているので、至急入金してほしい旨を伝える。
4. 連絡が入金と入れ違いになった場合についてのお詫びを記す。

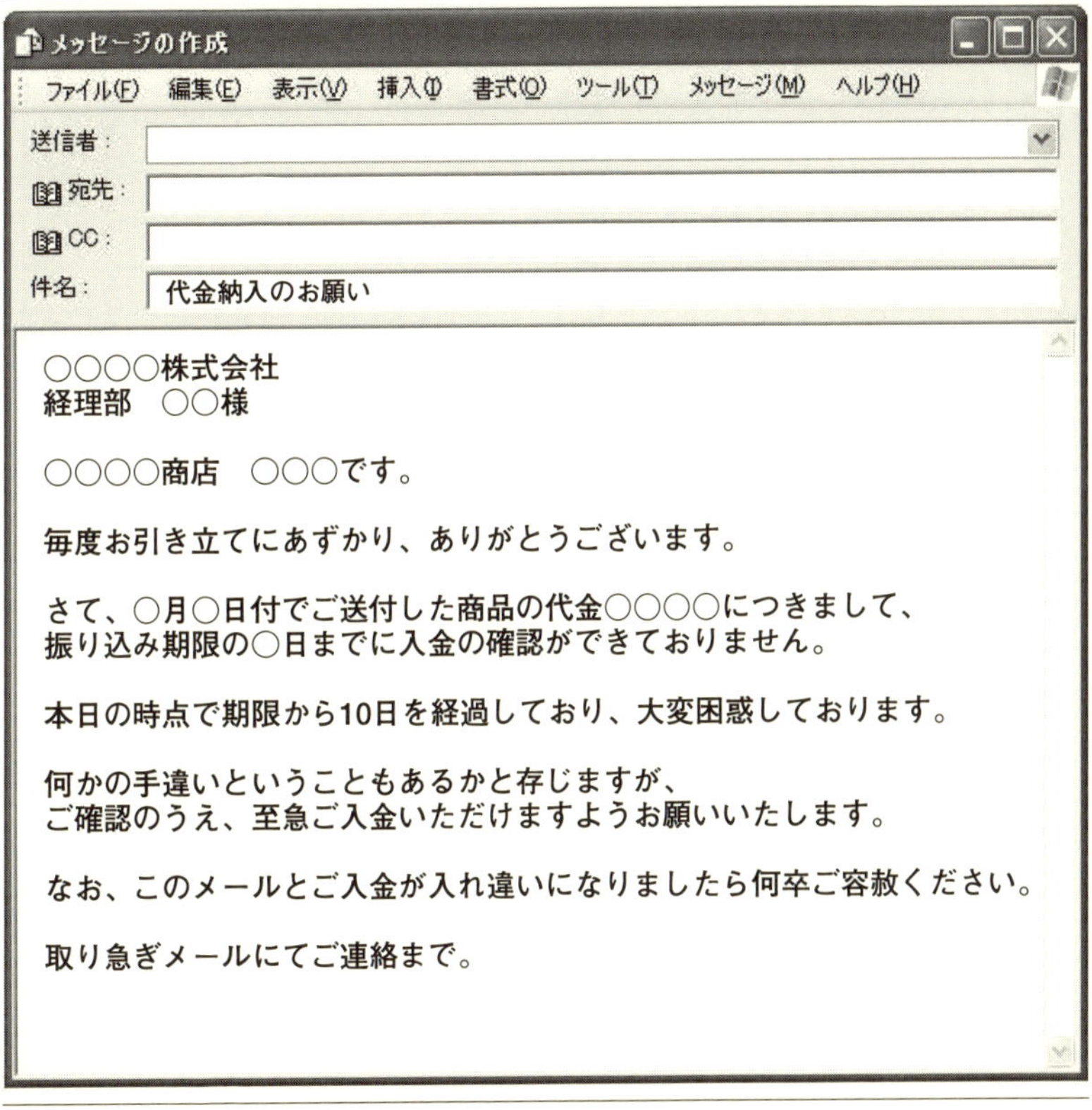
メッセージの作成

ファイル(F)　編集(E)　表示(V)　挿入(I)　書式(O)　ツール(T)　メッセージ(M)　ヘルプ(H)

送信者：
宛先：
CC：
件名：　代金納入のお願い

○○○○株式会社
経理部　○○様

○○○○商店　○○○です。

毎度お引き立てにあずかり、ありがとうございます。

さて、○月○日付でご送付した商品の代金○○○○につきまして、
振り込み期限の○日までに入金の確認ができておりません。

本日の時点で期限から10日を経過しており、大変困惑しております。

何かの手違いということもあるかと存じますが、
ご確認のうえ、至急ご入金いただけますようお願いいたします。

なお、このメールとご入金が入れ違いになりましたら何卒ご容赦ください。

取り急ぎメールにてご連絡まで。

四 公的文書の書き方例集

婚姻届の書き方

実際の用紙は茶色で印刷されている。夫妻の本籍地と届出先によって、用紙のほかに戸籍謄本または抄本が必要となる。

【届出】 夫か妻か、どちらかの本籍地の市区町村長宛とする。

【住所】 夫妻が新居に転居する（住所変更届を同時に出す）場合は新しい住所を記入する。

【本籍】 筆頭者とは、戸籍の初めに記載されている人。

【父母の氏名】 父母が現在婚姻中の場合は母の姓は不要。

【婚姻後の夫婦の氏】 婚姻後に夫か妻かどちらの姓を名のるか、該当する□に印を付ける。

【その他】 婚姻する者が未成年の場合、父母の同意書が必要だが、ここに必要な事項を記入して、それに代えることができる。父母がそれぞれ署名・捺印する。

【証人】 二十歳以上の人が二名、署名・捺印する。姓が同じ場合でも別の印を押す必要がある。

↓書き方例は130ページ

養子縁組届の書き方

本籍地でない役所に届け出るときには戸籍謄本が必要。

【届出】 本籍地の市区町村長宛とする。

【「養子になる人」の欄】 養子となる人が、入籍する前の氏名（女性の場合は右側）や本籍・父母の名前などを記入する。父母が婚姻中のとき、母の姓は不要。

【入籍する戸籍または新しい本籍】 養子が独身の場合は養親の本籍を書く。配偶者がある場合や養親が独身の場合は新しい戸籍になる。

【届出人】 養子になる人が十五歳以上のときは自分自身が届出人になれるが、十五歳未満の場合は法定代理人が記入・署名・捺印する。

【「養親になる人」の欄】 養親となる人が独身の場合は片方の欄だけ書く。

【新しい本籍】「養子になる人」で記入した場合も、もう一度記入する。

【その他】 養子になる人が未成年の場合は家庭裁判所の許可審判の謄本が必要。

【証人】 二十歳以上の人が二名、署名・捺印する。

↓書き方例は132ページ

離婚届の書き方

実際の用紙は緑で印刷されている。届のほかに所定の書類（用紙に記載されている）が必要となる。

【届出】 夫か妻の本籍地の市区町村長宛にする。

【氏名】 婚姻中の姓でそれぞれが署名・捺印する。

【父母の氏名】 父母が婚姻中の場合は、母の姓は不要。

【婚姻前の氏にもどる者の本籍】 離婚後も婚姻中と同じ姓を名のる場合は何も記入しない。別の届を同時に提出する必要がある。

【未成年の子の氏名】 親権者を決め、その氏名を記入する。

【届出人】 夫婦それぞれが署名・捺印する。その際、別々の印鑑を使用。

【証人】 協議離婚の場合は二十歳以上の二名の証人が必要（離婚する人の両親も可）。裁判離婚の場合は書類を添付するので証人は不要。

↓ **書き方例は134ページ**

出生届・出生証明書の書き方

実際の用紙は紺で印刷されている。届出の際には、母子健康手帳と届出人の印鑑が必要となる。

【届出】 出生地の市区町村長宛にする。

【子の氏名】 父母が離婚した後に生まれた場合は離婚する前の姓を記入する。嫡出でない場合は母の姓を書く。

【生まれたとき】 夜の十二時の場合は午前0時、昼の十二時の場合は午後0時にする。

【父母の職業】 国勢調査の年にだけ記入する。

【出生証明書】 立会人が医師だった場合は医師が、助産師だった場合は助産師が記入する。それ以外の場合は体重・身長など不明な点は記入しなくてもかまわない

【届出人】 届出人が署名・捺印する。連絡先も忘れずに記入する。

↓ **書き方例は136ページ**

死亡届・死亡診断書の書き方

死亡診断書（死亡検案書）は医師に書いてもらう必要がある。また、届出の際には届出人の印鑑を必ず持参する。

【届出】 死亡した人の本籍地の市区町村長宛にする。

【死亡したとき・死亡したところ】 「死亡診断書」の記載に合わせる。夜の十二時の場合は午前0時、昼の十二時の場合は午後0時にする。

【死亡した人の夫または妻】 該当する□に印を付ける。内縁の夫・妻の場合は不要。

【本籍】 筆頭者は戸籍の初めに記載されている人の氏名を記入する（本人の場合もある）。

【死亡した人の職業・産業】 国勢調査の年にだけ記入する。

【届出人】 届出人が署名・捺印する。連絡先も忘れずに記入する。

↓ **書き方例は138ページ**

記入の注意

鉛筆や消えやすいインキで書かないでください。

この届は、あらかじめ用意して、結婚式をあげる日または同居を始める日に出すようにしてください。その日が日曜日や祝日でも届けることができます。**(この場合、宿直等で取扱うので、前日までに、戸籍担当係で下調べをしておいてください。)**

届書は、1通でさしつかえありません。

この届書を本籍地でない役場に出すときは、戸籍謄本または戸籍全部事項証明書が必要ですから、あらかじめ用意してください。

証人		
署名 押印	田中 正治 (印)	高橋 明代 (印)
生年月日	昭和30年 5月 10日	昭和39年 10月 8日
住所	東京都目黒区○○3丁目 11番 5号	東京都世田谷区○○4丁目 9番 7号
本籍	東京都目黒区○○3丁目 1106番地	東京都世田谷区○○4丁目 808番地

→ 「筆頭者の氏名」には、戸籍のはじめに記載されている人の氏名を書いてください。

→ 父母がいま婚姻しているときは、母の氏は書かないで、名だけを書いてください。
養父母についても同じように書いてください。

→ □には、あてはまるものに☑のようにしるしをつけてください。
外国人と婚姻する人が、まだ戸籍の筆頭者となっていない場合には、新しい戸籍がつくられますので、希望する本籍を書いてください。

→ 再婚のときは、直前の婚姻について書いてください。
内縁のものはふくまれません。

届け出られた事項は、人口動態調査（統計法に基づく指定統計第5号、厚生労働省所管）にも用いられます。

◎署名は必ず本人が自署してください。
◎印は各自別々の印を押してください。
◎届出人の印をご持参ください。

[注] 130〜139、143〜144ページの書き方例に記載された氏名等については、全て架空のものです。

婚姻届

平成21年1月1日届出

東京都千代田区長 殿

受理 平成 年 月 日 第 号			発送 平成 年 月 日			
送付 平成 年 月 日 第 号			長印			
書類調査	戸籍記載	記載調査	調査票	附票	住民票	通知

		夫になる人		妻になる人	
[1]	(よみかた)	さとう	ひろし	まつもと	えみこ
	氏名	氏 佐藤	名 弘	氏 松本	名 恵美子
	生年月日	昭和55年12月5日		昭和57年1月12日	
[2]	住所 (住民登録をしているところ)	東京都千代田区○○1丁目 2番地 3号		神奈川県横浜市鶴見区○○ 10番地 1号	
	(よみかた)	さとう いちろう		まつもと まさひこ	
		世帯主の氏名 佐藤 一郎		世帯主の氏名 松本 正彦	
[3]	本籍 (外国人のときは国籍だけを書いてください)	東京都千代田区○○1丁目 53番地		東京都大田区○○2丁目 108番地	
		筆頭者の氏名 佐藤 一郎		筆頭者の氏名 松本 正彦	
	父母の氏名 父母との続き柄 (他の養父母はその他の欄に書いてください)	父 佐藤 一郎 / 母 京子	続き柄 長男	父 松本 正彦 / 母 妙子	続き柄 二女
[4]	婚姻後の夫婦の氏・新しい本籍	☑夫の氏 □妻の氏	新本籍(左の☑の氏の人がすでに戸籍の筆頭者となっているときは書かないでください) 東京都千代田区○○1丁目53番地		
[5]	同居を始めたとき	平成20年12月 (結婚式をあげたとき、または、同居を始めたときのうち早いほうを書いてください)			
[6]	初婚・再婚の別	夫 ☑初婚 再婚(□死別 □離別 年 月 日)		妻 ☑初婚 再婚(□死別 □離別 年 月 日)	
[7]	同居を始める前の夫妻のそれぞれの世帯のおもな仕事と	夫 妻 1. 農業だけまたは農業とその他の仕事を持っている世帯 夫 妻 2. 自由業・商工業・サービス業等を個人で経営している世帯 ☑夫 ☑妻 3. 企業・個人商店等(官公庁は除く)の常用勤労者世帯で勤め先の従業者数が1人から99人までの世帯(日々または1年未満の契約の雇用者は5) 夫 妻 4. 3にあてはまらない常用勤労者世帯及び会社団体の役員の世帯(日々または1年未満の契約の雇用者は5) 夫 妻 5. 1から4にあてはまらないその他の仕事をしている者のいる世帯 夫 妻 6. 仕事をしている者のいない世帯			
[8]	夫妻の職業	(国勢調査の年…平成 年…の4月1日から翌年3月31日までに届出をするときだけ書いてください) 夫の職業		妻の職業	
	その他				
	届出人署名押印	夫 佐藤 弘 (印)		妻 松本恵美子 (印)	

事件簿番号	

住所を定めた年月日	
夫	平成20年12月1日
妻	平成20年12月15日

連絡先	電話 03(3000)1234 自宅・勤務先[ ]・携帯

夫	□免 □旅 □住 □その他 □無 ( )
妻	□免 □旅 □住 □その他 □無 ( )
通送	夫・妻 平 年 月 日
使者	□免 □旅 □住 □その他 □無 ( )
確認	送付

記入の注意

鉛筆や消えやすいインキで書かないでください。

届書は、1通でさしつかえありません。

この届書を本籍地でない役場に出すときは、戸籍謄本または戸籍全部事項証明書が必要ですから、あらかじめ用意してください。

養子になる人が未成年で養親になる人が夫婦のときは、一緒に縁組をしなければいけません。

養子になる人が未成年のときは、あらかじめ家庭裁判所の許可の審判を受けてください。

養子になる人が十五歳未満のときは、その法定代理人が署名押印してください。また、その法定代理人以外に監護をすべき者として父又は母（養父母を含む。）が定められているときは、その者の同意が必要です。

筆頭者の氏名欄には、戸籍のはじめに記載されている人の氏名を書いてください。

	養親になる人			
(よみかた)	わたなべ	ゆずる	わたなべ	よしこ
氏名	養父 氏 渡辺	名 譲	養母 氏 渡辺	名 芳子
生年月日	昭和40年9月3日		昭和41年2月20日	
住所（住民登録をしているところ）	東京都渋谷区○○4丁目 2番地・番 8号			
	(よみかた) わたなべ ゆずる 世帯主の氏名 渡辺 譲			
本籍（外国人のときは国籍だけを書いてください）	東京都渋谷区○○4丁目 1916番地・番			
	筆頭者の氏名			
その他	養子は未成年につき、家庭裁判所の許可を得て縁組。			
新しい本籍（養親になる人が戸籍の筆頭者およびその配偶者でないときは、ここに新しい本籍を書いてください）	東京都渋谷区○○4丁目 205番地・番			
届出人署名押印	養父 渡辺 譲 ㊞		養母 渡辺 真理子 ㊞	

養父母	□免□旅□住 □その他 □無 ( )
通	父・母

	証人	
署名押印	小林 正行 ㊞	吉田 稚子 ㊞
生年月日	昭和35年10月3日	昭和32年5月3日
住所	東京都品川区○○2丁目 1番地・番 8号	埼玉県所沢市○○2丁目 15番地・番 3号
本籍	東京都品川区○○2丁目 90番地・番	東京都豊島区○○1丁目 5番地・番

養子縁組届

平成21年 2月 3日届出

東京都江戸川区 長 殿

受理 平成 年 月 日 第 号	発送 平成 年 月 日
送付 平成 年 月 日 第 号	長印

書類調査	戸籍記載	記載調査	附票	住民票	通知	

	養子になる人	
（よみかた）	すずき たかし	
氏名	養子 氏 鈴木 名 隆	養女 氏 名
生年月日	平成15年 8月 3日	年 月 日
住所（住民登録をしているところ）	東京都江戸川区○○1丁目 5番 1号	
	（よみかた）すずき よういち　世帯主の氏名 鈴木 洋一	
本籍（外国人のときは国籍だけを書いてください）	東京都江戸川区○○3丁目 105番地	
	筆頭者の氏名	
父母の氏名 父母との続き柄	父 鈴木 洋一　母 伊藤 ひろみ　続き柄 二男	父　母　続き柄 女
入籍する戸籍または新しい本籍	☑養親の現在の戸籍に入る　□養親の新しい戸籍に入る　□養子夫婦で新しい戸籍をつくる　□養子の戸籍に変動がない	
	東京都渋谷区○○4丁目 29番地	
	筆頭者の氏名 渡辺 譲	
監護をすべき者の有無	（養子になる人が十五歳未満のときに書いてください）　□届出人以外に養子になる人の監護をすべき□父 □母 □養父 □養母がいる　☑上記の者はいない	
届出人署名押印	印	印

届出人（養子になる人が十五歳未満のときに書いてください）		
資格	親権者（□父 □養父）□未成年後見人 □特別代理人	親権者（□母 □養母）
住所	養子と同じ　番地 番 号	番地 番 号
本籍	養子と同じ　番地 番　筆頭者の氏名	番地 番　筆頭者の氏名
署名押印 生年月日	鈴木 洋一 ㊞　年 月 日	伊藤 ひろみ ㊞　年 月 日

連絡先	電話（ ）　自宅・勤務先［ ］・携帯

養子女 親父母	□免□旅□住 □その他 □無（ ）
通送	子・女・父・母 平 年 月 日
使者	□免□旅□住 □その他 □無（ ）
確認	送付

記入の注意

鉛筆や消えやすいインキで書かないでください。
筆頭者の氏名欄には、戸籍のはじめに記載されている人の氏名を書いてください。
届書は、1通でさしつかえありません。
この届書を本籍地でない役場に出すときは、戸籍謄本または戸籍全部事項証明書が必要ですから、あらかじめ用意してください。
そのほかに必要なもの　調停離婚のとき➡調停調書の謄本
審判離婚のとき➡審判書の謄本と確定証明書
和解離婚のとき➡和解調書の謄本
認諾離婚のとき➡認諾調書の謄本
判決離婚のとき➡判決書の謄本と確定証明書

証人（協議離婚のときだけ必要です）		
署名 押印	横田由紀 ㊞	斎藤健 ㊞
生年月日	昭和54年9月8日	昭和61年12月26日
住所	東京都北区○○1丁目 2番地 6号	千葉県浦安市○○3丁目 15番地 20号
本籍	東京都北区○○1丁目 1016番地	東京都港区○○2丁目 98番地

→ 父母がいま婚姻しているときは、母の氏は書かないで、名だけを書いてください。
養父母についても同じように書いてください。
□には、あてはまるものに☑のようにしるしをつけてください。

→ 今後も離婚の際に称していた氏を称する場合には、左の欄には何も記載しないでください。
（この場合にはこの離婚届と同時に別の届書を提出する必要があります。）

→ 同居を始めたときの年月は、結婚式をあげた年月または同居を始めた年月のうち早いほうを書いてください。

届け出られた事項は、人口動態調査（統計法に基づく指定統計第5号、厚生労働省所管）にも用いられます。

◎署名は必ず本人が自署してください。
◎印は各自別々の印を押してください。
◎届出人の印をご持参ください。

離　婚　届

平成 21 年 3 月 3 日届出

東京都狛江市長　殿

受理　平成　年　月　日 第　号			発送　平成　年　月　日			
送付　平成　年　月　日 第　号			長印			
書類調査	戸籍記載	記載調査	調査票	附　票	住民票	通　知

		夫	妻
(1)	(よみかた)	夫　ささき（氏）　ごろう（名）	妻　ささき（氏）　ようこ（名）
	氏名	佐々木　五郎	佐々木　陽子
	生年月日	昭和 52 年 7 月 8 日	昭和 54 年 6 月 22 日
	住所（住民登録をしているところ）	東京都狛江市○○5丁目 10 番地 2 号	東京都あきる野市○○1丁目 3 番地 5 号
	(よみかた)	ささき　ごろう	ささき　ようこ
	世帯主の氏名	佐々木　五郎	佐々木　陽子
(2)	本籍（外国人のときは国籍だけを書いてください）	東京都狛江市○○5丁目 95 番地	
	筆頭者の氏名	佐々木　五郎	
	父母の氏名 父母との続き柄（他の養父母はその他の欄に書いてください）	夫の父　佐々木　豊　母　令子　続き柄　二　男	妻の父　加藤　章二　母　美奈子　続き柄　長　女
(3)(4)	離婚の種別	☑協議離婚 □調停　年　月　日成立 □審判　年　月　日確定	□和解　年　月　日成立 □請求の認諾　年　月　日認諾 □判決　年　月　日確定
	婚姻前の氏にもどる者の本籍	□夫 ☑妻 は ☑もとの戸籍にもどる □新しい戸籍をつくる	
		東京都中野区○○5丁目 10 番地	(よみかた) かとう しょうじ 筆頭者の氏名 加藤　章二
(5)	未成年の子の氏名	夫が親権を行う子　佐々木　勇太	妻が親権を行う子
(6)(7)	同居の期間	平成元 年 1 月から（同居を始めたとき）	平成 21 年 2 月まで（別居したとき）
(8)	別居する前の住所	東京都狛江市○○5丁目 10 番地 2 号	
(9)	別居する前の世帯のおもな仕事と	□1. 農業だけまたは農業とその他の仕事を持っている世帯 □2. 自由業・商工業・サービス業等を個人で経営している世帯 ☑3. 企業・個人商店等（官公庁は除く）の常用勤労者世帯で勤め先の従業者数が1人から99人までの世帯（日々または1年未満の契約の雇用者は5） □4. 3にあてはまらない常用勤労者世帯及び会社団体の役員の世帯（日々または1年未満の契約の雇用者は5） □5. 1から4にあてはまらないその他の仕事をしている者のいる世帯 □6. 仕事をしている者のいない世帯	
(10)	夫妻の職業	（国勢調査の年…平成　年…の4月1日から翌年3月31日までに届出をするときだけ書いてください）夫の職業	妻の職業
	その他		
	届出人署名押印	夫　佐々木　五郎　㊞	妻　佐々木　陽子　㊞
	事件簿番号		

住所を定めた年月日	
夫	平成21年 2 月 20 日
妻	平成21年 2 月 21 日

連絡先	
電話	03（3000）9012
	㊀自宅・勤務先[　　　]・携帯

夫	□免□旅□住 □その他□無 (　)
妻	□免□旅□住 □その他□無 (　)
通	夫・妻
送	平　年　月　日
使者	□免□旅□住 □その他□無 (　)
確認	送付

記入の注意

鉛筆や消えやすいインキで書かないでください。

子が生まれた日からかぞえて14日以内に出してください。

届書は、1通でさしつかえありません。

子の名は、常用漢字、人名用漢字、かたかな、ひらがなで書いてください。

よみかたは、戸籍には記載されません。住民票の処理上必要ですから書いてください。

□には、あてはまるものに☑のようにしるしをつけてください。

筆頭者の氏名には、戸籍のはじめに記載されている人の氏名を書いてください。

届け出られた事項は、人口動態調査（統計法に基づく指定統計第5号、厚生労働省所管）にも用いられます。

子の父または母が、まだ戸籍の筆頭者となっていない場合は、新しい戸籍がつくられますので、この欄に希望する本籍を書いてください。

届出人は、原則として子の父または母です。届出人が署名押印したあと届書を持参する方は親族、その他の方でもかまいません。

◎母子健康手帳と届出人の印をご持参ください。

出生証明書

	子の氏名		男女の別　1男　2女
	生まれたとき	平成　年　月　日	午前／午後　時　分
(10)	出生したところ及びその種別	出生したところの種別	1病院　2診療所　3助産所　4自宅　5その他
		出生したところ	番地　番　号
		(出生したところの種別1～3)施設の名称	
(11)	体重及び身長	体重　グラム	身長　センチメートル
(12)	単胎・多胎の別	1単胎　2多胎（　子中第　子）	
(13)	母の氏名		妊娠週数　満　週　日
(14)	この母の出産した子の数	出生子（この出生子及び出生後死亡した子を含む）　人	死産児（妊娠満22週以後）　胎
(15)	1医師　2助産師　3その他	上記のとおり証明する。　平成　年　月　日	(住所)　番地　番　号　(氏名)　印

記入の注意

夜の12時は「午前0時」、昼の12時は「午後0時」と書いてください。

体重及び身長は、立会者が医師又は助産師以外の者で、わからなければ書かなくてもかまいません。

この母の出産した子の数は、当該母又は家人などから聞いて書いてください。

この出生証明書の作成者の順序は、この出生の立会者が例えば医師・助産師ともに立ち会った場合には医師が書くように1、2、3の順序に従って書いてください。

出　生　届

平成21年　3月　2日届出

東京都世田谷区 長　殿

受理　平成　年　月　日 第　　号	発送　平成　年　月　日
送付　平成　年　月　日 第　　号	長印

書類調査	戸籍記載	記載調査	調査票	附　票	住民票	通　知

(1) 生まれた子	子の氏名	(よみかた) かとう　はるか 氏 加藤　名 はるか	父母との続き柄：☑嫡出子　□嫡出でない子（□男　☑女）
(2)	生まれたとき	平成21年　3月　1日　☑午前　□午後　2時　35分	
(3)	生まれたところ	東京都世田谷区○○4丁目　8番地　10号	
(4)	住所（住民登録をするところ）	東京都世田谷区○○2丁目　10番地　5号 (よみかた) かとう　えいいち 世帯主の氏名 加藤英一　世帯主との続き柄 長女	
(5) 生まれた子の父と母	父母の氏名 生年月日（子が生まれたときの年齢）	父 加藤英一　昭和60年　4月　1日（満24歳）	母 加藤淳子　昭和62年　11月　9日（満22歳）
(6)	本籍（外国人のときは国籍だけを書いてください）	東京都世田谷区○○2丁目　25番地 筆頭者の氏名 加藤英一	
(7)	同居を始めたとき	平成19年　9月（結婚式をあげたとき、または、同居を始めたときのうち早いほうを書いてください）	
(8)	子が生まれたときの世帯のおもな仕事と	□1. 農業だけまたは農業とその他の仕事を持っている世帯 □2. 自由業・商工業・サービス業等を個人で経営している世帯 □3. 企業・個人商店等（官公庁は除く）の常用勤労者世帯で勤め先の従業者数が1人から99人までの世帯（日々または1年未満の契約の雇用者は5） ☑4. 3にあてはまらない常用勤労者世帯及び会社団体の役員の世帯（日々または1年未満の契約の雇用者は5） □5. 1から4にあてはまらないその他の仕事をしている者のいる世帯 □6. 仕事をしている者のいない世帯	
(9)	父母の職業	(国勢調査の年…平成　年…の4月1日から翌年3月31日までに子が生まれたときだけ書いてください) 父の職業	母の職業
その他			
届出人	☑1. 父　□1. 母　□2. 法定代理人（　）　□3. 同居者　□4. 医師　□5. 助産師　□6. その他の立会者　□7. 公設所の長		
	住所	東京都世田谷区○○2丁目　10番地　5号	
	本籍	東京都世田谷区○○2丁目25番地	筆頭者の氏名 加藤英一
	署名	加藤英一　印　昭和60年　4月　1日生	

事件簿番号	

連絡先　電話 03（3123）0000　自宅・勤務先〔　〕・携帯

死亡診断書（死体検案書）

この死亡診断書（死体検案書）は、我が国の死因統計作成の資料としても用いられます。かい書で、できるだけ詳しく書いてください。

氏　　名		1男 2女	生年月日	明治　昭和 大正　平成　　年　月　日 （生まれてから30日以内に死亡したときは生まれた時刻も書いてください。）午前・午後　時　分
死亡したとき	平成　年　月　日　午前・午後　時　分			

(12)(13)

死亡したところ及びその種別	死亡したところの種別	1病院　2診療所　3介護老人保健施設　4助産所　5老人ホーム　6自宅　7その他
	死亡したところ	番地 番　号
	（死亡したところの種別1〜5）施設の名称	

(14)

死亡の原因 ◆I欄、II欄ともに疾患の終末期の状態としての心不全、呼吸不全等は書かないでください ◆I欄では、最も死亡に影響を与えた傷病名を医学的因果関係の順番で書いてください ◆I欄の傷病名の記載は各欄一つにしてください ただし、欄が不足する場合は（エ）欄に残りを医学的因果関係の順番で書いてください	I	（ア）直接死因		発病（発症）又は受傷から死亡までの期間 ◆年、月、日等の単位で書いてください ただし、1日未満の場合は、時、分等の単位で書いてください （例：1年3ヵ月、5時間20分）	
		（イ）（ア）の原因			
		（ウ）（イ）の原因			
		（エ）（ウ）の原因			
	II	直接には死因に関係しないがI欄の傷病経過に影響を及ぼした傷病名等			
	手術	1無　2有	部位及び主要所見	手術年月日	平成 昭和　年　月　日
	解剖	1無　2有	主要所見		

(15)

死因の種類	1病死及び自然死 外因死　不慮の外因死｛2交通事故　3転倒・転落　4溺水　5煙、火災及び火焔による傷害　6窒息　7中毒　8その他｝ その他及び不詳の外因死｛9自殺　10他殺　11その他及び不詳の外因｝ 12不詳の死

(16)

外因死の追加事項 ◆伝聞又は推定情報の場合でも書いてください	傷害が発生したとき	平成・昭和　年　月　日　午前・午後　時　分	傷害が発生したところ	都道府県　市区 郡町村
	傷害が発生したところの種別	1住居　2工場及び建築現場　3道路　4その他（　　）		
	手段及び状況			

(17)

生後1年未満で病死した場合の追加事項	出生時体重 グラム	単胎・多胎の別 1単胎　2多胎（　子中第　子）	妊娠週数 満　週
	妊娠・分娩時における母体の病態又は異状 1無　2有［　］3不詳	母の生年月日 昭和 平成　年　月　日	前回までの妊娠の結果 出生児　人 死産児　胎 （妊娠満22週以後に限る）

(18)

その他特に付言すべきことがら

(19)

上記のとおり診断（検案）する	診断（検案）年月日　平成　年　月　日 本診断書（検案書）発行年月日　平成　年　月　日
（病院、診療所若しくは介護老人保健施設等の名称及び所在地又は医師の住所）	番地 番　号
（氏名）　医師	印

記入の注意

生年月日が不詳の場合は、推定年齢をカッコを付して書いてください。

夜の12時は「午前0時」、昼の12時は「午後0時」と書いてください。

「老人ホーム」は、養護老人ホーム、特別養護老人ホーム、軽費老人ホーム及び有料老人ホームをいいます。

傷病名等は、日本語で書いてください。
I欄では、各傷病について発病の型（例：急性）、病因（例：病原体名）、部位（例：胃噴門部がん）、性状（例：病理組織型）等もできるだけ書いてください。

妊娠中の死亡の場合は「妊娠満何週」、また、分娩中の死亡の場合は「妊娠満何週の分娩中」と書いてください。

産後42日未満の死亡の場合は「妊娠満何週産後満何日」と書いてください。

I欄及びII欄に関係した手術について、術式又はその診断名と関連のある所見等を書いてください。紹介状や伝聞等による情報についてもカッコを付して書いてください。

「2交通事故」は、事故発生からの期間にかかわらず、その事故による死亡が該当します。
「5煙、火災及び火焔による傷害」は、火災による一酸化炭素中毒、窒息等も含まれます。

「1住居」とは、住宅、庭等をいい、老人ホーム等の居住施設は含まれません。

傷害がどういう状況で起こったかを具体的に書いてください。

妊娠週数は、最終月経、基礎体温、超音波計測等により推定し、できるだけ正確に書いてください。

母子健康手帳等を参考に書いてください。

死　亡　届

平成 21年　3月　5日届出

東京都杉並区　長　殿

受理　平成　年　月　日 第　号	発送　平成　年　月　日
送付　平成　年　月　日 第　号	長印

書類調査	戸籍記載	記載調査	調査票	附票	住民票	通知

(1)	（よみかた）	氏 いがらし　名 まなみ
(2)	氏名	五十嵐　マナミ　□男　☑女
(3)	生年月日	昭和 6年　3月　4日（生まれてから30日以内に死亡したときは生まれた時刻も書いてください）□午前 □午後　時　分
(4)	死亡したとき	平成 21年　3月　2日　☑午前 □午後　1時　30分
(5)	死亡したところ	東京都杉並区○○2丁目　5番地（番）　3号
(6)	住所（住民登録をしているところ）	東京都杉並区○○3丁目　10番地（番）　1号 世帯主の氏名（よみかた）いがらし　よしお　五十嵐義夫
(7)	本籍（外国人のときは国籍だけを書いてください）	東京都杉並区○○3丁目　58番地（番） 筆頭者の氏名　五十嵐義夫
(8)(9)	死亡した人の夫または妻	☑いる（満 72歳）　いない（□未婚　□死別　□離別）
(10)	死亡したときの世帯のおもな仕事と	□1. 農業だけまたは農業とその他の仕事を持っている世帯 ☑2. 自由業・商工業・サービス業等を個人で経営している世帯 □3. 企業・個人商店等（官公庁は除く）の常用勤労者世帯で勤め先の従業者数が1人から99人までの世帯（日々または1年未満の契約の雇用者は5） □4. 3にあてはまらない常用勤労者世帯及び会社団体の役員の世帯（日々または1年未満の契約の雇用者は5） □5. 1から4にあてはまらないその他の仕事をしている者のいる世帯 □6. 仕事をしている者のいない世帯
(11)	死亡した人の職業・産業	（国勢調査の年…平成　年…の4月1日から翌年3月31日までに死亡したときだけ書いてください） 職業　　産業
	その他	
	届出人	□1. 同居の親族　□2. 同居していない親族　□3. 同居者　□4. 家主　□5. 地主 □6. 家屋管理人　□7. 土地管理人　□8. 公設所の長　□9. 後見人　□10. 保佐人 □11. 補助人　□12. 任意後見人 住所　東京都杉並区○○2丁目　5番地（番）　3号 本籍　東京都杉並区○○3丁目　58番地（番）　筆頭者の氏名　五十嵐義夫 署名　五十嵐光男　（印）　昭和 36年　2月　6日生

事件簿番号	

連絡先	電話　03（3123）0000 自宅・勤務先［　　］・携帯

記入の注意

鉛筆や消えやすいインキで書かないでください。

死亡したことを知った日からかぞえて7日以内に出してください。

届書は、1通でさしつかえありません。

→「筆頭者の氏名」には、戸籍のはじめに記載されている人の氏名を書いてください。

→内縁のものはふくまれません。

□には、あてはまるものに☑のようにしるしをつけてください。

→死亡者について書いてください。

届け出られた事項は、人口動態調査（統計法に基づく指定統計第5号、厚生労働省所管）にも用いられます。

◎届出人の印をご持参ください。

企業への照会

◆ポイント

求職を目的とした企業への照会・依頼状は、その企業にとっての第一印象でもある。文面が整っていることはもちろん、封筒の宛名などにも細心の注意を払い、間違いのないように、慎重に、丁寧に書くことが大切である。この書類も選考対象に入っているのだという気持ちで、真剣さが感じられるよう、相手に好印象をもってもらえるようなイメージをつくりたいものである。

◆一般的な書き方

① 時候のあいさつと相手の繁栄を喜ぶ言葉を述べる。
② 自己紹介をする。自分の経歴と、求職中であるということを伝える。
③ 求人を受け付けているかについて尋ね、依頼の内容を伝える。
④ お詫びの文章で締めくくる。

①
拝啓　盛夏の候、貴社におかれましてはますますご清栄のこととお喜び申し上げます。

②
さて、私は現在株式会社○○○○に勤務しておりますが、実はかねてから故郷に帰って生活をしたいと考えております。ふるさとの特産品を扱う貴社に大変魅力を感じておりまして、ぜひ貴社に入社させていただきたいと強く希望しております。

③
つきましては、お忙しいところ誠に恐縮ですが、現在のところ社員募集のご予定がおありでしょうか。お尋ねいたします。
もしも募集の予定がありましたら、その詳細についてお送りくださると幸甚でございます。

④
ご多忙のところ、お手数をおかけして大変申し訳ございません。
何卒よろしくお願い申し上げます。

敬具

企業への依頼

◆ポイント

手紙での求職依頼の場合、まったく面識もないのに、いきなり手紙でのやりとりをするということである。まずは謙虚に、礼儀正しく、丁寧に書くことが大切である。

資料請求の依頼の場合も、単なる問い合わせではなく、その段階から選考が始まっているという意識を忘れないようにして、依頼の手紙には、返信用の切手を貼った封筒を同封するなどの配慮をするとよいだろう。

◆一般的な書き方

① 時候のあいさつと相手の繁栄を喜ぶ言葉を述べる。

② 自己紹介と、現在求職中であるということを伝える。

③ 会社の求人をどこで知ったか、どのように感じたかを述べる。

④ 資料請求のお願いをする。

① 拝啓　早春の候、貴社ますますご隆盛のこととお喜び申し上げます。

② 　さて、私は先月まで○○○○株式会社に勤務していた者です。在職中は、○○○○部門で、○○○○の資格を活かした業務を担当しておりましたが、会社の都合で閉鎖となり、現在求職活動をしております。

③ 　先日開催された就職フェアで貴社のことを知り、事業展開と企業方針に大変魅力を感じました。現在中途採用を行っているとのこと、ぜひ採用試験を受けさせていただきたく存じます。

④ 　つきましては、お手数をおかけして誠に恐縮ではございますが、採用に関する資料等をお送りいただきたく、返信用封筒を同封いたします。
　何卒よろしくお願い申し上げます。

敬具

身上書

◆ポイント

身上書は、自己アピールの絶好の機会だが、あまりにもアピールしすぎて厚かましさを感じさせないように気をつける。ただし、むやみに遠慮していては、逆に積極性に欠けるので注意する。

趣味や特技の欄がありきたりなものになる場合は、印象を残すために具体的な内容を追記してもよい。配属の希望や具体的な給与額などは、希望の欄には通常書かないのが一般的とされているが、どうしても伝えておきたい事柄があれば謙虚に記しておくとよいだろう。いずれの欄も、空白は好ましくないため、必ず全てのスペースを、丁寧に埋めるようにすること。

誤字脱字がないように、書き上がったら再確認を忘れずにすることも大切である。

年	月	免許・資格
平成 12 年	9	普通自動車第一種免許
平成 16 年	11	日商検定簿記 1 級
平成 18 年	2	漢字能力検定準 1 級

時系列に注意。古い順から並べて書くこと。

通勤時間　約　時間　50 分 最寄り駅　JR 中央線　〇〇駅	扶養家族数 （配偶者を除く）　2 人	配偶者　有・無（有に〇）　配偶者の扶養義務　有・無（有に〇）

特技・趣味・得意科目等
趣味　宴会用手品の研究 特技　空手（高校2年の時、国体出場） 得意科目　国文学（卒論テーマ：現代詩とオノマトペ）

虚勢を張って背伸びをしすぎないこと。事実のみを記入する。

志望の動機
貴社が目指している「地域と融合した店舗運営システムの構築」に深く感銘を受け、私もその一員となって働きたいと思い、応募いたしました。 これまでの経験を生かし、地域全体が活性化するような店舗運営をしていきたいと思っています。特に、店長として培ってきたアルバイトマネージメント経験を、貴社が本年の目標として掲げている「店舗従業員のモチベーションアップ」に役立たせるよう頑張っていきたいと思っております。将来は、貴社の企業理念でもあります「地域と商業施設を融合させた理想的な町づくり」を目指して、地域住民と店舗従業員が交流できるようなシステムを構築することが目標です。そのためにも、まずは、貴社が作り上げてきた店舗運営システムを一から学び、店舗運営の基礎から勉強させていただきたく存じます。

入社したいという熱意を感じてもらえる記述に。会社のどこに惹かれたかなど。

本人希望記入欄（特に給料・職種・勤務時間・勤務地・その他についての希望などがあれば記入）
・これまでの経験を生かし、店舗勤務を希望いたします。 ・できましたら、自宅から通勤可能な地域（東京都内・東京近郊の埼玉県や神奈川県）を希望いたします。

保護者（本人が未成年者の場合のみ記入） ふりがな		電話（　　　） ー
氏名	住所〒	FAX（　　　） ー

履歴書

◆ポイント

以前は手書きにするのが原則とされた履歴書ではあるが、現在では、ワープロ入力された履歴書を提出してもマイナス評価につながることは少ないようである。

氏名につけるふりがなは、「フリガナ」とある場合はカタカナで、「ふりがな」の場合はひらがなでふる。他の住所欄などの場合も同様である。

学歴の欄では、小・中学校は、卒業の年月だけでかまわないが、高校以降は、入学、卒業それぞれを記す。

手書きの場合は、最初にまず下書きをして、間違いがないかをよく確認してから、黒インキで記入する。鉛筆で下書きをした場合は、書き上がってから、鉛筆部分を消し、紙にしわなどが寄らないよう、気をつける。

履歴書

平成21年4月1日現在

ふりがな　すずき　まさし		写真を貼る位置 1. 縦36～40mm 　横24～30mm 2. 本人単身胸から上 3. 裏面にのりづけ 4. 裏面に氏名記入
氏名　鈴木　正志		
生年月日　明治・大正・(昭和) 56年　5月　23日生　（満　28歳）	※ (男)・女	
携帯電話番号　090-○○○○-1234	E-MAIL　abcdefghijklmn@abc.ne.jp	
ふりがな　とうきょうと　ちよだく　○○○　2-22-14 現住所〒101−×××× 東京都千代田区○○○　2-22-14　メゾン三省　201号		電話（　03　） 1234−1234 FAX（　03　） 1234−1234
ふりがな 連絡先〒　（現住所以外に連絡を希望する場合のみ記入）		電話（　　） − FAX（　　） −

年	月	学歴・職歴（各項目ごとにまとめて書く）
		学　歴
平成6年	3	埼玉県○○市立○○○○小学校卒業
平成9年	3	埼玉県○○市立○○○○中学校卒業
平成9年	4	埼玉県立○○高等学校入学
平成12年	3	埼玉県立○○高等学校卒業
平成12年	4	○○大学○○学部○○学科入学
平成16年	3	○○大学○○学部○○学科卒業
		職　歴
平成16年	4	株式会社○○○○入社
		主に仕入れと在庫の管理を担当。
平成21年	2	一身上の都合により退社
		賞　罰
		なし
		以上

記入上の注意　1：鉛筆以外の黒または青の筆記具で記入。2：数字はアラビア数字で、文字はくずさず正確に書く。
3：※印のところは、該当するものを○で囲む。

年号は忘れずに記入すること。

写真の貼り忘れに注意。ノリがはみ出さないように。

行頭はきれいに揃える。適度な余白を取るときれいに見える。

学歴の次に職歴。間に行をあけず、すぐに書き出してよい。

職務経歴書

◆ポイント

職務経歴書は、これまでどんなところに勤めて、どのような業務に当たってきたかについて述べ、履歴書とセットにして提出するものである。

選考側がよくわかるように、具体的に書くのが基本である。しかし、訴えたいことを詳細に説明しようとばかりに、くどくなってしまうと逆効果となる場合が多いため、事実を簡潔に記するようにする。

また、自己PRの欄は、熱意のあまり、饒舌《じょうぜつ》にならないよう気をつけたい。ただし、賞を受けたり、表彰されたりしたという事実があれば、書いてもかまわない。

職務経歴書は、最近はパソコンで作成するケースも多くなっているが、企業によって、「手書き」を条件として挙げている場合もあるため、確認が必要である。

職務経歴書

2009年3月20日
千代田　太郎　㊞

2004年4月～2007年7月
株式会社○○○○に正社員として入社
事業内容：音楽ビデオ・DVD・CD・書籍・文具の販売
従業員数：1500人

2004年4月
株式会社○○○○入社　A店配属（社員5名・アルバイト100名の大型店舗）
A店新規オープンのオープニングスタッフとして配属。（音楽ビデオ・DVDを担当）
・在庫状況の確認と補充発注の手配（新譜発注枚数の仕入れ含む）
・売り上げアップのための店内ディスプレイや棚割りの企画
・アルバイトの勤務シフト管理と接客教育

2005年4月
同社　B店に店長として配属（社員2名・アルバイト30名の小規模店舗）
・店舗全体の損益管理
・従業員の管理（社員とアルバイトの管理・アルバイト面接）
・接客業務とクレーム処理
※2006年12月に売上前年比250％を記録。社長賞を受賞。

2007年7月
一身上の都合により同社退職

2007年8月～2009年3月
株式会社○○○○に派遣社員として入社
事業内容：アニメ・ドラマ・スポーツ・演劇などの映像コンテンツの制作
従業員数：65人

2007年8月
株式会社○○○○入社　制作デスク配属
・映像コンテンツ制作におけるスケジュール管理
・制作スタッフ・出演者のスケジュール調整
・台本内容のチェックと修正
・電話応対、見積書作成およびファイリング

2009年3月
契約期間満了につき同社退職

［資格・技能］
・2006年　TOEIC　760点
・2007年　漢字能力検定2級
・Microsoft WORD／Microsoft EXCEL／Illustrator／Photoshopの基本操作が可能

署名捺印を忘れないようにする。

従事した期間を記す。

職務内容はできるだけ具体的に。

アピールしたい経歴があれば記しておく。

正社員・派遣社員・アルバイトなどの勤務形態についても触れる。

始末書

◆ポイント

自分の過失、不始末によって会社に迷惑をかけたり、損害を生じさせてしまった場合に陳謝する文書が始末書である。

まず大切なのは、事実をありのまま申し述べること。嘘、責任転嫁の言い訳は厳禁である。あまり事務的にならないよう、心を込めた文面になるように心がける。

反省の言葉や、今後二度としない旨の言葉のあとに、寛大な処置をお願いする文章を入れることもある。

◆一般的な書き方

① 不始末を犯したことを述べる。

② 不始末の内容と、どのような理由でそのような結果になってしまったかについて説明する。

③ 今後は二度とそのようなことのないよう注意する決意を述べる。

④ 処置についてのお願いを記す。

始末書

○○○部長殿

平成○年○月

○○○部　○○○○

① このたび私は、○月○日の懇親会におきまして大変な不始末を起こしました。

② 不注意からお取引先である株式会社の○○社長に怪我を負わせてしまったものです。懇親会場の出入り口で○○社長と衝突し、そのはずみで○○社長が転倒され、足を骨折なさるという事態になってしまいました。

③ このようなことになったのも、普段からの軽率さが原因と、深く反省し、今後このようなことがないよう、注意する決意です。誠に申し訳ありませんでした。

④ なお、今回の不始末については、応分のご処置をお願い申し上げます。

進退伺

◆ポイント

始末書よりも重大な事態の際に出すのが進退伺である。責任を取って辞職する意志を示すものであるため、進退伺とは別に、辞表も用意するのが通例である。

進退伺を書くことになった原因の事故や事件については、ここではあまり詳しく書く必要はない。陳謝し、今後の進退について、謙虚に伺うものにする。

◆一般的な書き方

① 事件、事故について、責任は上司である自分にあるということを述べる。

② 会社に多大な損害を与えたことについて謝罪する。

③ 職を辞して責任を取りたいこと、辞表を提出することを伝える。

④ 会社の決済を待つということを記して締めくくる。

進退伺

① ○月○日の、当店○○○○の不祥事につきましては、上司である小職の管理不行き届きによるものであります。

② これによりまして、会社に多大なる損害とご迷惑をおかけいたしましたこと、深くお詫びする所存です。

③ つきましては、職を辞し、この責任を負いたく存じます。
ここに辞表を提出いたします。

④ ご決済を仰ぎたく、ご指示をお待ち申し上げております。

以上

退職届

◆ポイント

退職届の場合、「一身上の都合」というフレーズを使用することが多い。文書上はそのように記し、具体的な内容については、詳しいことは書かずに、直接直属の上司に説明をするというケースが多いようである。

また、タイトルは「退職願」「退職届」の双方がある。いずれも意味は変わらないので、その会社のルールをふまえたうえで作成するとよい。

◆一般的な書き方

① 宛先は直属の上司ではなく、代表取締役社長にする。重要な文書なので、捺印もする。

② 退職届の本文。ここでは詳しいことを書かないのが一般的。

③ 退職希望の日付や、退職後の連絡先などを入れてもよい。

退職届

①

代表取締役社長　○○○○様

平成○年○月○日

○○○部　○○○○　㊞

②

このたび一身上の都合により退職いたしたく、下記の通りお届け申し上げます。

③

記

1．退職希望年月日　平成○年○月○日

2．退社後の連絡先　〒　○○県○○市○○○○

TEL　○○（○○○○）○○○○

以上

コラム

ビジネス文書のミニ知識 2

◆パソコンによるワープロ文書について

以前は事務的すぎるような印象がありましたが、その感覚も薄くなっているためか、最近では、特にビジネスの分野で、手書きの文書よりもパソコンのワープロ機能で作成した文書のほうが主流を占めるようになっています。

ここで注意したいのは、ワープロ特有の変換機能によるミスです。同音異義語や、修正した際の誤字脱字には気を配りましょう。作成した後には必ず読み返すことを習慣にすることが大切です。

また、相手と伝えたい内容によっては、手書きのほうがふさわしい場合もあります。受け取る相手の気持ちを考えて、どちらにするかを選ぶようにしましょう。本文はワープロ文書にして、自筆の言葉や署名を添えるという方法もあります。送り方も、郵送やファクシミリ、メールでの添付などの方法があります。状況に合わせて選択するようにしましょう。

◆便箋や封筒は白無地のものが正式

あらたまった内容の手紙、目上の人への手紙などは、便箋や封筒にも配慮が必要です。便箋は、白無地に薄い罫の入った、オーソドックスなものとします。地紋入りのものや色物、イラスト入りのものなどは、親しい人へ出す場合と考えておくのが無難です。また、レポート用紙や原稿用紙も、間に合わせという感じがして好ましくありません。

封筒は、便箋とセットにして考えるのが原則で、白無地の便箋なら白無地の封筒を使います。また、縦書きには縦長の和封筒、横書きには横長の洋封筒です。便箋と同様、カジュアルなタイプは、親しい間柄の場合に限ります。

◆誤用されやすい言葉

話し言葉でも誤用があると恥ずかしいものですが、書き言葉での誤用は、文書として残ってしまうだけに、十分注意したいものです。たとえば「興味津々」などの同音異義語を「興味深々」などと誤っていませんか。ほかにも次のような同音異義語は特に間違えやすいので注意が必要です。

○「亡き人を偲ぶ」　×「亡き人を忍ぶ」
○「予断を許さない事態」　×「余断を許さない事態」
○「意味深長なお話」　×「意味慎重なお話」
○「友好関係を築く」　×「友交関係を築く」
○「軽率な行動」　×「軽卒な行動」

第2部

すぐに役立つ
多様な表現集

分類分け一覧表

一……【場面別】言いかえのフレーズ集 152
◆あいさつする 152
◆贈り物をする 153
◆お礼を言う 154
◆連絡する・通知する 155
◆依頼する・お願いする 156
◆断る 157
◆苦情を言う 158
◆催促する 159
◆案内する・招待する 160
◆お詫びする 161

二……【場面別】敬語表現集 162
◆敬語の種類 162
◆敬語表現集 165
人の行為に使う言葉 166
自分を指すときに使う言葉 170
相手を指すときに使う言葉 170
第三者を指すときに使う言葉 171
家族を指すときに使う言葉 172
物を指すときに使う言葉 174
人の名に付けて敬意を表す言葉 175

三……【場面別】類語・類句集 176
◆手紙に関係のある言葉 176
あいさつに使う 176
文章の中で使う 177
情報手段を表すときに使う 178
◆贈り物に関係のある言葉 178
贈り物を表す 178
お礼を表す 179

◆人やものを呼ぶ言葉 179
会社・店（自分側） 179
敬称 179
他人を表す 179
立場から表す 180
才能・性格から表す 180
◆年齢に関係のある言葉 181
年齢層を表す 181

◆伝統行事に関係のある言葉 182
慶を表現する 182
弔を表現する 182
◆自然について表現する言葉 183
気温 183
天候 184
季節 187
風景 189
植物 189
◆衣食住に関係のある言葉 190
飲食で使う 190
住を表す 190
◆気持ちに関係のある言葉 191
考えを表す 191
感情（プラス）を表す 193
感情（マイナス）を表す 196
感情（気遣い）を表す 198
感情（驚き）を表す 199
◆日常で使う言葉 200
行・来を表すときに使う 200
送・授・受・売・買・貸・借を表すときに使う 201
話・聞を表すときに使う 203
生・死・命を表すときに使う 204
つながりを表す言葉 206
程度（良・悪）を表すときに使う 210
程度を表すときに使う 211
対立関係を表すときに使う 215
増・減・多・少を表すときに使う 216
うまくいかないときに使う 218
才能・性格を表すときに使う 220
時間を表すときに使う 224
年月日を表すときに使う 228
伝達するときに使う 228
ようす（視覚）を表すときに使う 230
ようす（聴覚）を表すときに使う 232
ようす（味覚）を表すときに使う 232
ようす（嗅覚）を表すときに使う 234
ようすを表すときに使う 234
◆日常で使う言葉　50音別類語集 247

一【場面別】言いかえのフレーズ集

あいさつする

ビジネスシーンで使えるあいさつのフレーズ

◎いつもお世話になっております。
◎ご無沙汰いたしております。
◎お変わりございませんか。
◎わざわざご連絡をいただき恐縮です。
◎はじめてお手紙を差し上げます。〇〇と申します。
◎〇〇様にもよろしくお伝えください。
◎今後ともよろしくお願い申し上げます。
◎ご査収くださいますようお願いいたします。
◎〇〇の件では、いろいろとありがとうございました。

プライベートでも使えるあいさつのフレーズ

◎お元気そうでなによりです。
◎最近お仕事のほうはいかがですか。
◎お子さんも大きくなられたでしょうね。
◎はじめまして。これからもよろしくお願いします。
◎おいしい〇〇料理のお店があるのですが、ご一緒にいかがですか。

一歩進んだあいさつのフレーズ

◎過日はわざわざ御足労いただき、誠にありがとうございました。
◎未熟者ではございますが、何卒よろしくお願いいたします。
◎新人でわからないことばかりですが、どうぞよろしくお願いいたします。
◎なかなかごあいさつする機会がございませんで、大変失礼いたしました。
◎はじめまして。〇〇と申します。本日はわざわざお越しいただきましてありがとうございます。
◎今後とも、ご指導ご鞭撻くださいますよう、伏してお願い申し上げます。
◎詳細が決まり次第追ってご連絡いたします。いましばらくお待ちくださいますようお願い申し上げます。

贈り物をする

ビジネスシーンで使える贈り物の際のフレーズ

◎当地の名物を送らせていただきました。
◎失礼かとは存じますが、○○をお送りいたしました。
◎お詫びのしるしに、○○をお送りいたしました。
◎ささやかではございますが、私どもの気持ちです。
◎日頃の謝意を込めまして、ささやかながら粗品をお送りいたします。
◎お好きだと伺っておりましたので、ご用意させていただきました。
◎お祝いの気持ちとして、心ばかりの品をお送りいたしました。
◎お気に召すかどうかわかりませんが、気持ちばかりの品でございます。

プライベートでも使える贈り物の際のフレーズ

◎お祝いというほどのものでもありませんが、……。
◎ありふれたもので、お恥ずかしいのですが、……。
◎たいした物ではないのですが、……。
◎お気に召していただけると嬉しいです。
◎○○の途中でたまたま見つけたものです。
◎以前からお好きだと伺っておりましたので。
◎いつもありがとう。日頃の感謝の気持ちを込めて、ささやかな品を贈ります。

一歩進んだ贈り物の際のフレーズ

◎皆様のお役に立てれば嬉しく存じます。
◎珍しいものではございませんが、ご賞味いただければ幸いに存じます。
◎○○と申すほどのものではございませんが、○○を送らせていただきましたので、ご賞味ください。
◎ささやかではございますが、お祝いのしるしに○○を送らせていただきましたので、ご受納ください。
◎例年のことで代わり映えいたしませんが、○○のしるしに送らせていただきましたので、ご笑納ください。
◎日頃の感謝の気持ちをこのお品に託しました。ささやかではございますが、ご笑納いただければ幸甚でございます。
◎平素は大変お世話になり、ありがとうございます。お礼と申してはなんですが、かねてよりお好きだと伺っておりました○○を送らせていただきました。よろしければ皆様でお召し上がりください。

お礼を言う

ビジネスシーンで使えるお礼のフレーズ

◎恐れ入ります。

◎恐縮しております。

◎誠にありがとう存じます。

◎ご親切に感謝いたします。

◎感謝の言葉もありません。

◎本当にありがとうございました。

◎おかげさまで〇〇せずに済みました。

◎お忙しいところありがとうございました。

◎ご親切にありがとうございます。

◎その節は、ありがとうございました。

◎楽しいお時間を過ごすことができました。

◎お心遣いいただき、ありがとうございます。

◎お力添えをいただき、大変感謝しております。

◎先日は大変お世話になり、ありがとうございました。

◎貴重なお時間を割いていただき、誠にありがとうございました。

◎先ほどは、ご多用のところわざわざお越しくださいまして、誠にありがとうございました。

プライベートでも使えるお礼のフレーズ

◎おかげで助かりました。

◎この借りは必ずお返しします。

◎細かい気配りに感謝します。

◎いつもご面倒をおかけします。

◎ありがとうございます。助かりました。

◎一緒で楽しかった。これからもよろしく。

◎ありがとうございます。これからもがんばります。

一歩進んだお礼のフレーズ

◎過分なご配慮をいただきまして、誠に恐れ入ります。

◎ご高配を賜りまして、誠にありがとうございました。

◎このたびは、お心尽くしの品をお送りいただきまして、ありがとうございました。

◎ご多忙の折、ご尽力を賜りまして誠にありがとうございます。心より御礼申し上げます。

◎おかげさまをもちまして、大成功を収めることができました。心より深謝申し上げます。

◎このたびは貴重なお言葉を賜り、誠にありがとうございました。〇〇も大変喜んでおります。

◎本日このような嬉しい日を迎えることができたのも、〇〇様のおかげと感謝しております。

連絡する・通知する

ビジネスシーンで使える連絡・通知のフレーズ

◎取り急ぎ、お知らせまで。
◎取り急ぎ、要用のみにて失礼いたします。
◎念のため、ご通知申し上げます。
◎本日は○○の件でご連絡いたしました。
◎標題の件につきまして、ご連絡申し上げます。
◎○○が変更になりますので、お知らせいたします。
◎○○様のご紹介でご連絡させていただきました。
◎○○の件でお尋ねしたいことがあり、ご連絡いたしました。
◎お忙しいところ恐縮ですが、お時間をいただけますでしょうか。
◎早速ですが、○○の件で確認をさせていただきたく存じます。
◎○○様にお伝えいただきたいのですが、お願いできますでしょうか。
◎お手数ですが、お手元の○○を変更していただけますようお願いいたします。

プライベートでも使える連絡・通知のフレーズ

◎今日は良いお知らせがあります。
◎伝言をお願いしたいのですが。
◎おかげさまで、○○することができました。
◎今度引っ越しをすることになりましたので、お知らせします。

一歩進んだ連絡・通知のフレーズ

◎このたび、○○を変更することになりましたので、ご通知申し上げます。
◎より一層のサービス向上を目指し、○○課直通番号を新設いたしましたので、ご連絡を申し上げます。
◎詳細は、後日改めてお手紙を差し上げますので、まずはご連絡させていただいた次第です。
◎慎重な考査の結果、○○と決定いたしましたので、ご連絡いたします。
◎社内で審査いたしましたが、誠に残念ですが、○○となりましたのでお知らせいたします。
◎○○に内定いたしましたので、本状をもってお知らせ申し上げます。
◎このたび、○○に決定いたしました。その件につきましてご回答を賜りたく、お願い申し上げます。

依頼する・お願いする

ビジネスシーンで使える依頼・お願いのフレーズ

◎ご都合はいかがでしょうか。
◎不躾《ぶしつけ》なお願いで恐縮です。
◎お知恵を拝借したいのですが。
◎折り入ってお願いがございます。
◎お時間をいただけますでしょうか。
◎誠に申し上げにくいのですが、……。
◎お気持ちだけで結構でございます。
◎○○をいたしたく、ご依頼申し上げます。
◎ご一緒させていただいてもよろしいでしょうか。
◎お差し支えなければ、○○をお願いできませんでしょうか。
◎お手数をおかけしますが、何卒よろしくお願い申し上げます。
◎恐れ入りますが、○○してくださいますようお願いいたします。
◎お忙しいところ恐縮ですが、○○していただくことは可能でしょうか。

プライベートでも使える依頼・お願いのフレーズ

◎甘えてばかりで心苦しいのですが、……。
◎突然で悪いけど、お願いできますか。
◎申し訳ありませんが、○○をお願いできませんか。
◎もしも予定がなかったらお願いしたいことがあるんだけど、……。

一歩進んだ依頼・お願いのフレーズ

◎もしお許しいただければ、○○をお願いできればと思っております。
◎誠にご迷惑かとは存じますが、○○様にお願いするしか方法がございません。
◎○○に関して経験豊富でいらっしゃる○○様にご意見をいただきたく存じます。
◎勝手なお願いで誠に恥ずかしい限りですが、どうかよろしくお願いいたします。
◎何かとご都合があるかとは存じますが、ご協力をよろしくお願いいたします。
◎厚かましいお願いで大変申し訳ないのですが、お聞き届けくださいますようお願いいたします。
◎ご多忙の折に申し訳ないのですが、内容をご高覧いただき、アドバイスなどを頂戴できればと存じます。

断る

ビジネスシーンで使えるお断りのフレーズ

◎お約束いたしかねます。
◎お役に立てず残念です。
◎お気持ちだけで十分です。
◎大変申し訳ありませんが、……。
◎改めてご連絡させていただきます。
◎私の一存ではお答えいたしかねます。
◎そのようなお話は、どなた様にもお断りしておりますので、……。
◎せっかくお誘いいただいたのですが、あいにく都合がつかず申し訳ございません。

プライベートでも使えるお断りのフレーズ

◎また今度誘ってください。
◎今回だけはご勘弁ください。
◎今日だけは許してください。
◎残念ですが、今回は厳しいかもしれません。
◎お力になれなくてごめんなさい。

◎無芸なものですから、……。
◎不調法なものですから、……。
◎先約がありまして、申し訳ありません。
◎お手伝いしたいのはやまやまなのですが、……。
◎○○なら時間を作れるかもしれませんが、……。

一歩進んだお断りのフレーズ

◎今回はご遠慮させていただきたく存じます。
◎何卒お許しを賜りますようお願いいたします。
◎誠に申し訳ございませんが、社の方針がございまして、……。
◎ぜひとも○○したいのですが、あいにく都合がつかず、大変残念です。
◎ご期待に添えず申し訳ありませんが、そのような事情ですのでどうかお察しください。
◎またの機会がございましたら、その際はぜひ○○いただけますよう、お願いいたします。
◎せっかくの○○ですが、当日どうしてもはずせない用事がございまして、誠に申し訳ありません。
◎安請け合いをして、かえってご迷惑をおかけしては申し訳ありませんので、今回は見送らせていただいたほうがよろしいかと存じます。

苦情を言う

ビジネスシーンで使える苦情・抗議のフレーズ

◎ひとこと申し上げたいのですが、……。
◎申し訳ありませんが、○○していただけませんか。
◎まったく身に覚えのないことで、大変迷惑しております。
◎お忙しくて、ついうっかりされたのだとは思うのですが、……。
◎誠に心苦しいのですが、ご配慮くださいますよう、お願い申し上げます。
◎そちら様のご事情もおありかとは存じますが、当方も少々困惑しております。
◎事情をご理解のうえ、○○してくださいますよう、よろしくお願い申し上げます。

プライベートでも使える苦情・抗議のフレーズ

◎さしでがましいようですが、……。
◎少し誤解があるようですが、……。
◎○○を頼んであるのですが、まだでしょうか。
◎違っているのではないかと思うのですが、ちょっと調べていただけないでしょうか。

一歩進んだ苦情・抗議のフレーズ

◎誤解があるように思いますので、再度説明させていただきます。
◎どうかお気を悪くなさらず、お考えいただけると幸甚に存じます。
◎どのような理由にせよ、このままでは○○することができず、困っております。
◎明確な対応をいただけないようであれば、しかるべき処置をとらざるを得ません。
◎ごもっともなご意見だとは思いますが、こちらで受けた損害については、どのようにお考えでしょうか。
◎このままでは納得できかねますので、誠意あるご回答をいただけますようお願いいたします。
◎誠に恐縮ですが、こちらの事情もお汲み取りいただき、しかるべき対処をお願いいたします。
◎事情をご理解のうえ、早急に○○してくださいますよう、よろしくお願い申し上げます。
◎誠に僭越ながら、少し気になることがございますので、直接会ってお話しさせていただいてもよろしいでしょうか。

催促する

ビジネスシーンで使える催促のフレーズ

◎ 今後の見通しだけでもお聞かせください。
◎ お約束の期限を○日過ぎましたので、お伺いいたします。
◎ ○○いただけるとのお話でしたが、現在どのような状況でしょうか。
◎ 厚かましいとは存じますが、その後の状況をお聞きしたいと存じます。
◎ ○月末に○○くださるとのお約束でしたが、その後いかがなりましたでしょうか。

プライベートでも使える催促のフレーズ

◎ ご返事、お待ちしています。
◎ ○○の件は、どうなりましたか。
◎ 先日の○○の処理は無事に終わりましたか。
◎ ○○をお願いしていた件、どうなりましたか。
◎ 今の状況を知りたいのですが、どうでしょうか。
◎ お忙しいとは思いますが、よろしくお願いします。
◎ 見込みがつかないようでしたら、ご遠慮なくおっしゃってください。

一歩進んだ催促のフレーズ

◎ お約束の期限をずいぶんと過ぎましたが、その後どのような状況でしょうか。
◎ ○日で無理なようでしたら、○日でも構いませんので、よろしくお願いいたします。
◎ ○○をいただけるとのお話でしたが、その後何か変更などがございましたでしょうか。
◎ 期限は○○のお約束でした。もう○日も過ぎておりますが、いかがなりましたでしょうか。
◎ ○○の件につきまして、恐縮ですが、その後の経過をお聞かせいただければ幸甚でございます。
◎ 一度にすべてが無理なようでしたら、とりあえず半分だけでもお願いしたいのですがいかがでしょうか。
◎ いろいろとご都合はおありかと存じますが、当方の事情もお汲み取りいただき、善処していただけますようお願いいたします。
◎ 何かご事情があってのことと拝察いたしますが、当方の事情もお察しいただき、早急に○○してくださいますよう、お願い申し上げます。

案内する・招待する

ビジネスシーンで使える案内・招待のフレーズ

◎ ご出席くださいますようご案内いたします。
◎ ぜひおいでください。お待ちしております。
◎ 万障お繰り合わせのうえ、ぜひご参加ください。
◎ お忙しいとは存じますが、ぜひ足をお運びください。
◎ お越しいただけましたら、大変嬉しく存じます。
◎ お席を設けてお待ちしておりますので、ぜひお出かけください。
◎ お食事でもしながら、今後の方向性についてお話しさせていただきたく存じます。
◎ ご都合がよろしければ、皆様お誘い合わせのうえ、ぜひご参加ください。

プライベートでも使える案内・招待のフレーズ

◎ 普段着のままで結構です。
◎ お気軽にお集まりください。
◎ お顔を拝見するのが楽しみです。
◎ お越しいただければ嬉しく存じます。
◎ どうぞ皆様ご一緒にお越しください。
◎ お越し願えれば大変嬉しく思います。
◎ ぜひお出かけください。お待ちしています。
◎ 遠いところ恐縮ですが、ぜひお越しください。
◎ 皆様お揃いでお越しいただけないでしょうか。
◎ 何もございませんが、どうぞお出かけください。
◎ 心待ちにしておりますので、ぜひお出かけください。
◎ ぜひおいでいただきたいと存じます。ご都合はいかがでしょうか。

一歩進んだ案内・招待のフレーズ

◎ どうぞ皆様お誘い合わせてご参加ください。
◎ 何卒ご出席を賜りますよう、お願い申し上げます。
◎ 何卒お繰り合わせのうえ、ご参集いただけますようお願い申し上げます。
◎ ご都合もおありかと存じますので、ご無理されない程度にお声掛けください。
◎ 軽いお食事もご用意させていただきますので、ぜひお出かけください。
◎ 心ばかりの宴を設けたく存じますので、皆様お誘い合わせのうえ、どうぞお気軽にご参集ください。お待ち申し上げております。

お詫びする

ビジネスシーンで使えるお詫びのフレーズ

◎勉強不足でした。
◎心苦しく存じます。
◎大変失礼いたしました。
◎深く反省しております。
◎どうかお許しくださいませ。
◎大変申し訳ありませんでした。
◎お詫びの言葉もございません。
◎心より深くお詫び申し上げます。
◎大変ご迷惑をおかけいたしました。
◎ご迷惑をおかけして申し訳ございませんでした。
◎今後このようなことがないよう気をつける所存です。

プライベートでも使えるお詫びのフレーズ

◎本当にごめんなさい。
◎許してもらえませんか。
◎謝りたいと思っています。
◎本当にすまないと思っています。
◎お詫びに今度ごちそうしますね。
◎次に会うときは必ず埋め合わせしますね。
◎今度は絶対に遅れないから、今日だけは許してください。

一歩進んだお詫びのフレーズ

◎何卒お許しを賜りますようお願いいたします。
◎今後二度とこのようなことのないよう、細心の注意を払っていく所存でございます。
◎ただいま遅れの回復に努めております。○日までには必ずお納めいたしますので、何卒ご容赦ください。
◎突発的なトラブルとはいえ、慎重な対応が必要だったと反省いたしております。
◎これからは、社員一同誠心誠意ご協力させていただく所存ですので、今後ともご下命のほど、お願い申し上げます。
◎今後このようなことが起こらぬよう、気を引き締めて業務に励んでいく所存です。また何かございましたら何なりとお申し付けください。
◎目下、遅れの短縮のために、八方手を尽くしているところでございます。大変ご迷惑をおかけいたしますが、いましばらくお待ちくださいますようお願いいたします。

二 【場面別】敬語表現集

敬語の種類

（三種類）　→　（五種類）

- 敬語
  - 尊敬語 → 尊敬語（「いらっしゃる・おっしゃる」型）
  - 謙譲語 → 謙譲語Ⅰ（「伺う・申し上げる」型）
    　　　→ 謙譲語Ⅱ（丁重語）（「参る・申す」型）
  - 丁寧語 → 丁寧語（「です・ます」型）
    　　　→ 美化語（「お酒・お料理」型）

尊敬語

相手側又は第三者の行為・ものごと・状態などについて、その人物を立てて述べるもの。

該当語例

［行為等（動詞、及び動作性の名詞）］
いらっしゃる、おっしゃる、なさる、召し上がる
お使いになる、御利用になる、読まれる、始められる
［ものごと等（名詞）］
お導き、御出席、（立てるべき人物からの）御説明
お名前、御住所、（立てるべき人物からの）お手紙
［状態等（形容詞など）］
お忙しい、御立派

「いらっしゃる」の文例

先生は来週海外へいらっしゃるんでしたね。

注　「いらっしゃる」は、「行く」のほかに「来る」「いる」の尊敬語としても使われる。

「お導き」／「お名前」の文例

先生のお導き。／先生のお名前。

「お忙しい」の文例

先生はお忙しいようですね。

謙譲語Ⅰ

自分側から相手側又は第三者に向かう行為・ものごとなどについて、その向かう先の人物を立てて述べるもの。

該当語例

伺う、申し上げる、お目に掛かる、差し上げる

お届けする、御案内する

（立てるべき人物への）お手紙、御説明

「伺う」の文例

先生のところに伺いたいんですが……。

注 「伺う」は、「行く」のほかに「聞く」「尋ねる」の謙譲語Ⅰとしても使われる。

「お届けする」／「御案内する」の文例

先生にお届けする。／先生を御案内する。

「お手紙」／「御説明」の文例

先生へのお手紙。／先生への御説明。

※これらは全て「先生」を立てている。

〈向かう先〉とは

「先生からお借りする」という場合、「借りる」側から見れば「先生」が〈向かう先〉だと見ることができる。また、「先生からいただく」「先生に指導していただく」の場合、「もらう」「指導を受ける」という側から見れば、「先生」はその〈向かう先〉である。ここで言う〈向かう先〉とは、このような意味である。

謙譲語Ⅱ

自分側の行為・ものごとなどを、話や文章の相手に対して丁重に述べるもの。

該当語例

参る、申す、いたす、おる

拙著、小社

◆謙譲語Ⅱの主な用法

① 「私は明日から海外に参ります。」のように、「自分」について使う。

② 「息子は明日から海外に参ります。」のように、「自分の側の人物」について使う。

③ 「向こうから子供たちが大勢参りました。」「あ、バスが参りました。」「夜も更けて参りました。」のように、「第三者」や「事物」について使う。

注意

謙譲語Ⅱは、基本的には「自分側」の行為に使うものなので、「相手側」の行為や「立てるべき人物」の行

為について、「（あなたは）どちらから参りましたか。」「先生は来週海外へ参ります。」などと使うのは、不適切である。

◆「謙譲語Ⅰ」と「謙譲語Ⅱ」との違い

謙譲語Ⅰの場合、例えば「先生のところに伺います。」とは言えるが、「弟のところに伺います。」は不自然である。謙譲語Ⅱの場合、例えば「先生のところに参ります。」とも「弟のところに参ります。」とも言える。謙譲語Ⅱは、〈相手〉に対する敬語であるため、立てるのにふさわしい〈向かう先〉があってもなくても使うことができる。

丁寧語

話や文章の相手に対して丁寧に述べるもの。

該当語例
です、ます

「です」の文例
次は来月十日です。

「ます」の文例
六時に起きます。

【補足】
更に丁寧さの度合いが高い敬語として「（で）ございます」もある。

美化語

ものごとを、美化して述べるもの。

該当語例
お酒、お料理

「お酒」の文例
お酒は百薬の長なんだよ。

解説
この場合の「お酒」は、尊敬語である「お導き」「お名前」などのように〈行為者〉や〈所有者〉を立てるものではなく、また、謙譲語Ⅰである「（立てるべき人物への）お手紙」などとも違って、〈向かう先〉を立てるものでもない。さらに、謙譲語Ⅱや丁寧語とも違って、〈相手〉に丁重に、あるいは丁寧に述べているということでもない。すなわち、「お酒」は、「酒」という言い方と比較して、「ものごとを、美化して述べている」といえる。

※文化審議会「敬語の指針」（平成一九年二月二日）より要約引用。

敬語表現集

凡例

「敬語表現集」および「類語・類句集」については、中村明（主幹）・芳賀綏・森田良行 編『三省堂 類語新辞典（二〇〇五年 三省堂）』（以下、『類語新辞典』）を次のように再構成して掲載した。

1. 見出し語

◎手紙・文書・メールなどを書くうえで使用頻度が高いと思われる語に絞って抽出した。

2. 分類

◎手紙・文書・メールなどを書く場面を想定して分類・配列を行った。

◎場面を想定した分類に収めにくい語句に関しては、50音に並べ替えて掲載した。（「類語・類句集」のみ）

3. 語義

◎原則、語義・用例などは、『類語新辞典』の情報をそのまま使用した。例外として、本書とは関係のない内容については削除した。

4. 記号

◎原則、『類語新辞典』の記号をそのまま踏襲した。

◎記号の一覧については下記の通り。

【記号一覧】

1. 「洗濯／行楽――《びより》」…「洗濯日和《びより》」「行楽日和《びより》」の略示。
2. ⇔…対義語・反対語
3. 語の位相を示す記号については左記の通り。
   - 文章…主に改まった硬い文章で用いられる。
   - 会話…主に口頭でくだけた感じに用いられる。
   - 古風…古めかしい言い方。
   - 俗語…俗っぽい言い方。
4. 表記や語形のバリエーションを示す記号は左記の通り。
   - 異字…見出し表記に対する別の表記。
   - 異読…漢語の別の読み方や音読み（訓読み）に対する訓読み（音読み）。
     〈例〉――「賓客《ひんきゃく》」異読 ひんかく 「初秋《しょしゅう》」異読 はつあき
   - 異形…和語・外来語・慣用句などに対する別の語形。
     〈例〉――「雨催《あまもよ》い」異形 あめもよい 「永《なが》い眠《ねむ》りに就《つ》く」異形 永遠の眠りに就く
   - 略形…省略した語形。
     〈例〉――「本卦還《ほんけがえ》り」略形 本卦
5. 季語には 新年 春 夏 秋 冬 の別を示した。
6. 和製英語や和製洋語は、次のように示した。
   〈例〉――プラスアルファ ★和plus＋alpha

人の行為に使う言葉

する

▼**尊敬語**

為《な》さる 「する」の尊敬語。「先生が講義を—」

▽**謙譲語**

致《いた》す 「する」の謙譲語。「こちらでいたします」

行く・来る

▼**尊敬語**

来駕《らいが》 相手がやって来ることを敬っていう語。「ご—を仰ぐ／請う」

尊来《そんらい》 来駕《らいが》。「ご—心より感謝いたします」

光来《こうらい》 来駕《らいが》。「ご—を仰ぐ」

光臨《こうりん》 来駕《らいが》。「ご—の栄を賜る」

いらっしゃる 「来る」「行く」の尊敬語。「遠くから—お客様」「来週パリに—」

お出《い》でになる いらっしゃる。「拙宅に—」「ご一緒に—」「旅行へ—」

▽**謙譲語**

参《まい》る 「行く」の謙譲語。「お迎えに参ります」「こちらから参ります」

罷《まか》り越《こ》す 古風 参る。参上する。

上《あ》がる 目上の人のところに参る。参上する。「おじゃま／ごあいさつ—に上がります」

参上《さんじょう》 古風 参ること。伺うこと。「近いうちに—いたします」

推参《すいさん》 古風 自分から参上すること。押しかけて行くこと。

参《さん》じる 参上する。「ただ今参じます」 異形 参ずる

訪ねる

▽**謙譲語**

伺《うかが》う 「訪れる」の謙譲語。「お宅に—」「今晩伺います」

お邪魔《じゃま》する 「相手の家を訪問する」の謙譲語。★訪問する際や帰る際のあいさつとしても使う。「お邪魔します」

参堂《さんどう》 「人の家を訪問すること」の謙譲語。

出席する

▼**尊敬語**

お出《で》まし 「出ること」「出席」の尊敬語。「殿下が—になる」「会へは—でしたか」

▽**謙譲語**

末席《まっせき》を汚《けが》す 集団や会合に参加することを謙遜《けんそん》していう表現。 異読 ばっせきを汚す

陪席《ばいせき》 目上の人と同席すること。「—の栄誉にあずかる」

退席する

▽**謙譲語**

お暇《いとま》 辞去。「そろそろ—します」

罷《まか》り出《で》る 「出る」の謙譲語。退出する。まかりいづ。

迎える

▽**謙譲語**

奉迎《ほうげい》 身分の高い人をお迎えすること。

目迎《もくげい》 その人の来るのを注目しながら威儀を正してお迎えすること。

⇔目送

会う

▼尊敬語

引見《いんけん》　高貴な人が目下の者を呼び寄せて会うこと。「使者を―する」

接見《せっけん》　①身分の高い人が、公の場で人に会うこと。「―の間」②勾留《こうりゅう》中の被疑者が弁護士など外部の者と会うこと。

▽謙譲語

拝謁《はいえつ》　貴人や目上の人にお目にかかること。「―の栄を賜る」「―を請う」

拝眉《はいび》　「面会」の謙譲語。「詳しくは―の折に」

拝顔《はいがん》　拝眉《はいび》。「―の栄に浴する」

お目《め》に掛《か》かる　「会う」の謙譲語。お会いする。

見参《げんざん》　古風「面会」「対面」の謙譲語。異読 けんざん

御尊顔《ごそんがん》を拝《はい》する　拝顔する。お目にかかる。

謦咳《けいがい》に接《せっ》する　尊敬する人や身分の高い人の話を直接聞く。「尊師の―」

お目見得《めみえ》　お目にかかること。謁見。

お目文字《めもじ》　古風 お目にかかること。「―うれしゅうございます」★女性語。

目通《めどお》り　貴人や目上の人の前に出ること。「(お)―を許される」

謁見《えっけん》　貴人や目上の人に会うこと。「―を賜る」「国王に―する」

見る

▼尊敬語

御覧《ごらん》　「見ること」の尊敬語。「―になる」「―のとおり」

高覧《こうらん》　「他人が見ること」の尊敬語。「ご―願います」★多く手紙文に使う。

貴覧《きらん》　高覧。「―に供する」★多く手紙文に使う。

清覧《せいらん》　高覧。「ご―を乞《こ》う」★多く手紙文に使う。

笑覧《しょうらん》　自分の作品・所有物などを人に見てもらう時にへりくだっていう語。「ご―ください」「拙稿をご―に供します」★「笑いながらご覧ください」の意。

▽謙譲語

拝《おが》む　「見る」の謙譲語。拝見する。「お姿／お宝を―」

拝《はい》する　拝見する。「お姿／ご尊顔―を―」異形 拝す

拝見《はいけん》　「見ること」の謙譲語。「お手紙―いたしました」「お手並み―」

読む

▽謙譲語

拝読《はいどく》　「読む」の謙譲語。慎んで読むこと。「お手紙―いたしました」

拝誦《はいしょう》　拝読。「―仕《つかまつ》りました」

言う

▼尊敬語

仰《おっしゃ》る　「言う」の尊敬語。「先生が―」「―とおり」異字 仰有る

仰《おお》せになる　「言う」の尊敬語。「陛下が―」★「おっしゃる」より敬意が高い。

仰《おお》せられる 古風 おおせになる。「殿下、それ以上仰せられますな」

仰《おお》せ おっしゃること。お言葉。「―のとおり／まま」「ありがたい―を賜る」「―ごもっとも」

▽謙譲語

申《もう》す 「言う」の謙譲語。「私は小池と―者ですが」「お礼を申します」

申《もう》し上《あ》げる 「言う」の謙譲語。「お礼―」「寒中お見舞い申し上げます」★「申す」より謙譲の意が強い。

申《もう》し述《の》べる 「述べる」の謙譲語。「見解／意見を―」

伝える

▼尊敬語

下命《かめい》 ①上位の者が下位の者に命令を出すこと。また、その命令。「―を拝す」②用命。「ご―をお待ちしております」

鳳声《ほうせい》 他人がしてくれる伝言や音信の敬称。「よろしくご―のほど願い上げます」

鶴声《かくせい》 鳳声《ほうせい》。

仰《おお》せ お言い付け。御命令。「―に従う／背く」「参上せよとの―にございます」

▽謙譲語

御案内《ごあんない》 ご承知。「既に―のとおり」

謹告《きんこく》 謹んでお知らせすること。★広告文の冒頭などに使う。

申《もう》し伝《つた》える 取り次いで申し上げる。「その件は上司に申し伝えます」

申《もう》し送《おく》る ①事務や命令などを次の者に伝える。「要件を後任者に―」②先方に伝える。「手紙で―」

申《もう》し越《こ》す 手紙などで書いてよこす。言ってくる。「お困りの点は何なりとお申し越しください」

申《もう》し渡《わた》す 目下の者に言い伝える。言い渡す。「判決を―」

申《もう》し付《つ》ける 上の者が下の者へ言い渡す。命令する。「自宅謹慎／海外出張を―」

尋ねる

▽謙譲語

伺《うかが》う 「聞く」の謙譲語。「御用／お話を―」

謹聴《きんちょう》 謹んで聞くこと。「訓辞を―する」

伺《うかが》いを立《た》てる 上位の者の判断や指示を求める。「上司にお―」

御機嫌伺《ごきげんうかが》い 目上の人を訪ね、礼を尽くすこと。「―に行く」

伺候《しこう》 御機嫌伺いに上がること。

異字 祗候

言い付ける

▼尊敬語

仰《おお》せ付《つ》ける 「言い付ける」の尊敬語。「何なりと仰せ付けください」

言い付かる

▽謙譲語

仰《おお》せ付《つ》かる 「ある事を命じられる」を、その命令者を敬っていう語。「役／大任を―」

聞く

▼尊敬語

清聴《せいちょう》 相手が自分の話を聞いてくれることを敬っていう語。「ご―感謝いたします」

▽謙譲語

承《うけたまわ》る 「聞く」の謙譲語。「お考えを―」「責任ある説明を承りたい」★「伺う」より謙譲の気持ちが強い。

拝聴《はいちょう》 「聞くこと」の謙譲語。「ご高説を―する」

知る

▼尊敬語

御存《ごぞん》じ 知っていらっしゃること。「―の方」「―のように」

▽謙譲語

存《ぞん》じ上《あ》げる 「存ずる」よりさらに丁寧な語。「お名前／ご著作｜はかねてより存じ上げております」

もらう

▽謙譲語

頂《いただ》く 「もらう」の謙遜《けんそん》した言い方。「ごちそうを―」 異字 戴く

授《さず》かる 「もらう」の謙遜《けんそん》した言い方。「勲章を―」★自然に得た大切なものにもいう。「子供を―」

頂戴《ちょうだい》 頂くこと。「お土産を―する」

請求する

▽謙譲語

申《もう》し受《う》ける 「受け取る」「請求する」の謙遜《けんそん》した言い方。「手数料を―」

くれる

▼尊敬語

賜《たまわ》る 「下さる」の、さらに敬意の高い言い方。「陛下が勅語を―」

下《くだ》さる 「くれる」の尊敬語。「お土産を―」

贈る

▽謙譲語

笑納《しょうのう》 贈り物をする時、謙遜《けんそん》していう語。「ご―ください」★つまらないものですが笑ってお納めくださいの意。

受け取る

▽謙譲語

申《もう》し受《う》ける 「受け取る」「請求する」の謙遜《けんそん》した言い方。「手数料を―」

拝受《はいじゅ》 「受け取ること」の謙遜《けんそん》した言い方。「お手紙―しました」

拝領《はいりょう》 授かること。「―の刀」

承る

▽謙譲語

拝命《はいめい》 命令を承ること。「大役を謹んで―する」

借りる

▽謙譲語

拝借《はいしゃく》 「借りること」の謙遜《けんそん》した言い方。「傘を―する」「お手を―」

食べる

▼尊敬語

召《め》し上《あ》がる 「食う」「飲む」の尊敬語。お食べになる。「たくさん召し上がれ」

▽謙譲語

頂《いただ》く 「食う」「飲む」の謙譲語・丁寧語。「ごちそうを―」 異字 戴く

頂戴《ちょうだい》する 「食う」「飲む」の謙譲語。「もう十分に頂戴しました」

自分を指すときに使う言葉

わたし

愚《ぐ》 古風 自分をへりくだっていう語。「―案ずるに」

愚輩《ぐはい》 自分をへりくだっていう語。

愚老《ぐろう》 古風〔手紙で〕老人男性が自分をへりくだっていう語。

小職《しょうしょく》 官職や役職についている人が自分をへりくだっていう語。

小生《しょうせい》 〔手紙で〕男性が自分をへりくだっていう語。「―このたび」

小弟《しょうてい》 〔手紙で〕男性が自分をへりくだっていう語。 異字 少弟

手前《てまえ》 古風 自分を指す、へりくだった言い方。「―が番頭でございます」

手前共《てまえども》 「私ども」の、より改まった言い方。

当方《とうほう》 間接的に自分を指す改まった言い方。こちら。「―の手違い」 ⇔先方

不肖《ふしょう》 （愚かな）自分。★改まった場面でへりくだっていう。「―の身でありますが」「―私がお引き受けいたします」

老生《ろうせい》 古風 老人男性が自分をへりくだっていう語。

相手を指すときに使う言葉

あなた

貴方様《あなたさま》 「あなた」の丁寧な言い方。★業務上の文書などで、「お客様」より個人的に話しかける感じを出すために用いる。「―のお越しをお待ち申し上げております」

貴兄《きけい》 兄《けい》。

賢兄《けんけい》 兄《けい》。

貴殿《きでん》 〔手紙などで〕男性が、男の同輩や目上の相手を敬って呼ぶ語。「―のご見解をお聞かせください」★「貴殿」「貴下」は事務文書でもよく使われる。

貴下《きか》 〔手紙で〕同等以下の相手を敬意をもって呼ぶ語。「―ますますご清栄のこと」

貴君《きくん》 〔手紙で〕男性が同等以下の相手を軽い敬意をもって呼ぶ語。「―の成功を祈る」

貴公《きこう》 男性同士が同等以下の相手を呼ぶ語。

足下《そっか》 貴下。「―のお力添えにより」★手紙の脇付《わきづけ》にも用いる。

御身《おんみ》 〔手紙などで〕相手を軽い敬意をもって呼ぶ語。★「―お大切に」のように相手の体を指すこともある。

貴女《きじょ》 〔手紙で〕相手の女性を軽い敬意をもって呼ぶ語。

貴方方《あなたがた》 「あなた」の丁寧な複数表現。「―の力で」

第三者を指すときに使う言葉

男性

男の方《おとこのかた》 「男の人」の丁寧な言い方。「―がお見えです」

殿方《とのがた》 古風 （女性が）男性を上品に呼ぶ言い方。「―用」⇔婦人

殿御《とのご》 古風 男性を女性が敬意をもって呼ぶ語。「好いた／粋《いき》な―」

女性

女の方《おんなのかた》 「女の人」の丁寧な言い方。「上品な―」

先方

向こう様《むこうさま》 先様。「―のご都合」

先様《さきさま》 「相手方」の丁寧な言い方。「―の御意向に添う形で」

みなさん

皆様《みなさま》 「皆さん」のさらに丁寧な言い方。「ご来場の―」

皆々様《みなみなさま》 「皆様」の強調表現。「―、ようこそ」★個人個人に話しかけている感じが加わる。

諸君《しょくん》 「皆さん」の改まった言い方。「学生―」★主に男性が同等以下の人に対して用いる。

諸子《しょし》 「皆さん」の少し改まった言い方。★主に男性が同等以下の相手に対して用いる。「―の感想を述べよ」

諸氏《しょし》 「皆さん」の改まった言い方。「読者―」★大人相手で敬意を込めた表現。

諸賢《しょけん》 「賢明な皆さん」と敬意を込めた呼びかけ。★読者や聴衆に対して使うことが多い。

諸兄《しょけい》 男性同士で使う「皆さん」の改まった言い方。

諸姉《しょし》 女性に対して主に男性が用いる「皆さん」の改まった言い方。

諸公《しょこう》 「皆さん」の改まった言い方。★主に身分の高い人々に向けて用いる。

人様《ひとさま》 「人」の丁寧な言い方。「―に申し開きが立たない／迷惑がかかる」 異字 他人様

各位《かくい》 複数の相手を対象にその一人ひとりに対する敬意を表す語。「関係者／保護者―」★事務文書でよく用いられる。

客

主賓《しゅひん》 主な客。正客《しょうきゃく》。「―のあいさつ」⇔陪賓

来賓《らいひん》 行事や催しに客として招待された人。「―の祝辞」

貴賓《きひん》 身分・地位の高い客。「―席」

賓客《ひんきゃく》 大事な客。「外国からの―」 異読 ひんかく

偉い人

お偉方《えらがた》 [会話] 地位・身分の高い人たち。お偉いさん。

上《うえ》**つ方**《かた》 [古風] 身分の高い人。上流階級の人々。⇔下《しも》つ方

お歴々《れきれき》 立派な地位にある人々。「―が集まる」

友人

畏友《いゆう》 「友達」を敬意を込めていう言い方。尊敬する友人。「我が―山口君」

老人

御老体《ごろうたい》 [古風] 年寄りを敬っていう語。

家族を指すときに使う言葉

両親

▼**相手側**

親御《おやご》 他人の親を敬っていう語。「―さんはお元気でいらっしゃいますか」

父

▼**相手側**

父上《ちちうえ》 [古風] 父を敬っていう語。「―様」⇔母上

お父様《とうさま》 「お父さん」のさらに丁寧な言い方。「―のお帰り」⇔お母様

尊父《そんぷ》 他人の父を敬っていう語。「御―様」

厳父《げんぷ》 ①厳しい父。②他人の父を敬っていう語。

御親父《ごしんぷ》 [古風] 他人の父を敬っていう語。

父御《ちちご》 [古風] 他人の父を敬っていう語。

父君《ふくん》 他人の父を敬っていう語。

母

▼**相手側**

母上《ははうえ》 [古風] 母を敬っていう語。「―様」「―はお変わりなくお過ごしですか」⇔父上

お母様《かあさま》 「お母さん」のさらに丁寧な言い方。⇔お父様

母堂《ぼどう》 他人の母を敬っていう語。「ご―様にどうかよろしくお伝えください」

母御《ははご》 [古風] 他人の母を敬っていう語。

母君《ははぎみ》 [古風] 母を敬っていう語。

賢母《けんぼ》 賢い母。「良妻―」

妻

▽**自分側**

愚妻《ぐさい》 自分の妻をへりくだっていう語。山妻《さんさい》。★「愚」は自分側に付す謙称。

荊妻《けいさい》 自分の妻をへりくだっていう語。

糟糠《そうこう》**の妻**《つま》 [古風] 貧しい時から苦労を共にしてきた妻。「―は堂より下《くだ》さず」★「糟」は酒かす、「糠」はぬかの意で、貧しい食生活を指す。

▼**相手側**

令夫人《れいふじん》 他人の妻を敬っていう語。

賢夫人《けんぷじん》 よくできた賢い妻。賢婦人。

令閨《れいけい》 高貴な人の妻を高く敬っていう語。

奥方《おくがた》 古風 社会的地位の高い人の妻。「―様」
奥様《おくさま》 他人の妻を敬っていう語。「―によろしく」

兄

▽自分側

愚兄《ぐけい》 自分の兄をへりくだっていう語。

▼相手側

兄上《あにうえ》 古風 兄を敬っていう語。「―のお考え」
賢兄《けんけい》 相手の兄を敬っていう語。
お兄《にい》**さん** 兄を親しみを込めて丁寧にいう語。

姉

▽自分側

愚姉《ぐし》 自分の姉をへりくだっていう語。

▼相手側

姉上《あねうえ》 古風 姉を敬っていう語。「―のお相手」
令姉《れいし》 他人の姉を敬っていう語。
賢姉《けんし》 相手の姉を敬っていう語。
お姉《ねえ》**さん** 姉を親しみを込めて丁寧にいう語。

妹

▽自分側

愚妹《ぐまい》 自分の妹をへりくだっていう語。

▼相手側

令妹《れいまい》 他人の妹を敬っていう語。
賢妹《けんまい》 相手の妹を敬っていう語。
妹《いもうと》**御**《ご》 古風 相手の妹を敬っていう語。
妹《いもうと》**さん** 他人の妹を敬っていう語。「お―」

弟

▽自分側

愚弟《ぐてい》 自分の弟をへりくだっていう語。

▼相手側

令弟《れいてい》 他人の弟を敬っていう語。
賢弟《けんてい》 相手の弟を敬っていう語。
弟《おとうと》**御**《ご》 古風 相手の弟を敬っていう語。
弟《おとうと》**さん** 他人の弟を敬っていう語。

息子

▽自分側

愚息《ぐそく》 自分の息子をへりくだっていう語。「―がたいそうお世話になりました」
豚児《とんじ》 自分の息子をへりくだっていう語。

▼相手側

お子《こ》**さん** 他人の子を敬っていう語。「先生の―」
令息《れいそく》 他人の息子を敬っていう語。⇔令嬢
御曹司《おんぞうし》 名門や富豪の家の息子。「創業者の―」 異字 御曹子

娘

▼相手側

令嬢《れいじょう》 ①家柄のよい家で大事にされている娘。②他人の娘を敬っていう語。⇔令息
愛嬢《あいじょう》 かわいい娘。特に、他人の娘

をいう。⇔愛息

お嬢様《じょうさま》 「お嬢さん」をより丁寧にいう語。

お嬢《じょう》**さん** 他人の娘を敬っていう語。

娘《むすめ》**さん** 他人の娘を敬っていう語。「お宅の―」

孫

▼相手側

令孫《れいそん》 他人の孫を敬っていう語。

物を指すときに使う言葉

家

▽自分側

小宅《しょうたく》 「自分の家」の謙称。「―にお越しいただく」

拙宅《せったく》 「自分の家」の謙称。「―まで連絡されたし」「―へおいでください」

寓居《ぐうきょ》 ①仮の住まい。②「自分の住居」の謙称。

▼相手側

お宅《たく》 「他人の住居」の敬称。「―はどちらですか」

意見

▽自分側

小見《しょうけん》 管見。「―を述べますと」★小さな考えの意。

愚見《ぐけん》 管見。「―を開陳する」★愚かな考えの意。

私見《しけん》 ①個人としての意見。②「自分の意見」をへりくだっていう語。「―を述べる」

私論《しろん》 ①個人的な議論。②「自分の論」をへりくだっていう語。

管見《かんけん》 「自分の意見」をへりくだっていう語。「―によれば」「―を述べる」★管《くだ》を通して見たような狭い見識の意。

浅見《せんけん》 ①浅はかな考え。②管見。「―によれば」

会社

▽自分側

小社《しょうしゃ》 自分の属する会社をへりくだっていう言い方。「―発行」

弊社《へいしゃ》 小社。「―の製品」

▼相手側

御社《おんしゃ》 「相手の会社」を敬っていう語。

貴社《きしゃ》 御社。

食べ物

▽自分側

粗食《そしょく》 粗末な物を食べること。「―に甘んじる」「粗衣―」⇔美食

粗餐《そさん》 ①粗末な食事。②「他人に差し出す食事」の謙称。「心ばかりの―を差し上げたく」

粗飯《そはん》 粗餐《そさん》。

口汚《くちよご》**し** 客に料理を勧める時にへりくだって言う語。「ほんのお―ですが」★口を汚すだけの料理の意。

手紙・はがき

▼相手側

貴書《きしょ》 「相手の手紙」の敬称。お手紙。「―ありがたく頂戴《ちょうだい》いたしました」

芳書《ほうしょ》 貴書。「ご丁重なるご―を賜り」

芳信《ほうしん》 貴書。「ご―拝見」

玉章《ぎょくしょう》 貴書。「―賜りまことにありがたく」

玉梓《たまずさ》 古風 玉章。★昔、使者が持参した手紙を梓《あずさ》の木に結んだことから。異字 玉章

玉葉《ぎょくよう》 「相手の葉書」の敬称。お葉書。

店

▽自分側

当店《とうてん》 自分のこの店。

弊店《へいてん》 自分の店をへりくだっていう言い方。

人の名に付けて敬意を表す言葉

様

殿《どの》 姓名・役職名などの下に付け、敬意を表す語。「人事課長―」★ふつう目下に対して、また公用・事務用で使う。

先生《せんせい》 「先生」と呼ばれる人の姓名の下に付け、敬意を表す語。「中村―」

御中《おんちゅう》 会社・団体など個人以外の宛先《あてさき》の下に付け、敬意を表す語。「山川商事総務課―」

気付《きづけ》 宛名《あてな》の人物の寄宿先などに付け、そこに郵便物を送ることを示す語。「山本様―」

方《かた》 宛名《あてな》の人物の寄宿先などに付け、そこに郵便物を送ることを示す語。「山本様―」

君《くん》 同輩または目下の人物の姓名の下に付け、軽い敬意を表す語。多く男性に対して用いる。

氏《し》 姓（名）の下に付け、敬意を表す語。「山田―」

さん 人名や人を表す言葉、団体名などの下に付け、軽い敬意や親しみを表す語。「田中／魚屋／三省堂―」

女史《じょし》 古風 教養をもち社会的地位のある女性の姓名の下に付け、敬意を表す語。「与謝野晶子《よさのあきこ》―」

「拝」が頭に付く語

「拝見」「拝受」など、敬語には「拝」を使ったものが多くあります。たとえば「拝察」は、自分が推察したことをへりくだっていう敬語です。相手を労《いたわ》る手紙の文面に、「ご心労のことと拝察いたします」などと使えば、より丁寧な印象が強まるでしょう。

また、「拝辞《はいじ》」という言葉があります。これは目上の人からの命令を断るときなどにへりくだっていうものです。「せっかくのご推薦ですが、拝辞いたします」などと使います。

三【場面別】類語・類句集

手紙に関係のある言葉

あいさつに使う

前略

冠省《かんしょう》 前略。★多く、事務的な手紙に用いる。

拝啓

一筆啓上《いっぴつけいじょう》 頭語の一つ。男性が用いる。「━火の用心」★筆を執って申し上げます、の意。

急啓《きゅうけい》 頭語の一つ。急ぎの場合に「拝啓」の代わりに用いる。★急いで申し上げます、の意。

急白《きゅうはく》 急啓。

謹啓《きんけい》 頭語の一つ。「拝啓」より丁寧で改まった場合に用いる。★謹んで申し上げます、の意。

再啓《さいけい》 同じ用件で再度書く場合の頭語。★重ねて申し上げます、の意。

粛啓《しゅくけい》 謹啓。

拝呈《はいてい》 拝啓。

拝復《はいふく》 返信の手紙で、「拝啓」の代わりに用いる頭語。★謹んでお返事申し上げます、の意。

復啓《ふくけい》 拝復。[異読] ふっけい

敬具

謹言《きんげん》 結語の一つ。「敬具」より丁寧で改まった場合に用いる。「恐惶《きょうこう》━」★以上謹んで申し上げます、の意。

謹白《きんぱく》 謹言。

敬白《けいはく》 結語の一つ。「敬具」よりやや丁寧な場合に用いる。「店主━」★以上謹んで申し上げます、の意。

再拝《さいはい》 敬白。

三拝九拝《さんぱいきゅうはい》 結語の一つ。「再拝」の強調。

頓首《とんしゅ》 敬白。「━再拝」「草々━」★頭を地につくように下げる意。

拝具《はいぐ》 敬具。

草々

かしこ 結語の一つ。女性が用いる。「あらあら／めでたく━」★謹み敬う意。

不一《ふいつ》 「急啓」「前略」「冠省」などで始めた手紙の結語。比較的広く使われる。★十分に意を尽くしておりません、の意。[異字] 不乙

不二《ふじ》 不一。

不悉《ふしつ》 不一。

不尽《ふじん》 不一。

不備《ふび》 不一。★文意が整っていない、

の意。

繁栄

清栄《せいえい》 手紙で、相手の栄えることを喜ぶあいさつの語。「ご―の段大慶に存じます」

盛栄《せいえい》 手紙で、相手の繁栄を喜ぶあいさつの語。「御社のますますのご―をお祈りします」

清祥《せいしょう》 手紙で、相手が幸せに暮らしていることを喜ぶあいさつの語。「ご―のこととお喜び申し上げます」

清勝《せいしょう》 手紙で、相手が健康に暮らしていることを喜ぶあいさつの語。「ご―の段、何よりと存じます」

謹賀新年

賀春《がしゅん》 賀正。

賀正《がしょう》 新年を祝う語。

恭賀新年《きょうがしんねん》 謹賀新年。

迎春《げいしゅん》 新年を迎えること。年賀状でのあいさつの語として用いる。

頌春《しょうしゅん》 [新年] 新年をたたえる語。多く年賀状に用いる。

文章の中で使う

前述・後述

右記《うき》 縦書きの文章で、右に書いてあること。⇔左記

下記《かき》 文章中、下または後に書いてある―こと／文句。「注意事項は―のとおり」⇔上記

既述《きじゅつ》 その文章の前のところで既に述べてあること。

後記《こうき》 同じ文章の後の部分に書いてあること。⇔前記

後述《こうじゅつ》 後で述べること。「詳しく―するように」⇔前述

左記《さき》 縦書きの文章で、左に書いてあること。「―の―とおり／要領で」⇔右記

上記《じょうき》 その文章の上または前に記してある―こと／文句。「上記の―とおり／要領」⇔下記

上述《じょうじゅつ》 その文章の上または前に述べたこと。如上。

前記《ぜんき》 その文章の前に書いてあること。「―のとおり」⇔後記

前掲《ぜんけい》 その文章の前に掲げたもの。「―の文献」

先述《せんじゅつ》 前述。

前出《ぜんしゅつ》 文章中、既に前の箇所に登場していること。

前述《ぜんじゅつ》 その文章の前に述べたこと。「―のとおり」⇔後述

省く

割愛《かつあい》 惜しいと思いながらも省略すること。「紙面の都合で―する」

後略《こうりゃく》 引用文などで、後に続く部分を省略すること。⇔前略

省筆《しょうひつ》 文中の語句を省略し、簡潔に記すこと。[異読]せいひつ

上略《じょうりゃく》 前略。

前略《ぜんりゃく》 前文を記すべき手紙で、その部分を略すことを示した頭語。最

も一般的。★前文省略の意。

中略《ちゅうりゃく》 引用文などで、中間の部分を省略すること。

約《やく》**する** 要約する。「約して言うと」 [異形]約す

情報手段を表すときに使う

手紙

後便《こうびん》 後の便り。次回の便。「―に回す」「委細―」

幸便《こうびん》 手紙を人に持って行ってもらう時、脇付《わきづけ》や書き出しに用いる語。

私信《ししん》 個人的な通信。私用の手紙。私報。「―を送る／添える／公開する」

消息《しょうそく》 様子を知らせる手紙や言葉。「―が途絶える」「―を絶つ」

書簡《しょかん》 手紙。「―文」「往復／航空―」 [異字]書翰

書状《しょじょう》 （封筒に入った）手紙。「一通の―」「―をしたためる」

書信《しょしん》 便り。消息。

信書《しんしょ》 個人にあてた書面。手紙。「―の秘密」

先便《せんびん》 前便。「―にて既に知らせてある」

前便《ぜんびん》 前回の便り。前に出した手紙。「―に記したとおり」

初便り《はつだより》 新年になって初めて来た便り。 [新年]

平信《へいしん》 変わったことのない手紙。無事の便り。時候見舞い・近況報告など。★脇付《わきづけ》としても用いる。

別便《べつびん》 ①その時とは別の便り。②別に出す郵便。「―で粗品をお送りします」

返信《へんしん》 返事の通信・手紙。「―用封筒」⇔往信

贈り物に関係のある言葉

贈り物を表す

儀礼的な贈り物

香典返し《こうでんがえし》 香典を受けた返礼に物を贈ること。また、その贈り物。

志《こころざし》 ①感謝の気持ちや好意を表した贈り物。②布施や香典返しなどの表書きの語。

心付け《こころづけ》 料金のほかに、ねぎらいの気持ちで与える金。「仲居さんに―を渡す」

祝儀《しゅうぎ》 祝意を表すために贈る金品。特に、心付け。「仲居さんに―をはずむ」「―袋」「御―」

寸志《すんし》 感謝の気持ちを表した心ばかりの贈り物。★謙遜《けんそん》して贈り物の表書きに使う。

薄志《はくし》 少しの謝礼。

薄謝《はくしゃ》 わずかなお礼。★謝礼の金を入れた袋の表に謙遜《けんそん》して書く。

お供え

供花《きょうか》 神前や霊前に供える花。★仏教では「くげ」。 [異字]供華

献花《けんか》 霊前にささげる花。

香典《こうでん》 香の代わりとして、死者の霊前に供える金銭。「―を包む」「―

返し」 異字 香奠

香料《こうりょう》 香典。「御―」

手向《たむ》**け** 供物。「―の花」

お礼を表す

お礼

謝恩《しゃおん》 受けた恩に感謝すること。「―会／セール」

謝《しゃ》**する** 礼を言う。「ご厚意を―」 異形 謝す

謝礼《しゃれい》 世話になったお礼の気持ちを表すこと。「―の手紙」

返礼《へんれい》 他人から受けた好意や贈り物に対してお礼をすること。また、その贈り物。「―の品」

人やものを呼ぶ言葉

会社・店（自分側）

当社

小社《しょうしゃ》 自分の属する会社をへりくだっていう言い方。「―発行」

弊社《へいしゃ》 小社。「―の製品」

本社《ほんしゃ》 当社。「―の事業」

当店

当店《とうてん》 自分のこの店。

弊店《へいてん》 自分の店をへりくだっていう言い方。

敬称

様

御中《おんちゅう》 会社・団体など個人以外の宛先《あてさき》の下に付け、敬意を表す語。「山川商事総務課―」

方《かた》 宛名《あてな》の人物の寄宿先などに付け、そこに郵便物を送ることを示す語。「山本様―」

閣下《かっか》 高位高官の人に対する敬称。「将軍―」

気付《きづけ》 宛名《あてな》の人物が立ち寄る所の後に付け、そこに郵便物を送ることを示す語。「三省堂―」

君《くん》 同輩または目下の人物の姓名の下に付け、軽い敬意を表す語。多く男性に対して用いる。

さん 人名や人を表す言葉、団体名などの下に付け、軽い敬意や親しみを表す語。「田中／魚屋／三省堂―」

氏《し》 姓（名）の下に付け、敬意を表す語。「山田―」

女史《じょし》 古風 教養をもち社会的地位のある女性の姓名の下に付け、敬意を表す語。「与謝野晶子《よさのあきこ》―」

先生《せんせい》 「先生」と呼ばれる人の姓名の下に付け、敬意を表す語。「中村―」

殿《どの》 姓名・役職名などの下に付け、敬意を表す語。「人事課長―」★ふつう目下に対して、また公用・事務用で使う。

他人を表す

客

貴賓《きひん》 身分・地位の高い客。「―席」

ゲスト ①招待客。「パーティーの―」⇔ホスト ②特別出演者。「―出演」⇔レギュラー ★guest

主賓《しゅひん》 主な客。正客《しょうきゃく》。「―のあいさつ」⇔陪賓

賓客《ひんきゃく》 大事な客。「外国からの―」 異読 ひんかく

来客《らいきゃく》 訪ねて来た客。「不意の―」 異読 らいかく

来賓《らいひん》 行事や催しに客として招待された人。「―の祝辞」

立場から表す

権威

大御所《おおごしょ》 大きな勢力をもつその道の大家《たいか》。「財界／文壇の―」

オーソリティー 権威。第一人者。「学界／植物学の―」★authority

第一人者《だいいちにんしゃ》 その方面で最も優れた実績をもつ人物。「社会学の―」

大家《たいか》 その道の権威。巨匠。「日本画の―」「―を自認する」

泰斗《たいと》 その道での権威。「文壇の―」★「泰山北斗（＝泰山と北斗星）」の略。

白眉《はくび》 同類の中で最も優れた人。「同時代の―」★五人兄弟の中の秀才の眉《まゆ》に白毛があったという中国の故事から。

老大家《ろうたいか》 経験を積み老年を迎えた大家。

才能・性格から表す

秀才

偉材《いざい》 逸材。「―を失う」

逸材《いつざい》 人並み外れて優れた才能をもつ人。「十年に一人の―」

英才《えいさい》 秀才。「―教育」 異字 穎才

鬼才《きさい》 人間離れした、優れた才能や感性をもつ人。★主に芸術・芸能の分野で用いる。「ハリウッドの―」

麒麟児《きりんじ》 傑出した才能をもつ将来有望な子供。

切れ者《きれもの》 頭が鋭く、物事を的確に処理できる者。

閨秀《けいしゅう》 学芸に優れた女性。「―作家／画家／詩人」

才媛《さいえん》 教養や才能のある女性。「五か国語を自由に操る―」

才子《さいし》 （男性の）才人。「―多病」⇔才女

才女《さいじょ》 才知の優れた女性。⇔才子

才人《さいじん》 才知の優れた人。「―の誉れ高い」

秀才《しゅうさい》 （学術面で）優れた才能をもつ人物。「学年きっての―」

俊才《しゅんさい》 秀才。俊英。異字 駿才

神童《しんどう》 神のように優れた才能に恵まれた子供。

超人《ちょうじん》 普通の人が及びもつかない抜群の能力をもつ人。「―的な技」

口下手

口不調法《くちぶちょうほう》 古風 口下手。「生まれつきの―で」

年齢に関係のある言葉

年齢層を表す

年齢

華甲《かこう》 還暦。★「華」（華）の字を分解すると「十」が六つと「一」になることから、数え年で六一。「甲」は十干の第一。

還暦《かんれき》 六十歳の別称。「―を祝う」★干支《えと》が六〇年で一巡することから。

喜寿《きじゅ》 七十七歳の別称。★「喜」の草書体「㐂」を分解すると、「七十七」になることから。

古稀《こき》 七十歳の別称。★杜甫《とほ》の詩の一節「人生七十古来稀《まれ》なり」から。［異字］古希

傘寿《さんじゅ》 八十歳の別称。★「傘」の略字「仐」を分解すると「八十」になることから。

志学《しがく》 十五歳の別称。★「吾《われ》十有五にして学に志す」（論語）から。

耳順《じじゅん》 六十歳の別称。★「六十にして耳順《したが》う」（論語）から。

弱冠《じゃっかん》 男子二十歳の別称。★単に「若い」という意味でも用いられる。

従心《じゅうしん》 七十歳の別称。★「七十にして心の欲するところに従えども矩《のり》をこえず」（論語）から。

少時《しょうじ》 幼いころ。少年期。

少壮《しょうそう》 若く元気にあふれている年ごろ。

初老《しょろう》 ①老年期に差しかかる年ごろ。「―の紳士」②四十歳の別称。

而立《じりつ》 三十歳の別称。★「三十にして立つ」（論語）から。

成年《せいねん》 一人前に成長したと認められる年齢（以降の時期）。「―に達する」★民法は二十歳。

盛年《せいねん》 若く元気の盛んな年ごろ。

壮年《そうねん》 働き盛りの年ごろ。ふつう、三十代から五十代ぐらい。★その男子を「壮丁」といった。

卒寿《そつじゅ》 九十歳の別称。★「卒」の俗字「卆」を分解すると、「九十」になることから。

知命《ちめい》 五十歳の別称。★「五十にして天命を知る」（論語）から。

丁年《ていねん》 成年。「―に達する」

白寿《はくじゅ》 九十九歳の別称。★「百」から「一」を取ると、「白」になることから。

不惑《ふわく》 四十歳の別称。★「四十にして惑わず」（論語）から。

米寿《べいじゅ》 八十八歳の別称。★「米」を分解すると、「八十八」になることから。

芳紀《ほうき》 ［古風］年ごろの女性の年齢。「―まさに十九歳」

本卦還り《ほんけがえり》 還暦。★「本卦」は生年の干支《えと》。［略形］本卦

妙齢《みょうれい》 （女性の）若い年齢。「―の婦人」

物心《ものごころ》**がつく** 世の中の物事や人の気持ちが分かるようになる。「物心がつかないうちから」「物心がついて以来」

揺籃期《ようらんき》 （揺りかごに寝ている）幼児のころ。

齢《よわい》 [古風] 年齢。年のころ。「―を重ねる」「―七十五を数える」

老境《ろうきょう》 老年期に入り、心の静まる境遇。「―に達する／入《い》る」

伝統行事に関係のある言葉

慶を表現する

祝い

内祝《うちいわ》**い** ①内輪の者ばかりでする祝い。②自家の祝い事の記念に贈り物をすること。また、その贈り物。

おめでた めでたいこと。結婚・妊娠・出産など。「―続き」「―が近い」 [異字] お目出度・お芽出度

快気《かいき》**祝**《いわ》**い** 病気全快の祝い。病気が全快した時、見舞ってくれた人に贈り物などして、お礼の気持ちを表すこと。また、その贈り物。

吉事《きちじ》 縁起のよいこと。慶事。[異読] きつじ

慶事《けいじ》 よろこび事。「―が重なる」⇔弔事

祝儀《しゅうぎ》 ①祝いの儀式。特に、結婚式。⇔不《ぶ》祝儀 ②祝意を表すために贈る祝いの金や品物。「―袋」

前祝《まえいわ》**い** 喜ぶべきことが起こるのを見越して、前もって祝うこと。

慶《よろこ》**び事**《ごと》 おめでた。祝い事。「勝利の―」 [異字] 喜び事

結婚

嫁《か》**する** ①嫁ぐ。②嫁にやる。「娘を東京に―」

輿入《こしい》**れ** [古風] 嫁入り。「―の日取り」

成婚《せいこん》 結婚が成立すること。「ご―を祝す」

添《そ》**い遂**《と》**げる** ①結婚した後、死ぬまで夫婦として暮らす。「終生―」②困難を乗り越え、夫婦になる。

連《つ》**れ添**《そ》**う** 夫婦になる。夫婦として暮らす。「長年連れ添った夫婦」

嫁《とつ》**ぐ** 嫁入りする。「旧家／大阪《おおさか》に―」「嫁ぎ先」

身《み》**を固**《かた》**める** 結婚して世帯をもつ。

弔を表現する

不祝儀

忌《い》**み明**《あ》**け** 喪の期間が終わること。忌み明き。

忌明《きあ》**け** 忌み明け。

弔事《ちょうじ》 死や弔いなどのお悔やみ事。⇔慶事

服喪《ふくも》 喪に服すこと。「―中」

喪《も》**に服**《ふく》**す** 死者を追悼し、晴れの行事を避け、身を慎む。「祖母の―」 [異形] 喪に服する ⇔喪が明ける

仏事

告別式《こくべつしき》 死者に対して親戚《しんせき》・知人が弔って別れを告げる儀式。

散華《さんげ》 法《ほう》会《え》の際、読経しながら列を作って歩き、蓮《はす》の花の形の紙をまき散らすこと。

焼香《しょうこう》 香をたいて仏に手向けること。「お―をする」

葬儀《そうぎ》 死者を葬る際の儀式。「―に参列する」

葬式《そうしき》 葬儀。「―を出す」

葬送《そうそう》 なきがらを葬るため墓まで見送ること。送葬。「―の列」

葬礼《そうれい》 葬儀。「―を執り行う」

荼毘《だび》**に付**《ふ》**す** なきがらを火葬にする。

鎮魂《ちんこん》 魂を鎮めること。たましずめ。「―歌／曲／祭」

通夜《つや》 死者を葬る前夜、家族・縁者などが、遺体のかたわらで終夜過ごすこと。

弔《とむら》**い** ①弔うこと。②葬式。送葬。「―の鐘」「―を出す」「―に行く」

納骨《のうこつ》 骨を墓所または棺《ひつぎ》・壺《つぼ》などに入れ納めること。「―を済ませる」「―堂」

野辺送《のべおく》**り** 古風 なきがらを火葬場や埋葬地まで見送ること。異形 野辺の送り

菩提《ぼだい》**を弔**《とむら》**う** 死者の冥福《めいふく》を祈る。「亡き祖父の―」

自然について表現する言葉

気温

寒い

凍《い》**て付**《つ》**く** 凍りつく。「―空気／大地」

悴《かじか》**む** 手足の先が凍えて思うように動かなくなる。冬「かじかんだ指先」「手足が―」

凍《こご》**える** 寒気のために体が冷えて感覚を失う。「手／足の指が―」「凍え死に」

歯《は》**の根**《ね》**が合**《あ》**わない** 寒さや恐怖のため歯ががたがた震える。「寒くて―」

寒気《かんき》 寒さ（をもたらす空気）。「―が襲う／緩む」「―団」⇔暑気

寒《かん》**の戻**《もど》**り** 春、少し暖かくなったころ、急に寒さがぶり返すこと。

寒波《かんぱ》 強い寒気団が押し寄せること。「―が襲う」「―に見舞われる」⇔熱波

寒冷《かんれい》 寒さが厳しく冷たいこと。「―の地」「―期」⇔温暖

厳寒《げんかん》 厳しい寒さ。冬「―の候」⇔厳暑・酷暑

酷寒《こっかん》 ひどい寒さ。冬「―に耐える」⇔酷暑

極寒《ごっかん》 非常に厳しい寒さ。冬「―の候／地」

冴《さ》**え返**《かえ》**る** 春になって寒さがぶり返す。春

春寒《しゅんかん》 はるさむ（春寒）。「―の候」

底冷《そこび》**え** 体のしんまで冷える寒さ。冬「―のする朝」

梅雨冷《つゆび》**え** 梅雨寒《つゆざむ》。夏

花冷《はなび》**え** 桜の花の咲くころ一時的に戻ってくる寒さ。春「―の夕暮れ」

春寒《はるさむ》 立春以後、ぶり返す寒さ。春「―の候」

余寒《よかん》 立春の後も残る寒さ。春「―の厳しい折」

夜寒《よさむ》 （晩秋の）夜の肌寒さ。秋 異形 よざむ

涼しい

秋気《しゅうき》 秋らしい気配。[秋]「―がみなぎる」

秋涼《しゅうりょう》 秋の涼しさ。[秋]「―の候」★多く手紙で用いる。

秋冷《しゅうれい》 秋の冷ややかな気候。[秋]「―の候」★多く手紙で用いる。

新涼《しんりょう》 初秋の涼しさ。[秋]「―の候」★多く手紙で用いる。

涼《りょう》 涼しさ。「―をとる／入れる」[異字]涼

涼気《りょうき》 涼しい空気。「―を取り込む」

温かい・暖かい

温暖《おんだん》 気候が暖かく快適であるさま。「―な地方」⇕寒冷

温和《おんわ》 暖かで穏やかなさま。「―な気候／土地」

春暖《しゅんだん》 春の暖かさ。「―の候」★多く手紙で用いる。

暖気《だんき》 ①暖かい気候。②暖かい空気。「―が流れる」

暑い

炎暑《えんしょ》 真夏の燃えるような暑さ。「―の候」★多く手紙で用いる。

酷暑《こくしょ》 ひどい暑さ。[夏]「―の候」⇕酷寒・厳寒

残暑《ざんしょ》 立秋を過ぎても残っている暑さ。[秋]「―が厳しい」

暑気《しょき》 夏の暑さ。暑熱。[夏]「―払い」⇕寒気

熱波《ねっぱ》 高温の気団が押し寄せ、気温がぐんと上昇する現象。「―襲来」⇕寒波

蒸《む》**す** [会話] 蒸し暑い。「今夜はばかに―ね」

猛暑《もうしょ》 激しい暑さ。「―に見舞われる」

焼《や》**け付**《つ》**く** 焼けて焦げつく。「―ような日差し」

茹《う》**だる** ゆであがるほど暑いさま。「―ような暑さ」

空気

夜気《やき》 夜のひんやりとした空気。「―に当たる」

冷気《れいき》 冷えびえとした空気。「高原の―」

天候

天気

秋日和《あきびより》 秋らしいよく晴れた天気。秋晴れ。[秋]

菊日和《きくびより》 秋、菊の花の咲くころのよい天気。[秋]

小春日和《こはるびより》 晩秋から初冬にかけての、春のように暖かく穏やかな天気。[冬]★「小春」は、陰暦十月の意。

空模様《そらもよう》 晴雨に関する雲の様子。天気の具合。「―が怪しい」★多く、空の様子が悪化しそうな場合に用いる。

日和《ひより》 ①(よい)天気。その日の空模様。「絶好の―」「―をうかがう」②何かをするの

に適した天気。「洗濯／行楽——《びより》」

空

寒天《かんてん》　寒々とした冬の空。冬「——の星」

寒空《さむぞら》　寒そうな冬の空。冬「薄着で——に震える」

梅雨空《つゆぞら》　梅雨時の曇り空。夏「——を見上げる」

初空《はつぞら》　元日の朝の空。新年「——を鶴《つる》が舞う」

晴れ

油照《あぶらで》**り**　夏、風がなくて薄日が差し、じりじり蒸し暑いこと。夏「——の暑い一日」

炎天《えんてん》　真夏の燃えるように暑い天気。夏「——の下《もと》」「——に灼《や》かれる」「——下」

快晴《かいせい》　雲がほとんどなく気持ちよく晴れわたっていること。★気象用語では雲量が0〜1をいう。記号◯。

雲一《くもひと》**つ無**《な》**い**　よく晴れ上がって雲がまったくない。「——いい天気／——上天気」

好天《こうてん》　よい天気。晴れ。「——に恵まれる」⇔悪天

五月晴《さつきば》**れ**　五月のさわやかに晴れわたった天気。夏「——の空」★梅雨が旧暦の五月に当たるため、本来は「梅雨の合間の晴れ」の意で使われた。

天気晴朗《てんきせいろう》　空がよく晴れてのどかなさま。

日本晴《にほんば》**れ**　雲一つないよく晴れたい天気。異読 にっぽんばれ

雨

雨催《あまもよ》**い**　雨が降ってきそうな空の様子。「——の空」異形 あめもよい

卯《う》**の花腐**《はなくた》**し**　陰暦の四月ごろ、卯の花を腐らすほどに続く長雨。夏

お湿《しめ》**り**　雨を待ち望んでいる時の適度な雨。「いい——だ」

小糠雨《こぬかあめ》　米の糠のように粒が細かく、音もなく降る雨。

五月雨《さみだれ》　陰暦の五月ごろ降り続く雨。梅雨。夏

時雨《しぐれ》　晩秋から初冬にかけて降る雨で、降ったりやんだりする通り雨。冬「——空」「北山《きたやま》——」

篠突《しのつ》**く雨**《あめ》　篠（＝小さい竹）を束ねて突き下ろすような激しい雨。

車軸《しゃじく》**を流**《なが》**す**　大粒の雨が大量に激しく降ることの形容。「——ような雨」

驟雨《しゅうう》　にわか雨。夕立。「——に遭う／襲われる」

秋霖《しゅうりん》　秋雨。秋「——の候」

そぼ降《ふ》**る**　しめやかに降る。しとしとと降る。「——雨」

天《てん》**の底**《そこ》**が抜**《ぬ》**けたよう**　雨が極めて大量に降ることの形容。「——な豪雨」

通《とお》**り雨**《あめ》　ひとしきり降って、すぐにやんでしまう雨。「——に遭う」

菜種梅雨《なたねづゆ》　菜の花の咲く三月下旬から四月にかけてしとしとと降り続く

雨。春

白雨《はくう》　夕立。夏「沛然《はいぜん》と―至る〔＝夕立が激しく降る〕」

走り梅雨《はしづゆ》　梅雨の前に、その先駆けのように雨の降り続く天気。

初時雨《はつしぐれ》　その年の冬、初めて降る時雨。冬

氷雨《ひさめ》　霙《みぞれ》混じりの冷たい雨。「―が降る」

村雨《むらさめ》　急に降り出してやむ雨。勢いよく降ったり弱まったりする雨。「秋の―」異字 群雨・叢雨

戻《もど》り梅雨《づゆ》　梅雨明けの後、また梅雨のような天気に戻ること。

横殴り《よこなぐり》　風雨などが横から強く吹きつけること。「―の雨」

風

風薫《かぜかお》る　初夏、風が若葉を吹き渡る。夏「―五月」★多く手紙で用いる。

寒風《かんぷう》　冬に吹く寒い風。冬「身を切るような―」「―（が）吹きすさぶ」

薫風《くんぷう》　初夏、若葉の香を漂わせて吹く風。夏「―の五月」

木《こ》枯《が》らし　晩秋から初冬にかけて吹く、冷たく強い風。冬「―一号」異字 凩

東風《こち》　古風 春、東から吹いてくる風。こちかぜ。春

疾風《しっぷう》　急に激しく吹く風。「―迅雷／怒濤《どとう》」

涼風《すずかぜ》　秋を感じさせる涼しい風。夏「―が立つ」

そよ吹《ふ》く　風がそよそよと吹く。「春風が―ころ」「―風に誘われる」

軟風《なんぷう》　そよそよと吹く風。「海／陸―」

野分《のわ》き　秋に吹く強い風。台風。秋「―の風」「―立つ」★野の草を分けて吹く風の意。異形 野分け

南風《はえ》　みなみかぜ（南風）。夏★主に中国・四国・九州地方でいう。

花嵐《はなあらし》　桜の花が満開のころ、花びらを散らせてしまう春の強い風。

緑風《りょくふう》　青葉を吹き渡るさわやかな初夏の風。「―薫る初夏の候」

雪

霰《あられ》　雪の結晶に次々と水滴が凍りついて直径二～五ミリメートルの粒状になったもの。雪と雹《ひょう》の中間状態。冬

淡雪《あわゆき》　春先にうっすら積もった雪。春「―のごとし」

風花《かざはな》　①降雪地から風に乗って飛来する小雪。②初冬、風が立ち雪や雨がちらちら降ること。冬「―が舞う」異読 かざばな

粉雪《こなゆき》　粉のように細かく乾いた雪。冬「―が降る／舞う」

細雪《ささめゆき》　細かに降る雪。冬「―が降り敷く」

春雪《しゅんせつ》　春の雪。春

新雪《しんせつ》　降って間もない新しい雪。「―を踏む」

根雪《ねゆき》　雪解けの時期まで解けずに残っている雪。冬「―になる」

「―が解ける」

氷雨《ひさめ》 古風 雹《ひょう》や霰《あられ》。 夏

雹《ひょう》 積乱雲から降ってくる氷の粒で、直径五ミリメートル以上のもの。霰《あられ》が成長したもの。 夏

降《ふ》**り敷**《し》**く** （雪が）降って一面を覆う。

牡丹雪《ぼたんゆき》 牡丹の花びらのようにふんわりした雪片となって降る雪。ぼた雪 冬 ★「綿雪」より大きい。 異形

霙《みぞれ》 雪が解けかけて雨混じりに降るもの。 冬

雪催《ゆきもよ》**い** 今にも雪が降り出しそうな様子。「―の空」

霜

降霜《こうそう》 霜が降りること。また、その霜。「―の被害」

露霜《つゆじも》 秋の終わりごろ、露が凍って霜のようになったもの。 秋 「一面に―が降りる」

初霜《はつしも》 その冬最初に降りた霜。 冬

早霜《はやじも》 秋の初めごろに降りる、平年よりも早い霜。

晩霜《ばんそう》 遅霜。

別《わか》**れ霜**《じも》 春の終わりの、最後に降りる霜。忘れ霜。 春 「八十八夜の―」

季節

四季

候《こう》 時候。季節。「春暖の―」

時季《じき》 ある事柄について、最も適した盛りの季節。「花の―」「―外れ」

時候《じこう》 それぞれの季節における気候。「―のあいさつ」

四時《しじ》 四季。 異読 しいじ

時節《じせつ》 自然の変化で感じられる季節。「花の―」

節季《せっき》 季節の終わり。特に、年末。 冬 「―大売り出し」★「季」は末の意。

春

春日《しゅんじつ》 はるひ（春日）。 春 「―遅々（＝日が長くのどかだ）」

春色《しゅんしょく》 春景色。また、春の気配・様子。 春 「―に染まる山々」

春眠《しゅんみん》 春の夜の心地よい眠り。 春

初春《しょしゅん》 早春。 春 「―の野に出る」

浅春《せんしゅん》 早春。「―の山を望む」

早春《そうしゅん》 春の初めごろ。 春 「―の息吹／候」⇔晩春

遅日《ちじつ》 日暮れの遅い春の日。 春

仲春《ちゅうしゅん》 春の半ばごろ。陰暦では二月。 春

晩春《ばんしゅん》 春の終わりごろ。 春 「―の静かな午後」⇔早春

日永《ひなが》 春になって、昼間の長いこと。永日《ながび》。 春 「春の―」 異字 日長 ⇔夜長

暮春《ぼしゅん》 晩春。陰暦では三月。 春

陽春《ようしゅん》 陽気の満ちた春。陰暦では正月。★主に手紙で用いる。「―の候」

夏

向暑《こうしょ》 暑い季節に向かうこと。「—の候」★手紙で時候のあいさつに用いる。⇔向寒

初夏《しょか》 夏の初めごろ。陰暦では四月。[夏]「—の装い」

盛夏《せいか》 真夏。[夏]「—の候」

仲夏《ちゅうか》 夏の半ばごろ。陰暦では五月。[夏] [異字] 中夏

梅雨入《つゆい》**り** 梅雨の季節に入ること。[夏]「平年より五日早くの—」⇔梅雨明け

入梅《にゅうばい》 梅雨入り。[夏]

麦秋《ばくしゅう》 麦を刈り入れる初夏のころ。[夏]

晩夏《ばんか》 夏の終わりごろ。陰暦では六月。[夏]

真夏《まなつ》 夏の半ばごろの、最も暑い時期。「—の暑さ」「—日」⇔真冬

秋

秋口《あきぐち》 初秋。「—に寝冷えをする」

初秋《しょしゅう》 秋の初めごろ。陰暦では七月。[秋]「—の風が山の背を渡る」[異読] はつあき

新秋《しんしゅう》 初秋。陰暦では七月。[秋]

中秋《ちゅうしゅう》 ①仲秋。②陰暦八月十五日。「—の名月」

仲秋《ちゅうしゅう》 秋の半ば。陰暦では八月。[秋]「—の紅葉／候」「—祭[秋]」

晩秋《ばんしゅう》 秋の終わりごろ。陰暦では九月。[秋]⇔早秋

暮秋《ぼしゅう》 晩秋。陰暦では九月。[秋]

夜長《よなが》 秋になって、夜が長いこと。長夜《ながよ》。[秋]⇔日永

涼秋《りょうしゅう》 涼しい秋。陰暦では九月。「—の候」

冬

寒中《かんちゅう》 小寒（一月六日ごろ）の初めから、大寒（一月二十一日ごろ）の終わりまでの時期。寒の内。⇔暑中

寒《かん》**の入**《い》**り** 寒に入る日。一月六日ごろ。[冬]

厳冬《げんとう》 寒さの厳しい冬。[冬]「—の候」

向寒《こうかん》 寒い季節に向かうこと。★手紙で時候のあいさつに用いる。「—の折」⇔向暑

小春《こはる》 春のような気候の陰暦十月。

初冬《しょとう》 冬の初めごろ。陰暦では十月。[冬]「—日和《びより》」[冬]

暖冬《だんとう》 例年と比べて（異常に）気温の高い冬。

仲冬《ちゅうとう》 冬の半ばごろ。陰暦では十一月。

冬化粧《ふゆげしょう》 山野に雪が降り積もって冬らしい風情となること。「—をした山々」

年頭

初春《しょしゅん》 はつはる（初春）。[新年]

新春《しんしゅん》 新年。正月。「—もちつき大会」

初春《はつはる》 新春。[新年]「—のお慶《よろこ》びを申し上げます」

風景

景色

山紫水明《さんしすいめい》 山は紫にかすみ、水は澄んでいること。自然の景色が清らかで美しいこと。「—の地」

白砂青松《はくしゃせいしょう》 白い砂と青い松のある美しい海岸の風景。「—百選／図」 異読 はくさせいしょう

風光明媚《ふうこうめいび》 自然の眺めが清らかで美しいさま。「—な土地／所」

奇観《きかん》 見ごたえのある珍しい眺め。「天下の—」

奇勝《きしょう》 景色が珍しく、かつ優れた場所。「—の地」

景勝《けいしょう》 絶勝。「—地」

光景《こうけい》 その場で目に見えるありさま・様子。「見慣れた／わびしい／ほほえましい—」★目に映じていることに重点がある。

絶景《ぜっけい》 ほかに比べるものがないような、すばらしい景色。「天下の—」

絶勝《ぜっしょう》 景色が極めて優れていること／場所。「—の地」

壮観《そうかん》 規模が大きくてすばらしい眺め。「—を呈する」

眺望《ちょうぼう》 見晴らし。「—を楽しむ」「—絶佳」

美観《びかん》 美しい眺め。「街の—を損なう」

風光《ふうこう》 目の前に広がった自然の美しい様子・趣。「穏やかな—」「—明媚《めいび》」

名勝《めいしょう》 絶勝。「天下の—」「—を訪れる」

植物

葉

黄葉《こうよう》 秋、イチョウなどの落葉樹の葉が落葉する前に黄色になること。「—した銀杏《いちょう》並木」

新緑《しんりょく》 初夏の若葉のつややかな緑。夏「—の候」

万緑《ばんりょく》 見渡す限り草木の緑に覆われていること。

落葉《らくよう》 木の葉が落ちること。落ちた木の葉。「—樹」

開花

咲《さ》**き競**《きそ》**う** いろいろな花が美しさを競うように咲く。「高山植物が—」

咲《さ》**き溢**《こぼ》**れる** 花が枝からこぼれんばかりにたくさん咲く。

咲《さ》**き初**《そ》**める** 花が咲き始める。

咲《さ》**き揃**《そろ》**う** 多くの花が一斉に咲く。「土手の桜が—」

咲《さ》**き匂**《にお》**う** 色美しくはなやかに咲く。「ボタンが—庭園」

桜吹雪《さくらふぶき》 花吹雪。「川のほとりが—に包まれる」

花嵐《はなあらし》 風で桜の花が激しく散り乱れること。

花時《はなどき》 （桜の）花の咲く時期。「—を迎える」

花吹雪《はなふぶき》 桜の花びらが風に吹かれて吹雪のように舞い散ること。春「一面の—」

爛漫《らんまん》 多くの花があでやかに咲き乱れているさま。「—と咲き誇る」

「春／桜花―」

生える

草生《くさむ》す 古風 草が生える。

苔生《こけむ》す （一面に）苔が生える。「苔むした庭石」

繁茂《はんも》 草木が生い茂ること。「雑草が―する」

萌《も》え立《た》つ 草木の枝から盛んに芽が出る。「新緑／若葉―が―」

萌《も》え出《で》る 草木の枝から芽が出て伸びる。「草木／新芽―が―」

萌《も》える 草木の芽が出る。「若葉が―」

衣食住に関係のある言葉

飲食で使う

食

頂《いただ》く 「食う」「飲む」の謙譲語・丁寧語。「ごちそうを―」 異字 戴く

口汚《くちよご》し 客に料理を勧める時にへりくだって言う語。「ほんのお―ですが」★口を汚すだけの料理の意。

食《しょく》する 食う。「穀類を―」 異形 食す

粗餐《そさん》 ①粗末な食事。②「他人に差し出す食事」の謙称。「心ばかりの―を差し上げたく」

粗食《そしょく》 粗末な物を食べること。「―に甘んじる」「粗衣―」⇔美食

頂戴《ちょうだい》する 「食う」「飲む」の謙譲語。「もう十分に頂戴しました」

箸《はし》を付《つ》ける ①食べ始める。②箸で食べ物に触れる。

美食《びしょく》 おいしい物や贅沢《ぜいたく》な物ばかり食べること。「―家」⇔粗食

召《め》し上《あ》がる 「食う」「飲む」の尊敬語。お食べになる。「たくさん召し上がれ」

飲む

一献《いっこん》 一杯の酒（をふるまうこと）。「―（傾ける）／差し上げる」「まず―」

乾杯《かんぱい》 祝福を表して、皆一斉に杯を差し上げて酒を飲み干すこと。「―の音頭」 異字 乾盃

酌《く》み交《か》わす ①互いに杯をやりとりして酒を飲む。「杯を―」②集まって酒を飲む。「酒を―」

献杯《けんぱい》 敬意を表して相手に杯を差すこと。「―の儀」 異字 献盃

杯《さかずき》を傾《かたむ》ける 酒を飲む。

祝杯《しゅくはい》 お祝いをするための酒を飲む杯。「―を上げる」 異字 祝盃

満喫《まんきつ》 十分に飲み食いすること。「秋の味覚／山の幸―を―する」

住を表す

住む

お宅《たく》 「他人の住居」の敬称。「―はどちらですか」

居《きょ》を構《かま》える　住居をそこに持つ。「結婚を機に横浜に―」

寓居《ぐうきょ》　①仮の住まい。②「自分の住居」の謙称。

小宅《しょうたく》　「自分の家」の謙称。「―にお越しいただく」

拙宅《せったく》　「自分の家」の謙称。「―までご連絡されたし」「―へおいでください」

本宅《ほんたく》　ふだん暮らしている家。⇔別宅

侘《わ》び住《ず》まい　俗世から逃れ、ひっそりと暮らすこと。また、その住まい。「山奥の―」

気持ちに関係のある言葉

考えを表す

意見

愚見《ぐけん》　管見。「―を開陳する」★愚かな考えの意。

私見《しけん》　①個人としての意見。②「自分の意見」をへりくだっていう語。「―を述べる」

自説《じせつ》　自分の主張する意見。「―を‐人に押し付ける／曲げる／譲らない」

所見《しょけん》　①意見。考え。「―を述べる」②見た感じ。見た結果をふまえた判断・見解。「医師の―」

私論《しろん》　①個人的な議論。②「自分の論」をへりくだっていう語。

浅見《せんけん》　①浅はかな考え。②管見。

短見《たんけん》　皮相な見解。「―によれば」

了見《りょうけん》　考え方。「どういう―でそんなことをしたのだ」「―が狭い」

異字　料簡・了簡

意志

意向《いこう》　気持ちの向かう方向。考え。「相手の―を‐尋ねる／確かめる／ただす／汲《く》む」「―を‐固める／伝える」「―に‐添う／反する」

遺志《いし》　故人の生前の意志。「亡父の―を継ぐ」

志《こころざし》　志すこと。また、その信念。「―を‐立てる／同じくする／継ぐ／遂げる」

志向《しこう》　意志や意識が一定の対象・方向に向けられること。「民衆の―するところ」「上昇／権力／ブランド／本物―」

初志《しょし》　何かを始めようとしたときの考え。素志。「―を‐貫く／翻す」「―貫徹」

肯定

共感《きょうかん》　他人の気持ちや考え方にそのとおりだという気持ちを抱くこと。「―を‐覚える／呼ぶ」

合意《ごうい》　相互の意思が一致し、双方が納得すること。また、その意思。「―に‐基づく／達する」「―を‐みる／得る」

コンセンサス　意見の一致。合意。「―を得る」「ナショナル―」★

consensus

サポート　支持。後援。「側面から―する」「―体制」★support

賛同《さんどう》　賛成して協力や加勢をすること。「―を得る」

支持《しじ》　ある意見や方針をよいと認め、それを後援すること。「―を‐表明する／取り付ける」「圧倒的な―を‐受ける／得る」

同感《どうかん》　同意見であること。「全く―だ」

同《どう》**ずる**　同意する。賛成する。「和して同ぜず」「大勢に―」 異形 同じる

考慮

慮《おもんぱか》**る**　深く思いめぐらし、あれこれと気遣う。「子供の将来を―」 異形 おもんばかる

勘案《かんあん》　事情や状況を十分に考え合わせること。「諸事情を―する」

愚考《ぐこう》　「自分の考え」をへりくだっていう語。「―いたします」

考量《こうりょう》　いろいろな観点や立場を考え合わせて判断すること。「利害を―する」

顧慮《こりょ》　事情を考えに入れること。気に掛けること。「他人の迷惑／意向‐を―する」

熟慮《じゅくりょ》　十分に考えること。「―を要する」「―断行」

思量《しりょう》　思いをめぐらせること。考量。 異字 思料

気遣い

気《き》**を配**《くば》**る**　あれやこれやに注意を払う。「周りに／粗相のないよう‐―」

高配《こうはい》　「自分に対する相手の配慮」を敬っていう語。「ご―を賜りありがたく存じます」★多く手紙で用いる。

心遣《こころづか》**い**　相手のために細かいところに気を配ること。「こまやかな―」「お―に感謝する」「―がうれしい」

心《こころ》**を砕**《くだ》**く**　うまくいくよう様々な配慮や工夫を行う。「看病に―」

心《こころ》**を配**《くば》**る**　細かなことにまで配慮する。「失礼のないように―」

配慮《はいりょ》　相手に対して気を遣うこと。心を配ること。「―に欠ける」「事情を―する」

考察

一存《いちぞん》　ひとりだけの考え・判断。「私の―では決められない」

思《おぼ》**し召**《め》**し**　お考え。御意。「神の―」「〔代金は〕―で結構です」

思《おぼ》**し召**《め》**す**　「思う」の尊敬語。お思いになる。お考えなさる。「―ままに」

御意《ぎょい》　相手の考え・思い・指図を敬っていう語。「―に‐従う／召す」

胸中《きょうちゅう》　胸の内。「―に秘めた思い」「―を‐披瀝《ひれき》する／明かす／察する」

所存《しょぞん》　古風 心に思うところ。考え。

つもり。「努力する―です」

心中《しんちゅう》 心の中。胸の内。「―察するに余りある」

存《ぞん》**じ上**《あ》**げる** 「存ずる」よりさらに丁寧な語。「お元気でお過ごしのことと存じ上げます」

存《ぞん》**ずる** 「思う」「考える」の謙譲語。「おめでとう存じます」「光栄に存じます」 異形 存じる

感情（プラス）を表す

好き

愛慕《あいぼ》 愛し慕う気持ち。「―の情」

温情《おんじょう》 相手への同情や優しい心。「―のこもった激励」「―ある計らい」「―判決」★寛大な処置をする含みがある。

兄事《けいじ》 実の兄のように敬い慕うこと。「先輩に―する」

敬慕《けいぼ》 敬い慕う気持ち。「―してやまない」

好意《こうい》 ①親愛の情。「―を寄せる」②親切心。「―を無にする」「―に甘える」

好感《こうかん》 好ましく思うこと。「―を抱く／与える」「―がもてない」「―度」

心憎《こころにく》**い** ねたましいほどすばらしい。「―サービス」

心《こころ》**を奪**《うば》**われる** 夢中になる。魅了される。「彼女に―」

心《こころ》**を寄**《よ》**せる** 恋心を抱く。「ひそかに―」

思慕《しぼ》 恋い慕う気持ち。「―の情」

惻隠《そくいん》**の情**《じょう》 気の毒に思う気持ち。「―を‐催す／示す」

陶酔《とうすい》 芸術などに魅了され、うっとりすること。「名演に―する」「自己―」

陶然《とうぜん》 うっとりとなるさま。「―と見とれる」

望《のぞ》**ましい** そうあってもらいたいと望むところだ。「―‐条件／人間像／方向」

引《ひ》**き込**《こ》**まれる** 心を奪われる。「思わず舞台に―」

魅《み》**せられる** 強く引きつけられる。魅了される。「素顔の美しさに―」

胸《むね》**を焦**《こ》**がす** 恋情などで苦しくなるほど思い詰める。「悲恋に―」

酔《よ》**い痴**《し》**れる** （酒に酔っているように）いい気分にひたる。「勝利（の美酒）に―」

快い

壮快《そうかい》 気持ちが大きくなって心地よいさま。「―な気分」

痛快《つうかい》 刺激的で愉快なさま。「―な事件」「実に―だ」

申《もう》**し分**《ぶん》**ない** 不満を述べる余地がまったくないさま。「―‐気持ち／出来栄え」

楽しい

感興《かんきょう》 面白みを覚えること。興味を感じること。「―を‐催す／そそる」

歓《かん》**を尽**《つ》**くす** 十分に楽しむ。「一夕《いっせき》の―」

享受《きょうじゅ》　その利益を得て味わい楽しむこと。「平和／自然の恵み‐を‐する」

興じる《きょう》　夢中になって楽しむ。打ち興じる。「トランプ／うわさ話‐に‐」 異形 興ずる

享楽《きょうらく》　欲望の赴くままに楽しむこと。「—にふける」

興《きょう》**を添**《そ》**える**　面白さを加えて盛り上げる。

満喫《まんきつ》　心ゆくまで楽しむこと。「京都の秋を—する」

喜び

悦楽《えつらく》　（刹那《せつな》的に）喜び楽しむこと。「—にふける」

躍《おど》**り上**《あ》**がる**　喜びや驚きのあまり跳びはねる。「躍り上がって喜ぶ」

顔《かお》**を綻**《ほころ》**ばせる**　笑みを浮かべる。「思わず—」 異形 顔を綻ばす

歓喜《かんき》　気持ちの高ぶる大きな喜び。「—の声が上がる」

歓心《かんしん》　うれしいと思う気持ち。「—を‐買う／得る」

喜悦《きえつ》　大変喜ぶこと。「—の‐声／色」「—満面」

嬉々《きき》**として**　無邪気に喜ぶさま。「—戯れる」

喜色《きしょく》　うれしそうな表情。「—満面」

恐悦《きょうえつ》　古風 かしこまり慎んで喜ぶこと。「—至極に存じます」★目上の人に対して自分の喜びを伝える時に用いる。

欣喜雀躍《きんきじゃくやく》　大喜びして小躍りすること。「その知らせに—する」

欣然《きんぜん》　喜んで何かをするさま。「—として任に赴く」

口元《くちもと》**が綻**《ほころ》**びる**　口の辺りから笑みがもれる。「自然と—」

小躍《こおど》**り**　うれしさのあまり躍り上がること。「—して喜ぶ」 異字 小踊り・雀躍

上機嫌《じょうきげん》　機嫌がよいさま。「ひいきのチームの快進撃に—だ」⇔不機嫌

相好《そうごう》**を崩**《くず》**す**　喜びの気持ちを抑えられず表情に出す。

弾《はず》**みがつく**　躍動する勢いを得る。「心／協議再開‐に‐」

弾《はず》**む**　調子づく。「—思い」「心／声／会話‐が‐」

目《め》**を輝**《かがや》**かす**　感動・期待・好奇心にかられて一心に見つめる。「目を輝かせて話に聞き入る」

目《め》**を細**《ほそ》**くする**　目を細める。「成長した娘の姿に—」

目《め》**を細**《ほそ》**める**　愛らしさなどを感じ、うれしそうな顔をする。「孫の成長ぶりに目を細めて喜ぶ」

愉悦《ゆえつ》　たのしみ、喜ぶこと。「—の‐情／声」

愉楽《ゆらく》　よろこび楽しむこと。「音楽の—」

慶《よろこ》**び**　めでたいこと。「新年のお—を申し上げます」

満足

遺憾無《いかんな》**く**　心残りなく十分に。「実力を—発揮する」

悦《えつ》**に入**《い》**る**　事がうまく運んで満足す

る。「ひとり―」

会心《かいしん》　心にかなうこと。すっかり満足すること。「―の出来栄え／作／笑み」

満悦《まんえつ》　古風　満足して喜んでいるさま。「大―」

満《み》**ち足**《た》**りる**　満足する。充足する。「満ち足りた生活／気持ち」「心が―」

幸福

幸甚《こうじん》　何よりの幸せ。非常にありがたいこと。「―の至り」「お引き受けいただければ―です」

幸《さいわ》**い**　幸せ。幸運。「―を得る」「お二人に―あれ」「―にして」

幸《さち》　幸い。「―多かれ」「―あれと祈る」

至福《しふく》　この上ない幸福。「―の時／ひととき」

冥利《みょうり》　ある立場で受ける最高の幸せや充足感。「役者／料理人―に尽きる」「男―」

爽快

麗《うら》**らか**　朗らかで明るいさま。「―な気分／声」

清々《すがすが》**しい**　新鮮でさわやかなさま。「―気分／朝」

晴《は》**れ晴**《ば》**れ**　不安やわだかまりがなく、すっきりとしたさま。「―とした気分」

晴《は》**れやか**　不安がなく、心がすっきりと明るいさま。「―な表情／気分」

尊敬

仰《あお》**ぐ**　尊敬する。敬う。「師と―」

崇《あが》**める**　崇拝する。敬う。「神と―」

畏敬《いけい》　接するのがはばかられるほど尊敬すること。「―の念を抱く／禁じ得ない／起こさせる」

敬《うやま》**う**　尊敬し礼儀をもって接する。「年長者を―」

敬愛《けいあい》　敬い親しむ気持ち。「―の念を抱く」

敬服《けいふく》　人柄や業績を尊敬すること。「心から―する」

師事《しじ》　師とあがめて教えを受けること。「巨匠に―する」

私淑《ししゅく》　直接の教えは受けないが、ひそかにその人を尊敬し模範として学ぶこと。「かねがね―する学者／作家」

心服《しんぷく》　ある人を尊敬し、心から従うこと。「―する恩師」

崇拝《すうはい》　その人を理想の人物として尊敬し、自分もそうなりたいとあこがれること。「恩師を―する」「英雄／偶像―」

尊《たっと》**ぶ**　古風　とうと（尊）ぶ。「神仏を―」

尊《とうと》**ぶ**　尊いものとして大切に扱う。「祖先／礼儀を―」

感動

感慨《かんがい》　しみじみと感じること。「―を抱く／催す」「―に浸る」

感慨無量《かんがいむりょう》　感無量。「念願がかない

―だ」

感無量《かんむりょう》 計り知れないほど深く心を動かすさま。「思いがけない再会に―だ」

感心

感嘆《かんたん》 感心して褒めること。「妙技に―の声を上げる」 異字 感歎

感服《かんぷく》 感動して敬服すること。「人柄に―する」

感銘《かんめい》 深く感じ入り記憶にとどめること。「―を受けた本」

賛嘆《さんたん》 感心して褒めること。「―の声」 異字 讃歎

賞嘆《しょうたん》 嘆賞。 異字 賞歎

感謝

謝意《しゃい》 感謝する気持ち。「深甚なる―」「―を表する」

深謝《しんしゃ》 心から深く感謝すること。「―の意を表す」

多謝《たしゃ》 大いに感謝すること。「ご厚情―いたします」

祝い

賀《が》**する** 祝いの言葉を述べる。「新年を―」

恭賀《きょうが》 うやうやしく祝うこと。★賀状に使う語。「―新年」

御慶《ぎょけい》 古風 めでたいよろこび。 新年 ★新年のあいさつに用いる言葉。

慶賀《けいが》 慶祝。「―の至り」「―に堪えない」

慶祝《けいしゅく》 喜び祝うこと。「―創立三十周年」「―行事」

慶《けい》**する** 喜ぶ。祝う。「長寿を―」 異形 慶す

寿《ことほ》**ぐ** 古風 賀する。「長寿／新年を―」 異字 言祝ぐ

祝勝《しゅくしょう》 勝利を祝うこと。「―会／―パレード」 異字 祝捷

祝《しゅく》**す** 「祝う」の改まった表現。「前途を―」 異形 祝する

大慶《たいけい》 古風 たいそうめでたく喜ばしいこと。「―至極」

拝賀《はいが》 目上の人にお祝いやお礼を申し上げること。「新年―式」

厚意

厚意《こうい》 優しい思いやりの気持ち。「ご―に感謝いたします」

厚志《こうし》 思いやり。「ご―かたじけなく」★多く手紙で使う語。

厚情《こうじょう》 思いやりのある温かい気持ち。「ご―を賜る」

志《こころざし》 人に対する厚意。「お―に感謝する」

贔屓《ひいき》 自分の気に入ったものを特に好むこと。「―のチーム」「―にする力士」

感情（マイナス）を表す

苦しい

頭《あたま》**が痛**《いた》**い** 心配事で思い悩んでいる。「―問題」

頭《あたま》**を痛**《いた》**める** 問題を抱えて思い悩む。

頭を悩ます。「借金の返済に―」

苦渋《くじゅう》 苦しみ悩むこと。「―の‐決断／選択」

苦杯《くはい》 つらく悔しい経験。「―を‐喫する／なめる」

苦慮《くりょ》 様々に考え苦心すること。「対応に―する」

呻吟《しんぎん》 苦しんでうなること。「病床で―する」

心痛《しんつう》 心を痛めること。「―の極み」「―のあまり寝込む」

腐心《ふしん》 あることに様々に苦労し尽力すること。「実現／会社再建‐に―する」

悲しみ

断腸《だんちょう》**の思**《おも》**い** 内臓がちぎれるほどの悲しみや無念さ。

沈痛《ちんつう》 悲しみに沈み、痛々しいさま。「―な‐面持ち／顔つき／口調」

悲痛《ひつう》 あまりに悲しそうで痛々しいさま。心から悲しむさま。「―な‐叫び／訴え／願い」

胸《むね》**が痛**《いた》**む** 心に苦痛を感じる。同情して悲しむ。

胸《むね》**が張**《は》**り裂**《さ》**ける** 激しい悲しみに襲われて胸が裂けてしまいそうだ。

胸《むね》**が塞**《ふさ》**がる** 悲しみで胸がいっぱいになる。胸が詰まる。

胸《むね》**を痛**《いた》**める** 悲しみで心が苦しくなる。「被災地の惨状に―」

胸《むね》**を締**《し》**め付**《つ》**けられる** 悲しさや寂しさ、恋しさなどで切なくなる。「惨状を見るにつけ―」

悼む

哀惜《あいせき》 亡くなった人などを悲しみ惜しむこと。「―の‐情／念／言葉」

哀悼《あいとう》 人の死を悲しみ惜しむこと。「―の言葉」「―の意を表する」

愁傷《しゅうしょう》 嘆き悲しむこと。★お悔やみのあいさつとして用いる。「このたびはご―様です」

弔意《ちょうい》 人の死を嘆き悲しみ、霊を慰める気持ち。哀悼の意。「―を‐表す／示す／伝える」

追悼《ついとう》 死者を偲《しの》び、その死を惜しむこと。「―の‐言葉／集い」「―‐式／号」

不満

遺憾《いかん》 思い通りにいかなくて残念なさま。「まことに―だ」

心外《しんがい》 思ってもみなかったことで残念であるさま。「―な結果」「その批判は―だ」

不服《ふふく》 納得がいかず不満であること。「裁定を―とする」「―を‐言う／唱える／申し立てる」

不本意《ふほんい》 望みどおりではないさま。「―な結果」「―ながら従う」

無念《むねん》 悔しいさま。残念なこと。「―‐この上もない／遣《や》る方《かた》ない」「―千万《せんばん》」「残念―」

困る

困惑《こんわく》 どうしたらよいか分からなくて困り惑うこと。途方に暮れること。「―の体《てい》」

当惑《とうわく》 戸惑うこと。「―の表情を浮かべる」

閉口《へいこう》 困り果てること。うんざりすること。「あれには―だ」

辟易《へきえき》 勢いに押されてたじたじとなること。「長電話に―する」

心配

危《あや》**ぶむ** 良くない結果になるのではないかと心配する。危いと思う。「実現／安否-を―」

案《あん》**ずる** 心配する。「行く末を―」 異形 案じる

危惧《きぐ》 危ぶむこと。「―の-念／声」「絶滅を―する」

気遣《きづか》**わしい** 心配に思われる。「成功するかどうか―」「気遣わしげに声をかける」

懸念《けねん》 気にかけ不安に思うこと。「影響が―される」「―を-抱く／表明する」

心《こころ》**に掛**《か》**かる** 忘れられず心配だ。気にかかる。

心《こころ》**を痛**《いた》**める** あれこれ心配する。どうしたらよいかと心を悩ます。

心労《しんろう》 心配。「―をかける」

胸《むね》**を痛**《いた》**める** 心配で心を悩ませる。「子供の将来に―」

気の毒

哀憐《あいれん》 哀れみ。「―の情」

痛《いた》**ましい** 他人の不幸な出来事に心が痛むさま。「―-事故／犠牲者／姿」

労《いたわ》**しい** 古風 気の毒な状態に心を痛め、優しく慰めたい感じだ。「お―-こと／限り」「労しく思う」

忍《しの》**びない** こらえきれない。「捨てる／見る-に―」

見《み》**るに堪**《た》**えない** あまりにも痛ましくて見ていられない。「―惨状」

憐憫《れんびん》 哀れみ。「―の-情／色」「自己―」 異字 憐愍 異読 れんみん

惜しい

愛惜《あいせき》 名残を惜しむこと。惜しいと感じること。「行く春を―する」

後《うし》**ろ髪**《がみ》**を引**《ひ》**かれる** 未練が残り思い切れない。

屈託《くったく》 気にかかることがあって心配すること。「心に―がありそうな顔」「―のない笑顔」

名残惜《なごりお》**しい** 別れが惜しまれる。

後悔

呵責《かしゃく》 責めて苦しめること。「良心の―に耐えかねる」

自責《じせき》**の念**《ねん》 自分で自分の失敗を責める気持ち。「―に駆られる」

恐縮

痛《いた》**み入**《い》**る** 古風 恐れ入る。「ご配慮に―」

恐《おそ》**れ入**《い》**る** 親切や寛大さに対して、

申し訳なく思うほど感謝する。「心遣いに―」

恐《おそ》れ多《おお》い ①失礼にあたり申し訳ない。「―ことながら」 ②もったいない。「―お言葉」 異字 畏れ多い

過分《かぶん》 分に過ぎること。身分不相応。「―の‐お言葉／お褒め／報酬」「―に頂戴《ちょうだい》する」

恐縮《きょうしゅく》 身も縮むほど感謝すること。「―の‐至り／極み」「丁重な扱いに―する」

心苦《こころぐる》しい 相手の厚意や寛大さに報いられず気がとがめるさま。「心苦しく思う」

身《み》に余《あま》る 身分不相応である。過分である。「―‐光栄／幸せ」★謙《けん》遜《そん》した表現。

感情（驚き）を表す

驚く

息《いき》を呑《の》む 一瞬息がとまるほど驚く。「―ほどの見事さ」「はっと―」

愕然《がくぜん》 激しい驚きや悲しみなどが突然つきあがってくるさま。「厳しい判決に―とする」

驚異《きょうい》 大変な驚き。「―的な速さ」

驚愕《きょうがく》 激しく驚くこと。「―の新事実」

驚嘆《きょうたん》 あまりにすばらしく、驚き感心すること。「―に値する」 異字 驚歎

驚天動地《きょうてんどうち》 世間をひどく驚かせること。「―の大事件」★天を驚かし地を動かすほどの驚きの意。

声《こえ》を呑《の》む あまりの驚きや緊張を感じて声が出ない。「おぞましい光景に―」

言葉《ことば》を呑《の》む 驚きや感動のあまり物が言えなくなる。言葉を呑み込む。

震撼《しんかん》 震えるほどに激しく驚くこと。「世間を―させた事件」

青天《せいてん》の霹靂《へきれき》 突然起こる事件（から受ける衝撃）。「買収問題はまさに―だ」★真っ青な空に突然に起こる雷の意。

瞠目《どうもく》 目を見張ること。「世間の―するところ」「―に値する」

目《め》を疑《うたが》う 目の前の事実が信じられないほど意外だ。「―ほどの美しさ」

目《め》を見張《みは》る （すばらしいものを見て）目を大きく見開くほど驚く。「―ような活躍ぶり」 異字 目を瞠る

意外

思《おも》い掛《が》け無《な》い 突然のことで予期していなかったさま。「―結果」

思《おも》いの外《ほか》 予想と違っていること。「―‐反響がある／難しい」

思《おも》いも寄《よ》らない 予期していない。思いがけない。「―‐場所／手法」

不慮《ふりょ》 心配していなかったような突然のこと。「―の‐事故／出来事」

望外《ぼうがい》 予想以上によいこと。「―の‐喜び／成果」

慮外《りょがい》 思いのほか。「―なことを口走る」

日常で使う言葉

行・来を表すときに使う

行く

いらっしゃる　「来る」「行く」の尊敬語。「遠くから―お客様」「来週パリに―」

お出《い》でになる　いらっしゃる。「拙宅に―」「ご一緒に―」「旅行へ―」

赴《おもむ》く　①目的の場所へ行く。「任地／戦場‐に―」②ある状態に向かう。「病勢が快方に―」「気の―まま」 異字 趣く

御足労《ごそくろう》　相手に足を運んでもらうことを恐縮していう語。「―を‐掛ける／願う」

出向《でむ》く　目的の場所へ出かけて行く。「あいさつに―」「社長自ら―」

参《まい》る　「行く」の謙譲語。「お迎えに参ります」「こちらから参ります」

罷《まか》り越《こ》す　古風 参る。参上する。

罷《まか》り出《で》る　①「人前に出る」の丁寧語。「あいさつに―」②厚かましく人前に出てくる。

向《む》かう　その方向へ行く。「西／春／快復‐に―」「今そちらに向かっています」

訪れる

上《あ》がる　目上の人のところに参る。参上する。「おじゃま／ごあいさつ‐に上がります」

足《あし》を運《はこ》ぶ　その場所に自ら出向く。「何度も―」

伺《うかが》う　「訪れる」の謙譲語。「お宅に―」「今晩伺います」

往訪《おうほう》　人を訪問すること。⇔来訪

お邪魔《じゃま》する　「相手の家を訪問する」の謙譲語。★訪問する際や帰る際のあいさつとしても使う。「お邪魔します」

訪《おとな》う　訪れる。「古都を―」★雅語的。

光来《こうらい》　来駕《らいが》。「ご―を仰ぐ」

光臨《こうりん》　来駕《らいが》。「ご―の栄を賜る」

御機嫌伺《ごきげんうかが》い　目上の人を訪ね、礼を尽くすこと。「―に行く」

参上《さんじょう》　古風 参ること。伺うこと。「近いうちに―いたします」

参《さん》じる　参上する。「ただ今参じます」 異形 参ずる

参堂《さんどう》　「人の家を訪問すること」の謙譲語。

伺候《しこう》　ご機嫌伺いに上がること。 異字 祗候

推参《すいさん》　古風 自分から参上すること。押しかけて行くこと。

弔問《ちょうもん》　死者の遺族を訪ね、弔意を述べること。「―客／外交」

訪《と》う　古風 訪れる。「友を―」「―者もない」

来駕《らいが》　相手がやって来ることを敬っていう語。「ご―を‐仰ぐ／請う」

来宅《らいたく》　客が自分の家に来ること。

出発する

お立《た》ち　出発や客が帰ることを敬っていう語。「いつ―ですか」

門出《かどで》　①わが家を出発して長い旅に出ること。「—を祝う」②新しい生活や仕事を始めること。「人生の—」

出立《しゅったつ》　旅に出発すること。出《い》で立ち。「—の日」「早朝に—する」

巣立《すだ》**つ**　成長して親元を離れる。また、学業や修練を終えて社会へ出る。「学窓を—」

壮途《そうと》**に就**《つ》**く**　大きなことに向けて勇ましく出発する。

途《と》**に就**《つ》**く**　出発する。「帰国の—」

出席する

お出《で》**まし**　「出ること」「出席」の尊敬語。「殿下が—になる」「会へは—でしたか」

参会《さんかい》　会合に出席すること。「—者」

参列《さんれつ》　式などに出ること。「葬儀に—する」「—者」

陪席《ばいせき》　目上の人と同席すること。「—の栄誉にあずかる」

末席《まっせき》**を汚**《けが》**す**　集団や会合に参加することを謙遜《けんそん》していう表現。異形 ばっせきを汚す

臨席《りんせき》　会合や公の席に臨むこと。臨場。「ご—を賜り光栄です」

列席《れっせき》　式や会合に出席すること。席に連なること。「会議に—する」

来る

御足労《ごそくろう》　相手に足を運んでもらうことを恐縮していう語。「—を掛ける／願う」

再来《さいらい》　再び来ること。「—の患者」

到来《とうらい》　①時機・機運が巡って来ること。「チャンス—」②他から贈り物が届くこと。「—物《もの》」

来会《らいかい》　集会の場所に来て加わること。「—をお待ちしています」

来社《らいしゃ》　会社へ訪ねて来ること。

来場《らいじょう》　その会場や場所に来ること。「ご—のお客様」

退出

暇乞《いとまご》**い**　別れのあいさつをすること。「—に行く／上がる」

お暇《いとま》　辞去。「そろそろ—します」

下《さ》**がる**　（目上の者の前から）退出する。「下がってよし」

座《ざ》**を外**《はず》**す**　会合などの席を外す。

辞去《じきょ》　別れのあいさつをして、その場を去ること。「訪問先を—する」

辞《じ》**する**　辞去する。「訪問先／友人宅—を—」

退座《たいざ**》　退席。「講演会を途中で—する」

送・授・受・売・買・貸・借を表すときに使う

与える

遺贈《いぞう》　遺言によって財産を他人に贈与すること。

下賜《かし》　賜ること。「ご—の銀杯」

勧進《かんじん》　寺社や仏像の建立・修繕のために、広く人々から金銭を集める

こと。「―帳」

喜捨《きしゃ》　寺社や貧者に進んで寄付すること。

寄進《きしん》　寺社などに寄付すること。「鳥居を―する」

供花《きょうか》　神前や霊前に花を供えること。★仏教では「くげ」。異字 供華

謹呈《きんてい》　謹んで差し上げること。「著者―」

恵贈《けいぞう》　恵投。「ご―の品」

恵投《けいとう》　人が贈ってくれたことに対する尊敬語。「ご―にあずかる」

恵与《けいよ》　①恵んで与えること。②恵投。

献上《けんじょう》　上位者に差し上げること。「著書を―する」

献ずる《けん》　献上する。「貢ぎ物を―」　異形 献じる

献呈《けんてい》　謹んで献上すること。「―本」

献納《けんのう》　神仏や国などに献上すること。

餞別《せんべつ》　遠くへ去る人に、別れに際して金品を贈ること。また、その贈り物。「―の品」

供える《そな》　物を調えて、神仏・貴人などにささげる。「霊前に花／地蔵に団子―を―」

奉る《たてまつ》　神や身分の高い人などに、物を差し上げる。「お神酒《きみ》を―」★「捧げる」より、さらに謙譲の気持ちが強い。

賜る《たまわ》　「下さる」の、さらに敬意の高い言い方。「陛下が勅語を―」

拝呈《はいてい》　謹呈。「―仕《つかまつ》る」

餞《はなむけ》　遠くに旅立つ人や別れて行く人に金品や言葉を贈ること。また、その贈るもの。「―の言葉」★馬の鼻を進行方向に向ける意から。

奉加《ほうが》　神仏に寄進すること。「―金」　異字 贐

奉呈《ほうてい》　献上。「賀詞の―」

捧呈《ほうてい》　ささげ持って差し上げること。「国書を―する」

奉納《ほうのう》　神仏に献上すること。「神楽を―する」

受ける

甘受《かんじゅ》　やむをえず受け入れること。「どんな非難も―する」「運命を―する」

首肯《しゅこう》　認めること。承知すること。「提案には―しがたいものがある」

受贈《じゅぞう》　贈り物を受け取ること。

受納《じゅのう》　金品などを受け取ること。「結納金を―する」

受容《じゅよう》　受け入れること。「西洋文明の―の歴史」「異文化を―する」

受理《じゅり》　書類を受け付けて処理すること。「辞表／願書―を―する」

受領《じゅりょう》　受け取ること。「――証／印」

笑納《しょうのう》　贈り物をする時、謙遜《けんそん》していう語。「ご―ください」★つまらないものですが笑ってお納めくださいの意。

頂戴《ちょうだい》　頂くこと。「お土産を―する」

拝受《はいじゅ》　「受け取ること」の謙遜《けんそん》した言い方。「お手紙―しました」

拝領《はいりょう》　授かること。「―の刀」

博する《はく》　獲得する。「喝采《かっさい》／好評―を―」

申し受ける《もう　う》　「受け取る」「請求する」の謙遜《けんそん》した言い方。「手数

料を―」

浴《よく》する　ありがたいものとして受ける。「恩恵／光栄―に―」

落手《らくしゅ》　落掌。「手紙を―する」

諒《りょう》とする　事情をくんで承知する。「とても―わけにはいかない」

異字 了とする

話・聞を表すときに使う

言う

仰《おお》せ　おっしゃること。お言葉。「―の―とおり／まま」「ありがたい―を賜る」「―ごもっとも」

仰《おお》せになる　「言う」の尊敬語。「陛下が―」★「おっしゃる」より敬意が高い。

仰《おお》せられる　古風 おおせになる。「殿下、それ以上仰せられますな」

仰《おっしゃ》る　「言う」の尊敬語。「先生が―」「―とおり」 異字 仰有る

確言《かくげん》　確信をもって言い切ること。また、その言葉。「―を―避ける／得る」

口《くち》にする　言葉にしてしゃべる。語る。「口にすべきでない」「思ったことを―」

口《くち》に出《だ》す　口にする。「―のもはばかられる」

口《くち》に上《のぼ》る　人々の話題にされる。「浮いたうわさが―」

口《くち》を利《き》く　話す。ある話し方をする。「何日も口を利かない」「生意気な―」

口《くち》を切《き》る　その場で最初に話し始める。

口《くち》を開《ひら》く　話し始める。「重い―」「口を開けばきまって孫のことだ」

言明《げんめい》　言葉に出してはっきり言うこと。「公約の実行を―する」

公言《こうげん》　皆の前で言い切ること。「―してはばからない」

奏上《そうじょう》　天皇に申し上げること。「祝詞を―する」

奏《そう》する　奏上する。

明言《めいげん》　あいまいにせず、明らかに言うこと。「―を避ける」

申《もう》し上《あ》げる　「言う」の謙譲語。「お礼―」「寒中お見舞い申し上げます」★「申す」より謙譲の意が強い。

申《もう》し述《の》べる　「述べる」の謙譲語。「見解／意見―を―」

申《もう》す　「言う」の謙譲語。「私は小池と―者ですが」「お礼を申します」

聞く

伺《うかが》う　「聞く」の謙譲語。「御用／お話―を―」

承《うけたまわ》る　「聞く」の謙譲語。「お考えを―」「責任ある説明を承りたい」★「伺う」より謙譲の気持ちが強い。

謹聴《きんちょう》　謹んで聞くこと。「訓辞を―する」

傾聴《けいちょう》　真剣に聞くこと。「―に値する言葉」

耳朶《じだ》に触《ふ》れる　耳にする。「かすかな声が―」

清聴《せいちょう》　相手が自分の話を聞いてくれることを敬っていう語。「ご―感

謝いたします」
拝聴《はいちょう》　「聞くこと」の謙譲語。「ご高説を―する」
耳《みみ》**にする**　聞くつもりもなく聞く。「悪いうわさを―」

生・死・命を表すときに使う

命

天寿《てんじゅ》　天命。「―を全うする」
天命《てんめい》　天から与えられた寿命。「―を知る」「―が尽きる」

年をとる

お年《とし》**を召**《め》**す**　「年をとる」の尊敬語。「お年を召した方」
共白髪《ともしらが》　夫婦とも白髪になるまで長生きすること。
馬齢《ばれい》**を重**《かさ》**ねる**　無駄に年齢を積み重ねる。馬齢を加える。「いたずらに―」★自分の年を謙遜《けんそん》していう。

生まれる

出生《しゅっしょう》　子が生まれること。「―の秘密」「―率／地／届」異読 しゅっせい
誕生《たんじょう》　生まれること。「生命の―」「―を祝う」「長女が―する」「―日」

生きる

健在《けんざい》　元気に暮らしていること。「両親はまだ―だ」
長寿《ちょうじゅ》　平均寿命よりも命の長いこと。長生き。「―の秘訣《ひけつ》」「―を保つ」「不老―」
長生《ちょうせい》　長生き。
長命《ちょうめい》　長く生きること。⇔短命

死ぬ

息絶《いきた》**える**　「死ぬ」の間接表現。★呼吸停止の側面からとらえた語。
息《いき》**を引**《ひ》**き取**《と》**る**　死ぬ。「家族に見守られ静かに―」
永眠《えいみん》　死ぬこと。★永遠に眠る意。
往生《おうじょう》　死ぬこと。「彼岸に―する」★仏教で死後、極楽浄土に生まれかわる意。
帰《かえ》**らぬ旅**《たび》　死出の旅。「―に―出る／赴く」
帰《かえ》**らぬ人**《ひと》**となる**　不帰の客となる。帰らぬ命となる。
隠《かく》**れる**　「死ぬ」の間接表現。★多く「お隠れになる」の形で、身分の高い人の死去を敬っていう。
棺《かん》**を蓋**《おお》**う**　死ぬ。「棺を蓋いて事定まる」★ひつぎのふたをする意。異字 棺を覆う
鬼籍《きせき》**に入**《い》**る**　死ぬ。★「鬼籍」は過去帳。
急逝《きゅうせい》　「急死」の丁寧な表現。「恩師―の報に接する」
極楽往生《ごくらくおうじょう》　①死後、極楽浄土に行って生まれかわること。②安らかに死ぬこと。
最期《さいご》　死に際。「壮絶な／潔い―」「―を遂げる／看取《みと》る」

最期《さいご》を遂《と》げる　人生の最後の時を終える。死ぬ。「壮絶／立派-な―」
先立《さきだ》つ　先に死ぬ。「―不幸をお許しください」「妻に先立たれる」
死去《しきょ》　「死亡」の改まった言い方。亡くなること。「―の報に接する」
死出《しで》の旅《たび》　古風 死ぬこと。「―に出る」★冥土《めいど》にあるという険しい死出の山に出掛けること。
死《し》に目《め》　会話 死に際。「親の―に会えなかった」
終焉《しゅうえん》　命の終わり。「―の時を迎える」
昇天《しょうてん》　人が死んで魂が天に昇ること。
成仏《じょうぶつ》　死んで仏になること。「安らかに／迷わず-―する」
逝去《せいきょ》　他人の死去を敬っていう語。「ご―を悼む」
絶命《ぜつめい》　命が絶えること。「路上で―する」
早世《そうせい》　若くして死ぬこと。「友人の―を悲しむ」
大往生《だいおうじょう》　人が安らかに死ぬこと。また、立派な死に方。「百歳で―を遂げる」

倒《たお》れる　（急に）死ぬ。「凶弾に―」 異字 斃れる・殪れる・仆れる
他界《たかい》　「死亡」の婉曲《えんきょく》表現。「若くして―する」
長逝《ちょうせい》　死ぬこと。★永久に去って帰らない意。
永《なが》い眠《ねむ》りに就《つ》く　永眠する。異形 永遠の眠りに就く
亡《な》き数《かず》に入《い》る　死ぬ。
亡《な》くす　死に別れる。死なれる。「母／恩師-を―」★主に肉親や親しい人に対して用いる。
亡《な》くなる　「死ぬ」を婉曲《えんきょく》にいう丁寧語。「お亡くなりになる」
儚《はかな》くなる　古風 死ぬ。★あっけない命ととらえた表現。異字 果敢無くなる
不帰《ふき》の客《きゃく》となる　死ぬ。★二度と戻って来ないことから。
不幸《ふこう》　家族・親類の死去の間接表現。「突然の―」「打ち続く―」「―がある」

物故《ぶっこ》　人の死を改まっていう語。「―者」
没《ぼつ》　死ぬこと。★死亡した年を示すのに用いられる。「平成十七年―」 異字 歿
没《ぼっ》する　死ぬ。★社会的に重要な人物の死に用いられることが多い。異字 歿する
末期《まつご》　一生の最終の時。臨終。「―の水をとる」
身罷《みまか》る　古風 身内の者が死ぬことをやや改まっていう語。「母は昨年身罷りました」★体があの世へ去る意。
空《むな》しくなる　古風 死ぬ。★死を空虚ととらえた表現。異字 虚しくなる
瞑目《めいもく》　安らかに死ぬこと。★目を閉じる意。
目《め》を瞑《つぶ》る　死ぬ。
幽明境《ゆうめいさかい》を異《こと》にする　死んであの世へ行く。★「幽」は暗い意であの世、「明」はこの世を指す。異字 幽明界を異にする
逝《ゆ》く　死ぬ。「巨匠―」★あの世へ

旅立つ意。

夭逝《ようせい》 夭折。「―した新進作家」

夭折《ようせつ》 （将来を期待された人物が）若くして死ぬこと。「―した天才画家」

世《よ》**を去**《さ》**る** 死ぬ。★この世からいなくなる意。

臨終《りんじゅう》 （医者が遺族に）その人の死を敬っていう語。「ご―です」

つながりを表す言葉

累加（そして）

剰《あまつさ》**え** さらに加えて。「風が荒れ―雨も加わる」

況《いわ》**んや** 古風 まして。「足し算もおぼつかない。―掛け算においてをやだ」

及《およ》**び** ならびに。「松・竹・梅―菊」

且《か》**つ** その上に。なお。「必要にして―十分な条件」「飲み―歌う」「なお―」

且《か》**つ又**《また》 その上また。「よく運動し、―よく眠る」

この上《うえ》 このほかにさらに。「うそをついたね。―言い訳は聞きたくない」

更《さら》**に** その上に。重ねて。「賞状を授与する。―副賞として百万円贈呈する」

然《しか》**も** その上に。おまけに。「頭がよくて、―性格がいい」 異字 而も

そうして そして。「去年、今年、―来年と続く」

その上《うえ》 それに加えて。「雨だ。―風も強い」

尚且《なおか》**つ** なおその上に。「文章もうまいし、―字もきれいだ」

尚更《なおさら》 ある物事にさらに付け加わる意を表す。なおのこと。「練習すれば―上手になる」

並《なら》**びに** 前後の物事を連接して、並列の関係であることを表す語。★法律の条文では、大きな意味の連結には「並びに」を、小さな意味の連結には「及び」を使う。「A及びB―C及びD」

のみならず 古風 そればかりでなく。「氏は俳優として―演出家としても有名である」

況《ま》**して** その場合でさえこうなのだから、言うまでもなく。「大人でも運べないぐらいだから、―（や）子供の力では無理だ」

順行（だから）

斯《か》**くて** 古風 こうして。かくして。「―またもや失敗と相成った次第」

こうして 前の事柄の結果として。「―二人は結ばれた」

扨《さて》 前の事柄を受けて次に移ることを示す語。それから。さてと。「仕事が終わった。―帰るとするか」 異字 扠・偖

従《したが》**って** だから。「寝るのが遅い。―朝寝をするわけだ」★改まった言い方。

すると 会話 そのようにした後に。そのようにした結果。「左へ曲が

ります。―駅が見えます」「そうか。―だまされたわけだね」

そうして　それから。「―、また幾日か続いた」

そこで　前の事柄を前提とする意を表す語。「こういう事情です。―ご相談なのですが」

そして　それから。「何度も読み返した。―投函《とうかん》した」

そのため　それが原因・理由で。「事業に失敗した。―すべてを失った」

それから　そのことに続いて、その次に。「宿題を終えて、―すぐ寝た」

それだけに　そのような事情であるからいっそう。「これは思い出の品だ。―愛着もひとしおだ」

それで　①そういうわけで。「なるほど。―困った顔をしているのか」②前の事柄を受けて話を進める語。「―君はどう言ったの？」

それでは　前の事柄を受けて話題の転換や意志を示す。「―会を始めます」

それなら　そういうことならば。「―好きなようにすればいい」

それ故《ゆえ》　その理由によって。「放漫経営が続いた。―倒産の危機に見舞われた」

就《つ》いては　前述の事柄に関して、次に何か述べようとする時の語。「以上がその趣旨です。―何とぞご協力のほどをお願いします」

次《つぎ》に　そのあとに続いて。それから。「以上が問題提起です。―それに対する見解です」

とすれば　[会話] そうだとすれば。「ここは問題ない。―あそこが怪しい」

延《ひ》いては　それが原因となって、さらに進んで。「それが日本のため、―世界のためになる」

故《ゆえ》に　前に述べた理由によって。「貴殿の功績大なり。―これを賞す」

因《よ》って　そのために。「起立多数、―本案は可決されました」[異字] 仍って・依って

逆行（しかし）

いっそのこと　予定と異なる現状を踏まえて、思いきって。いっそ。「―初めからやり直そう」

が　だが。「全力で走った。―、間に合わなかった」

却《かえ》って　逆に。「車のほうが―時間がかかる」[異字] 反って

かと言《い》って　前述の事柄から連想される事柄を打ち消す時に使う語。「合格したい。―勉強はしたくない」

逆《ぎゃく》に　予想とは反対に。「叱《しか》られるかと思ったら―褒められた」

さりとて　[古風] そうかといって。「―ほかに手はなし」

然《さ》れど　[古風] そうではあるが。「たかが野球、―野球」

然《しか》しながら　そうではあるが。「かなりの発展を遂げている。―まだ先進諸国には程遠い」[異字] 併し

ながら

然《しか》るに 【古風】 そうであるのに。「再度督促状を出した。—何の音さたもない」

然《しか》れども 【古風】 しかしながら。「道は長い。—必ず光は射《さ》す」

その癖《くせ》 【会話】 それでいながら。「お金がないと言うが、—よく使う」

それなのに そうであるのに。★不満の意を込めて使うことが多い。「毎日勉強している。—成績が上がらない」

とは言《い》うものの とは言え。「年をとった。—まだまだ現役だ」

とは言《い》え そうはいってもしかし。「春も近い。—まだ寒い」

にも拘《かかわ》らず それなのに。「精一杯努力した。—失敗した」★やや改まった言い方。

反対《はんたい》に 逆に。「日本は冬だが、—ニュージーランドは夏だ」

反面《はんめん》 ほかの面から考えれば。他面。「便利な—、不経済という欠点もある」

寧《むし》ろ どちらかといえば前の事柄より。「怒りというよりは—悲しみを感じる」

換言（つまり）

挙《あ》げ句《く》 いろいろしたあとの結局のところ。「考え抜いた—の結論」「さんざん交渉した—こう決まった」 【異字】 揚げ句

挙《あ》げ句《く》の果《は》て 「挙げ句」を強調していう語。ある一連の行為の末。「金を返せない言い訳ばかりして、—には姿を消した」

言《い》い換《か》えれば ほかの言葉で言い表すと。「間に合っている。—要らないということだ」

愈《いよいよ》 ついにその時期になるさま。「—その日が来た／出発だ」 【異字】 愈々・愈ゝ

裏《うら》を返《かえ》せば 同じ事柄を反対の側から見ると。「—できないというよりその気がないということだ」

換言《かんげん》すれば 言葉を換えて言うと。換言すると。「あえて注意しなかった。—黙認したわけだ」

帰《き》する所《ところ》 つまるところ。「—個人の判断にゆだねるしかない」

結局《けっきょく》 様々な経緯があった後の結末として。「—はご覧のとおりです」「—失敗した／金の問題に帰着する」

結句《けっく》 【古風】 結局。「—和解にこぎつけた」

所詮《しょせん》 いろいろ考えてみたが、結局。「—かなわぬ夢」「—（は）助からない命だったのだ」

即《すなわ》ち 言い換えれば。「両院、—衆議院と参議院」

煎《せん》じ詰《つ》めると 最後まで考えを推し進めれば。「—時期尚早という結論になる」

詮《せん》ずる所《ところ》 いろいろと考えてみた結果。要するに。★「所詮」を訓読みした語。

但《ただ》し 先に述べたことに留保条件や例外などを付け足す語。「—女性に限る／一回限り」

因《ちな》みに　それに関連してついでに言えば。「―こういう例もある」

序《ついで》ながら　この折に一緒に。ついでに。「―申し添えておきます」

終《つい》に　とうとう。①長い時間や様々な経緯の後にとうとう。「―倒れた／成功した」★そうなるか否か未定の事柄が到来した気分。②〔下に打消を伴って〕今もって。ついぞ。「―会うことはない」異字 遂に

詰《つ》まる所《ところ》　結局。「―損得の問題だ」

到頭《とうとう》　最終的な結果としてついに。「―決裂した／来なかった」★結果に対するあきらめの気分を伴いやすい。

とどのつまり　結局のところ。行き着くところ。「―（が）離婚ということになった」★多く、良くない結果にいう。魚のボラが成長するにつれて呼び名が変わり、最後がトドになることから。

取《と》りも直《なお》さず　そのまま言い換えると。「料金の改定は―値上げを意味する」

尚《なお》　さらに付け加えれば。「―満員の節はご遠慮を願います」

念《ねん》の為《ため》　より一層確実にするため。「―言っておく／検査する」

早《はや》い話《はなし》が　てっとり早く話せば。「―何も分かっていなかったんだ」

畢竟《ひっきょう》　古風 結局。「背伸びをしたところで、―自分は自分でしかありえない」

尤《もっと》も　あとからそれに反する条件を加える時に用いる語。そうは言うものの。「朝早く出発だ。―、降っていれば様子を見る」

要《よう》するに　要約して言うと。「―努力が足りなかったのだ」

要《よう》は　要するに。「―金が問題だ」

選択（または）

或《ある》いは　二つの事柄を挙げ、一方でなければ他方である意を表す語。「文書―口頭で」

然《さ》も無《な》ければ　もしそうしなければ。「―痛い目に遭うぞ」異形 さもなくば

それとも　「あるいは」のややくだけた言い方。「鮨《すし》にしようか、―ラーメンがいい？」

乃至《ないし》　または。「北―北東の風」「一年―二年」

若《も》しくは　または。「兄―私が伺います」★法律の条文では、大きな意味の連結に「又は」を、小さな意味の連結に「若しくは」を使う。「A又はB―C又はD」

転換（ところで）

何《いず》れにしても　どの場合を選んだとしても。いずれにせよ。「―もう間に合わない」

何《いず》れにせよ　「いずれにしても」の硬い言い方。「今回か次回かは分からないが、―必要になる」

一体《いったい》　①強い疑問を表す語。「―何なんだ」★問いただす気持ちにも用いる。「―どうしたんだ」②そもそも。「―わが校のモットーは」

一体全体《いったいぜんたい》　「一体①」を強調していう語。「—どうしたことか、部屋の中が荒れ放題だ」

凡《およ》**そ**　一般に。「—学問に王道はなく」★多く、話の切り出しに用いる。

扠《さて》　局面を変えて説き起こす時に使う語。ところで。「—話は違うが」 異字 扨・偖

抑《そもそも》　事物の由来などを説き起こす時、その冒頭に用いる語。「—この会の目的は」 異字 抑、

第一《だいいち》　何よりも。まず。「—できるわけがない」

時《とき》**に**　ところで。それはそうと。「—、彼はどうしているかね」「—、あれはどうなった」

どちらにしろ　二つの場合のどちらにしても。「—同じ結果だろう」

兎《と》**に角**《かく》　事情や経緯があるにしても、それはそれとして。「—‐行ってみよう／もう少し待ってみよう」

兎《と》**にも角**《かく》**にも**　ともかくも。「いろいろあったが、—間に合った」

どの道《みち》　どういう経緯であっても結局は。「—やらなければならないことだ」

ともあれ　いろいろ事情はあるだろうが、いずれにしても。「—無事に終わってよかった」

兎《と》**も角**《かく》　とにかく。「—助かった」

兎《と》**も角**《かく》**も**　「ともかく」の強調。「あれこれ考えるのはやめて—やってみよう」

何《なに》**しろ**　会話 ほかのことはさておいて。「—‐まったくの素人なので／一生懸命にやることが必要だ」

何《なに》**を措**《お》**いても**　ほかのことはおいて、まずは。「—真っ先に連絡する」

善《よ》**かれ悪**《あ》**しかれ**　よかろうと悪かろうと結局。「—文句は出る」

程度（良・悪）を表すときに使う

よい

屈指《くっし》　多くの中で数えたてるほど優れていること。「県内—の強豪」★指を折って数える意。

五本《ごほん》**の指**《ゆび》**に入**《はい》**る**　上位から数えて五位までに入る。「世界でも—ほどの大富豪」★一〇位までなら「十指《じっし》に入《い》る」という。

絶好《ぜっこう》　これ以上ないほどよいこと。「—の行楽日和《びより》」

絶妙《ぜつみょう》　極めて巧みなさま。「—の‐筆致／演技」

何《なに》**より**　他のどんなものより。それが一番である。「—の証拠」「お元気で—です」

万能《ばんのう》　あらゆることに秀でていること。「スポーツ—」「—選手」

見事《みごと》　非常に巧みなさま。「—な‐腕前／出来栄え」 異字 美事

水際立《みずぎわだ》**つ**　鮮やかに目立つ。「水際立った‐手綱さばき／手腕／演技／プレー」

物《もの》**の見事**《みごと》**に**　文句のつけようがないほどすばらしく。「—‐的中する／だまされる」

有数《ゆうすう》　特に数え上げるほど名高いこと。「—の大家」

指折《ゆびお》り　屈指。「当代—のゴールキーパー」

悪い

とんだ 俗語 予想もしない大変な。「—災難だ」

とんでもない　途方もない。もってのほかの。「—話」「—失敗をしでかす」

不謹慎《ふきんしん》　（相手に対して）慎みのないこと。ふまじめ。「—な態度」「—極まりない」

不心得《ふこころえ》　心掛けのよくないこと。「—者」「—を諭す／たしなめる」

不届《ふとど》き　道徳や法に背いた迷惑な行いをすること。「—な奴《やつ》」「—を働く／詫《わ》びる」

滅相《めっそう》も無《な》い　とんでもない。「—ことです」

以《もっ》ての外《ほか》　けしからん。「サボるとは—」

完全

間然《かんぜん》する所《ところ》がない　非難すべきところがなく完全だ。「—理論」

完璧《かんぺき》　技術や出来栄えなどに欠点や欠陥が全くないこと／さま。「—な仕上がり／演技／計画」「—を期する」★きずのない璧（＝宝石）の意。

十全《じゅうぜん》　手落ちがなく完全なさま。「—な対策」「—の処置をとる」

万全《ばんぜん》　少しの落ち度もなく非常に完全なこと。「—の備え／措置」「—を期す」

非《ひ》の打《う》ち所《どころ》がない　少しの欠点もなく、文句のつけようがない。「—出来映え」

水《みず》も漏《も》らさぬ　警戒や防御などが少しのすきもなく厳重なさま。「—警戒」

最高

言《い》う事無《ことな》し　良くて文句のつけようがない。

押《お》しも押《お》されもせぬ　実力ある立場が確立している。「—料理界の第一人者」

金字塔《きんじとう》　後世まで伝えられるような偉大な記録や業績。「—を打ち立てる」

比《くら》べ物《もの》にならない　比べる意味がないほど差が大きい。「—実力」

この上無《うえな》い　これ以上のものはない。最上である。「—幸せ／もてなし」

最上《さいじょう》　最も上等なこと。「—の品／贈り物／喜び」

最良《さいりょう》　最も良いこと。「人生—の時」⇔最悪

至上《しじょう》　最高・最上であって、それ以上のものはないこと。「—の愛／喜び／幸福」「—命令」「芸術—主義」

絶世《ぜっせい》　世にまたとないほど優れてい

ること。「—の美女」

底知《そこし》れない　限界が分からないさま。「——不気味さ／実力」

例《たと》えようもない　同じような例がないほど独特である。「——感触／怒り／魅力」異字 譬えようもない

追随《ついずい》を許《ゆる》さない　ひとり抜きんでていて他の者を寄せつけない。

天下無敵《てんかむてき》　世界中を探しても相手になる敵がいないほど強いこと。天下無双。

並《なら》び無《な》い　同列に並べるものがないほど優れている。「—巨匠」

比類《ひるい》の無《な》い　類がない。「—美しさ」

ベスト　最良。最上。「—メンバー」

★best ⇔ワースト

右《みぎ》に出《で》る者《もの》がいない　その分野で一番優れている。

無上《むじょう》　この上もないこと。最上。「—の—光栄／喜び」

無双《むそう》　無比。無二。「—怪力／古今／天下——」

無敵《むてき》　対抗できる者がいないほどに強いこと。「—のチャンピオン」「—を誇る」

無比《むひ》　比べる相手がないほど優れていること。「天下／当代——」

無類《むるい》　類がないほど飛び抜けている。「—の—酒好き／お人よし」「珍—」

申《もう》し分《ぶん》が無《な》い　良くて不満な点がない。「結婚相手として—」異形 申し分無い

類《るい》が無《な》い　同じようなものが他にはないほど優れている。「この描写力はちょっと—」

類《るい》を見《み》ない　他では見られないほど優れている。「世界に—」

残らず

余《あま》す所《ところ》無《な》く　残らず全部。すっかり。「魅力／事実—を—伝える」

遍《あまね》く　すべての範囲に行き渡って。「—知れ渡る」異字 普く

一切《いっさい》　①全部。すべて。「—の—費用／責任」「—関係ない」②〔下に打消を伴って〕全然。「——おかまいなし／関係ない／口を利かない」

一切合切《いっさいがっさい》　「一切」を強調していう語。「—を—失う／投げ出す」異字 一切合財

隈《くま》無《な》く　残るところなく。隅々まで。「資料を—調べる」「—捜す」

細大漏《さいだいも》らさず　細かいことまで残らず全部。「—書き記す」

万事《ばんじ》　該当するすべてのこと。あらゆる物事。「—心得ている」「—休す」

満遍《まんべん》なく　行き届かないところがなく。「—愛嬌《あいきょう》を振りまく」異字 万遍なく

漏《も》れ無《な》く　全部残らず。「——配布する／チェックする」

大体

大方《おおかた》　大部分。「一年の—」「—出来上がる」

概《おおむ》ね　物事のほぼ全体にわたって言えるさま。「——順調だ／良好だ」

大凡《おおよそ》 およそ。「—のプランを立てる」「—の数字」★推量的に全体をとらえる気分。
凡《およ》**そ** ①だいたい（のところ）。「—の値段／見当／道順」②〔下に打消を伴って〕全然。「—興味がない」★「おおよそ」の転。
概《がい》**して** おしなべて。ひっくるめて。一般的に言って。「—良好だ／難しい」
九分九厘《くぶくりん》 ほとんどすべて。九九パーセント。「成功は—間違いない」
九分通《くぶどお》**り** 十のうち九ぐらいまで。ほとんど全部。「工事は—完成した」
十中八九《じっちゅうはっく》 十のうち八か九まで。大部分。「—確実だ」★推量の気分を伴う。異読 じゅうちゅうはっく
大概《たいがい》 ほとんど。大部分。「—の人／場合」
大多数《だいたすう》 ほとんど全部に近い数。「—は賛成だ」「—の参加を得る」
大抵《たいてい》 ①〔多少例外はあるにしろ〕大部分。「—の人」「—の物ならこの店でそろう」②普通。ひととおり。「並み—のことではない」
大半《たいはん》 半分以上。過半。おおかた。「出席者の—」「—は易しい問題だった」
大部分《だいぶぶん》 多くの部分。ほとんど。「—の学生」「—出来上がる／読み終えた」
八分通《はちぶどお》**り** 十のうち八ぐらいまで。「—終わった」
殆《ほとん》**ど** ①ほぼすべて。「—の人／出席者」「—全部」②もう少しのところで。「—泣くところだった」

多彩

色取《いろと》**り取**《ど》**り** 色々な種類があること。「—な意見が出る」
多岐《たき》 多方面なこと。「問題が—にわたる」
多彩《たさい》 種類や変化に富んでいて、にぎやかなさま。「—な技／顔ぶれ」
多種多様《たしゅたよう》 種類が多くいろいろであるさま。「—な出し物」「—にわたる／及ぶ」
多方面《たほうめん》 多くの方面・分野。「—にわたる活動」
多面的《ためんてき》 幅広く多くの面にわたるさま。「—な活動」
多様《たよう》 いろいろ。さまざま。「—な生き方」⇔一様
取《と》**り取**《ど》**り** それぞれに違うさま。「—の服装／趣向」

豊か

潤沢《じゅんたく》 物が豊かにあるさま。「—な予算」
富《と》**む** ①豊かにもっている。「機知／変化—に—」②金持ちになる。「富める—者／国」
宝庫《ほうこ》 資源や産物などを多く産する所。「この地域は金《きん》の—だった」
豊饒《ほうじょう》 地味がよく肥えていて、作物が豊かに実るさま。「—な土地」
豊富《ほうふ》 たっぷりあるさま。「—な資源／知識」「材料／経験—が—だ」

豊満《ほうまん》 十分に充実しているさま。「―な色彩」

満載《まんさい》 ①荷物をいっぱい載せること。「貨物を―したトラック」 ②記事をたくさん掲載すること。「グルメ情報―の雑誌」

無尽蔵《むじんぞう》 いくら取ってもなくならないほどあること。「天然資源は―にはない」

盛《も》**り沢山**《だくさん》 分量や内容が豊富であるさま。「―な料理／番組／催し」

普通

可《か》**も無**《な》**く不可**《ふか》**も無**《な》**し** 特に良くも悪くもない。普通だ。

常套《じょうとう》 決まりきったやり方。「―句／手段」

ステレオタイプ ものの見方や行動様式が固定的・紋切り型であること。「―な日米比較論」★stereotype

世間並《せけんな》**み** 世間一般の人と同じ程度。「―の暮らし／付き合い」

千編一律《せんぺんいちりつ》 多くのものがどれも同じ調子で面白みのないこと。「―の意見」 異字 千篇一律

並《なみ》 中ぐらいなこと。普通。「―の人／成績／大きさ」

一通《ひととお》**り** 普通なこと。一応。「―の知識」「―の努力では成功しない」

人並《ひとな》**み** 一般の人と同じ程度・レベル。「―の生活」

平板《へいばん》 単調で面白みや味わいのないさま。「―な描写」

平々凡々《へいへいぼんぼん》 ごく平凡。「―の一生」

平凡《へいぼん》 ごく普通で目立たないさま。「―な暮らし／趣向／記録」「―に生きる」⇔非凡

変哲《へんてつ》**も無**《な》**い** 特に変わったところがない。「何の―暮らし」

別格

圧倒的《あっとうてき》 他を全く寄せつけないほど優勢なさま。「―な支持率／強さ」

雲泥《うんでい》**の差**《さ》 優劣の差の甚だしいこと。「実力は―だ」

画期的《かっきてき》 新時代を開くと思われるほどの状態が現れるさま。「―な出来事／判決／発明」 異字 劃期的

記録的《きろくてき》 過去の記録を上回るさま。「―な暑さ」

記録破《きろくやぶ》**り** これまでの最高記録を上回ること。「―の暑さ／大ヒット」

桁《けた》**が違**《ちが》**う** 段違いである。「価格も規模も―」

桁違《けたちが》**い** 段違い。「―に大きい／強い」

桁外《けたはず》**れ** 標準をはるかに超えていること。「―の大きさ／値段」「―に強い」

世界的《せかいてき》 世界に通用するさま。「―な音楽家」

絶対的《ぜったいてき》 物事が他に制約されないさま。「―な権力／優位」⇔相対的

断然《だんぜん》 かけ離れて他と違うさま。「―有利だ」

段違《だんちが》**い** 二者のレベルに相当の隔たりがあること。「―の実力／強さ」 略形 だんち

歴史的《れきしてき》 歴史に残るほど重大なさま。「―な発見／偉業／瞬間」

唯一

又と無い《またとない》 二つとない。二度とない。「―幸運／喜び」「―いい機会だ」

無二《むに》 二つとないこと。かけがえのないこと。「―の親友」「―無三」

無比《むひ》 比べるものがないこと。「正確―」

対立関係を表すときに使う

対立

軋轢《あつれき》 仲が悪くてしっくりいかないこと。「嫁と姑《しゅうとめ》との―」「―が激しくなる／生じる」

確執《かくしつ》 互いに自分の意見を主張して譲らないこと。また、その不和。「―を生じる」異読 かくしゅう

拗れる《こじれる》 物事がもつれて順調に進まなくなる。「話が―」

争議《そうぎ》 ①互いの意見・議論の衝突。「家庭―」②「労働争議」の略。労働者側と使用者側との争い。

対峙《たいじ》 向かい合って対立すること。「―して一歩もひかない」

反目《はんもく》 互いに対立してにらみ合うこと。仲の悪いこと。

不和《ふわ》 気が合わず仲が悪いこと。「家庭の―」「隣国と―になる」「―を生じる／招く」

紛糾《ふんきゅう》 意見や主張が対立してもめること。「会議／審議が―する」「―を招く」

摩擦《まさつ》 不和。軋轢《あつれき》。「―が生じる」「経済―」

縺れる《もつれる》 複雑に入り乱れて収拾がつかなくなる。「話／交渉が―」

悶着《もんちゃく》 もめ事。争い。「―が起こる」「一《ひと》―ある」

蟠る《わだかまる》 不平や不満が残って晴れ晴れとしない。「憎しみの心が―」

争い

相手取る《あいてどる》 対立する相手とする。「国を相手取って訴訟を起こす」

葛藤《かっとう》 ①物事がもつれてごたごたすること。「親子の―」「―に巻き込まれる」②二つの両立しがたい物事に挟まれて苦しみ迷うこと。「激しい―」「心の―」

競う《きそう》 互いに負けまいと争う。「力／技／技術を―」「競って練習に励む」

競合《きょうごう》 二つ以上の勢力が競い合うこと。「同じバス路線を二社が―している」「―商品」

競争《きょうそう》 同じ目的を目指して争うこと。競り合い。「―に勝つ」「―が激しい」「―率」「自由／生存／販売―」

係争《けいそう》 訴訟などに持ち込んで争うこと。「―中の事案」異字 繋争

鎬を削る《しのぎをけずる》 激しく争う。「デパートが年末商戦に―」

雌雄を決する《しゆうをけっする》 互角の者同士が戦って勝負を決める。「決勝戦で―」

競る《せる》 ①激しく競う。「先頭の三人が競っている」②争って値を高

くする。競って値を付ける。「一万円から競ってゆく」

対抗《たいこう》 相対して競うこと。「力には力で―する」「クラス―リレー」「――馬／意識」

張《は》**り合**《あ》**う** 争い合う。対抗し合う。「ライバルと―」「仕事の上で―」

向《む》**こうに回**《まわ》**す** 相手にして張り合う。「強敵を向こうに回して健闘する」

向《む》**こうを張**《は》**る** 相手となって張り合う。対抗する。「横綱の向こうを張って」

胸《むね》**を借**《か》**りる** 自分より力のある者に相手をしてもらう。「横綱の―」★相撲の稽古《けいこ》から。

遣《や》**り合**《あ》**う** 会話 互いに争う。「些細《ささい》なことで同僚と―」

渡《わた》**り合**《あ》**う** 相手となって争う。激しく議論する。「互角／五分《ごぶ》に―」

背く

抵触《ていしょく》 法律や規則に触れること。「条文に―する」 異字 牴触

背反《はいはん》 ①そむくこと。「命令に―する」②相いれないこと。「二律―」 異字 悖反

反《はん》**する** ①違反する。「趣旨／人の道に―」②反対になる。裏腹になる。「予想／利益に―」③そむく。「国王に―」

悖《もと》**る** 道理に反する。そむく。「道理／人の道に―」

闘う

敢闘《かんとう》 ひるまず勇敢に闘うこと。「強敵を相手に―する」「―精神」

健闘《けんとう》 よく頑張って闘うこと。「最後までよく―する」「互いに―をたたえ合う」「―むなしく敗れ去る」

仲間外れ

背《せ》**を向**《む》**ける** 反抗的な態度をとる。知らん顔をする。「父／世間に―」

疎外《そがい》 疎んじて退けること。のけ者にすること。「―感」

排撃《はいげき》 押しのけようとして、攻撃すること。「異端者を―する」

排除《はいじょ》 不要なもの、じゃまなものを締め出すこと。「不平分子を―する」

排斥《はいせき》 拒んで退けること。「―運動」

訴える

直訴《じきそ》 定められた手続きを経ないで、主君・上役などに直接訴えること。「―に及ぶ」

愁訴《しゅうそ》 苦しみや悲しみを訴えること。「不定―」

増・減・多・少を表すときに使う

増える

アップ 増すこと。上がること。「給料／実力が―する」「レベル／イメージ――」★up ⇔ダウン

急増《きゅうぞう》 短い期間に急に増えること。

「難民が―する」⇔急減

激増《げきぞう》 甚だしく増えること。「感染者が―する」⇔激減

増益《ぞうえき》 利益が増えること。「―を見込む」「増収―」⇔減益

増加《ぞうか》 増すこと。増やすこと。「人口の―」「人員を―する」「死亡率が―する」★主に具体的な数量や数値について用いる。⇔減少

増収《ぞうしゅう》 収入が増えること。「自然―」「―増益」⇔減収

増進《ぞうしん》 力や勢いが増して良くなること。「健康／食欲／学力―が―する」⇔減退

増大《ぞうだい》 増すこと。「ストレスの―」「不満が―する」★主に抽象的な物事について用いる。

増幅《ぞうふく》 （ある気持ちが）増すこと。「不信感が―する」

倍増《ばいぞう》 二倍に増えること。「喜びが―する」

増やす

上乗《うわの》**せ** ある金額や数量に若干の追加分を足すこと。「消費税を―する」

拡充《かくじゅう》 規模を拡大し、内容も充実させること。「基幹産業の―を図る」「施設を―する」

増強《ぞうきょう》 量や力を増やして強力にすること。「輸送力／軍備―を―する」「―を図る」

底上《そこあ》**げ** 最低部分の水準・数値を引き上げること。「生活水準／賃金―の―を図る」

プラスアルファ 決まったもの以外にいくらか追加すること。「給料―の収入」★和plus＋alpha

減る

急減《きゅうげん》 短期間に急に減ること。「白血球が―する」⇔急増

激減《げきげん》 甚だしく減ること。「党員が―する」⇔激増

減員《げんいん》 人員や人手を減らすこと。⇔増員

減益《げんえき》 利益が減ること。⇔増益

減収《げんしゅう》 収入が減ること。「少なからぬ―となる」「―減益」⇔増収

減速《げんそく》 速度が落ちること。また、変化の進行が遅くなること。「電車／ブーム―が―する」⇔加速

失速《しっそく》 ①飛行中の航空機が揚力を失うこと。ストール。「機首を上げすぎて―する」②順調に進んできた物事が、勢いを失うこと。「行政改革がにわかに―する」「―経済」

スピードダウン 減速。ペースダウン。★和speed＋down ⇔スピードアップ

スローダウン 減速。「怠けて作業が―する」★slowdown ⇔スピードアップ

低減《ていげん》 減って低くなること。「消費電力の―」

半減《はんげん》 半分に減ること。「喜びが―する」

目減《めべ》り　①物品の量が当初よりも減ること。「輸送中の―を見込む」②価値が減少すること。「貯金が―する」

減らす

軽減《けいげん》　減らして軽くすること。「労力／負担‐の―」⇔加重

減《げん》じる　減る。減らす。「罪一等を―」 異形 減ずる

控除《こうじょ》　ある名目による金額を差し引くこと。「医療費の―」

削減《さくげん》　削って減らすこと。「予算を―する」

差《さ》し引《ひ》く　ある数量から他の数量を引き去る。「給料から―」「手数料を―」★会話では「さっぴく」とも。

縮小《しゅくしょう》　全体がより小さくなること。「規模の―」「―再生産」★「縮減」に比べて、全体が均一的に小さくなる感じが強い。⇔拡大

節減《せつげん》　無駄を省き、費用や使用量を減らすこと。「経費の―」

短縮《たんしゅく》　時間や手順などを短く縮めること。「期間／記録‐を―する」「操業―」⇔延長

天引《てんび》き　渡す金額の中から一定額をあらかじめ差し引くこと。「保険料を―する」

割引《わりびき》　割り引くこと。「―キャンペーン」⇔割り増し

割《わ》り引《び》く　①定価から、その何割かに相当する金額を差し引く。「保険料を―」②内輪に見積もる。「話を割り引いて聞く」

欠く

欠如《けつじょ》　当然なければならないものがないこと。「責任感の―」

欠損《けっそん》　一部分が欠けて不完全なこと。「視野の―」「機械の―箇所」

欠落《けつらく》　あるべきものが欠けていること。「常識／自制心‐が―している」

うまくいかないときに使う

滞る

延滞《えんたい》　納入・支払いなどが、期日より延びてたまっていること。「家賃／図書館の本‐を―する」「―料金／利子」

遅滞《ちたい》　予定より遅れて、はかどらないこと。「業務が―する」「―なく支払う／提出する」

停滞《ていたい》　物事が進行せず、滞ったり止まったりすること。「景気が―する」

延《の》び延《の》びになる　物事がだんだんと先送りになる。「完成予定が―」

行き詰まる

足踏《あしぶ》み　物事がはかどらず、停滞していること。「景気が―する」「―状態」

暗礁《あんしょう》に乗《の》り上《あ》げる　思いがけない困難や障害で事が進行しなくなる。

「交渉が―」

壁《かべ》に突《つ》き当《あ》たる　それ以上進められない困難に直面する。「研究が―」

壁《かべ》にぶつかる　壁に突き当たる。

膠着《こうちゃく》　情勢が固定して、変化しないこと。「試合は―状態がずっと続いている」

挫折《ざせつ》　仕事や計画などが途中でだめになること。「事業が―する」「―を味わう」

手《て》詰《づ》まり　打つ手がなくなること。「捜査が―になる」

頓挫《とんざ》　途中で急に勢いがなくなり、行き詰まること。「計画が―する」「―を来す」

難航《なんこう》　会議や交渉などがなかなか進まないこと。「交渉／捜査―が―する」

行《ゆ》き詰《づ》まる　物事がうまく進まなくなる。「商売／議論―が―」「研究に―」

行《ゆ》き悩《なや》む　物事が思いどおりにはかどらなくて苦労する。「審議が―」

失敗

過《あやま》つ　間違って罪を犯す。「身を―」

誤《あやま》り　間違い。「漢字の―」「―を見つける／正す」

同《おな》じ轍《てつ》を踏《ふ》む　前の人と同じ失敗を繰り返す。異形 前車の轍を踏む

誤謬《ごびゅう》　判断の誤り。「明白な―」「―を犯す」

錯誤《さくご》　誤り。特に、認識と事実の不一致。「―に陥る」「―を犯す」

失態《しったい》　ぶざまな失敗。「―を演じる」「時代／試行―」「大―」 異字 失体

千慮《せんりょ》の一失《いっしつ》　①思いがけない失敗。②どんなに賢い人の考えにも失策があること。⇔千慮の一得

粗忽《そこつ》　不注意で起こしたしくじり。「―をわびる」

手違《てちが》い　手順ややり方に間違いがあること。「当方／何か―の―で」「―を生じる」

不始末《ふしまつ》　①後始末がいいかげんなこと。「タバコ／火―の―で火事になる」②不品行な行い。「―をしでかす／わびる」

不首尾《ふしゅび》　物事の結果がうまくいかないこと。「計画／調停―が―に終わる」⇔上首尾

不手際《ふてぎわ》　物事を処理する仕方が悪いこと。「―な処置」「―を―演じる／わびる」

打ち切る

解除《かいじょ》　規制・発令されていたことをやめること。「ストライキの―」「契約／制約―を―する」「警報／武装―」

切《き》り上《あ》げる　物事をあるところで区切って終わりにする。「仕事／話／つき合い―を―」

締《し》め切《き》る　取り扱いの期限とする。「申し込み／願書の受け付け―を―」 異字 〆切る

手《て》を引《ひ》く　していたことをやめ、そこから離れる。「相場から―」⇔手を出す

取《と》り止《や》める　これからしようとしていたことを中止する。「旅行／出場―を―」★「やめる」に比べて、計画の実施について議論や考慮した結果という意味合いが強い。
見《み》合《あ》わせる　実行することを控えて、しばらくの間様子を見る。「購入／出発―を―」
見《み》送《おく》る　条件が整うまで実行を差し控える。「実施／採択―を―」

才能・性格を表すときに使う

生まれ付き

生《う》まれながら　生まれた時から。「―の性質」「―にして」
親譲《おやゆず》り　親の特徴などを子が受け継ぐこと。
生来《せいらい》　生まれたときからずっと。「―の怠け者」
持《も》ち前《まえ》　持って生まれた。「―の明るさ」
持《も》って生《う》まれた　生まれつき備わっている。「――才能／美貌《びぼう》」

賢い

鋭敏《えいびん》　①感覚が非常に鋭いさま。「―な感受性」②才知が鋭く判断力・理解力が優れているさま。「―な知性／頭脳」
鋭利《えいり》　才気や感覚が鋭いさま。「―な頭脳」
気鋭《きえい》　意気の鋭いこと。「―の新人／論客」「少壮―」
機転《きてん》　気がよく回ること。気が利いていること。「とっさの―」「―の利いた判断」〔異字〕気転
気働《きばたら》き　よく気が利き、事に応じて敏速に対処すること。「―がある」
賢明《けんめい》　賢いさま。「やめた方が―だ」「―な判断」
聡《さと》い　〔古風〕理解・判断が早い。「―子」「利に―」「耳が―」〔異字〕敏い
如才無《じょさいな》い　気が利いていて、あいそがいい。「何事にも―」
鋭《するど》い　①きびしく突き刺さる感じがする。「――目つき／質問」②感覚や頭脳がよく働くさま。「勘が―」「――感覚／観察眼」⇔①②鈍い
聡明《そうめい》　理解力に優れ、賢いさま。「―な子供」
そつが無《な》い　手落ちや手抜かりがない。「万事に―」「何をやらせても―」
明敏《めいびん》　論理的で賢いさま。「―な知性」
目《め》から鼻《はな》へ抜《ぬ》ける　物事の理解や判断が非常に早い。
目敏《めざと》い　見つけるのが早い。「目敏く見つける」
利発《りはつ》　賢いさま。「―そうな子供」「―者」

潔い

高潔《こうけつ》　気高く立派なこと。「―の士」「人格―」
清廉《せいれん》　私利私欲がなく行いが潔いさま。「―潔白」
廉潔《れんけつ》　欲が少なく心や行いが清いさま

ま。「—な政治家」「—の士」

廉直《れんちょく》 欲が少なく心が正直なさま。「—の士」

勇ましい

雄々《おお》**しい** 男らしい。勇ましい。「—姿／顔つき」 異字 男々しい ⇔女々《めめ》しい

果敢《かかん》 決断力が強く、危険をものともしないさま。「—な行動」「—に戦う」「勇猛—」

決然《けつぜん》 覚悟を決めたさま。きっぱりしたさま。「—と席を蹴《け》る／立つ」「—たる態度で臨む」

精悍《せいかん》 体格・顔立ちなどに鋭い力があふれ、たくましい感じがするさま。「—な顔つき」

勇敢《ゆうかん》 勇気があって何物も恐れないさま。「—な行為」「—に戦う」

勇姿《ゆうし》 勇ましい姿。「—を現す／見せる」

雄姿《ゆうし》 堂々と立派な姿。「さっそうたる—」

大らか

円満《えんまん》 人柄が穏やかなさま。「—な性格／人柄」

鷹揚《おうよう》 大様《おおよう》。「—な人／態度」「—に構える」

大様《おおよう》 心に落ち着きがあってこせこせしないさま。「—に育つ／構える」

穏《おだ》**やか** 落ち着いていて物静かなさま。「—な人柄」「—に話す」

おっとり ゆったりとしてこせこせしないさま。「—した人／人柄」

温厚《おんこう》 人柄がもの柔らかで温かみのあるさま。「—な紳士」「—篤実」

温和《おんわ》 おとなしくて優しいさま。「—な人柄／性格」

穏和《おんわ》 穏やかで優しいさま。「—な人柄／話しぶり」

闊達《かったつ》 物事にこだわらないで心が広いさま。「—な性格」「自由—」 異字 豁達

寛大《かんだい》 心が広く思いやりのあるさま。「—な処置」「—に扱う／取り計らう」

寛容《かんよう》 心が広く、よく人を受け入れること。「—の精神」

従順《じゅうじゅん》 素直でおとなしいさま。「—な僕《しもべ》／犬」

素直《すなお》 穏やかで逆らわないさま。「—に育つ／従う」

柔和《にゅうわ》 性格が優しく穏やかなさま。「—な表情」

太《ふと》**っ腹**《ぱら》 細かいことにこだわらず気前がいいさま。「—なところを見せる」 異字 太っ肚

マイペース 周囲の影響を受けず自分に合った調子で行うさま。★和 my＋pace

物柔《ものやわ》**らか** 柔和で穏やかなさま。「—な態度」

朗らか

快活《かいかつ》 気分がさっぱりしていて元気があること。「明朗—」

明朗《めいろう》 明るく朗らかなこと。「—な

青年」「—活発」

楽天的《らくてんてき》 人生や物事をあまり心配せず楽観するさま。「—な人／考え」

慎む

謹慎《きんしん》 自らを顧みて、行いを慎むこと。「—の意を表する」

敬譲《けいじょう》 敬って人に譲ること。

謙譲《けんじょう》 相手に譲って自分は控え目にすること。へりくだること。「—の美徳／精神」

謙遜《けんそん》 へりくだること。卑下すること。「—した態度／言い方」「ご—あそばす」

卑下《ひげ》 自分をへりくだること。「—した言葉」「そんなに—することはない」

遜る《へりくだ》 他を敬って自分を下に置く。「へりくだった言い方」 [異字] 謙る

丁寧

気《き》**が利**《き》**く** 注意がよく行き届く。機転が利く。

克明《こくめい》 一つ一つ丹念に行うさま。「—に調査する／記録する」

細《こま》**やか** 情の厚いさま。心がこもっているさま。「—な愛情」 [異字] 濃やか

懇切《こんせつ》 細かいところまで行き届いて、親切であるさま。「—を極めた説明」「—に指導する／教える」「—丁寧」

懇篤《こんとく》 心がこもっていて、丁寧なさま。「—な礼状」「—を極める」

細心《さいしん》 細部に至るまで気を配ること。「—の注意を払う」

周到《しゅうとう》 よく行き届いていて落ち度がないさま。念入り。「—な準備」「用意—」

親身《しんみ》 肉親に対するような思いやりのあること。「—の指導」「—になって世話をする」

丹念《たんねん》 物事を細かい点までよく気を配ってするさま。「—な仕事」「—に調べる」

手厚《てあつ》**い** 心がこもっていて丁寧である。「—看護／もてなし」「手厚く葬る」

丁重《ていちょう》 ①礼儀正しく、行き届いているさま。手厚いこと。「—なもてなし／手紙／あいさつ」「—に断る」 ②注意深く大事にするさま。「書物を—に扱う」 [異字] 鄭重

入念《にゅうねん》 細かいところにまで注意して、十分に吟味すること。「—に仕上げる／点検する」

念入《ねんい》**り** 入念。「—に調べる」

懇《ねんご》**ろ** 手厚いさま。丁寧。「—なお手紙」「—に弔う」

微《び》**に入**《い》**り細**《さい》**を穿**《うが》**つ** ごく細かい点まで入念にする。「微に入り細を穿って解説する」

まじめ

謹厳《きんげん》 浮ついたところがなくまじめ一方なさま。「—な態度」「—実直

な人柄」

堅実《けんじつ》　しっかりしていて危なげのないさま。手堅いこと。「―な生き方／考え方」

質実《しつじつ》　まじめで飾り気のないこと。「―剛健」

真摯《しんし》　まじめでひたむきなさま。「―な態度」「―に励む／受け止める」

篤実《とくじつ》　実直で人情にあついさま。「―な人」「―の士」「温厚―」

正しい

公明正大《こうめいせいだい》　公平で後ろ暗いところがないさま。「―な選挙／政治」

紳士的《しんしてき》　紳士らしく礼儀正しいさま。「―な態度」

名《な》**に背**《そむ》**かない**　名前や評判を裏切らない。「名工の―見事な作品」

品行方正《ひんこうほうせい》　日ごろの行いが道徳にかなうさま。

礼儀《れいぎ》**正**《ただ》**しい**　作法にかなった丁寧な言動をするさま。「―あいさつ／子供」

謙虚

謙虚《けんきょ》　おごることなく控えめなさま。「―な人柄／態度」「―に受け止める／反省する」

腰《こし》**が低**《ひく》**い**　高ぶらない。謙虚だ。「―人」

慎《つつし》**み深**《ぶか》**い**　言動に注意して軽弾みなことをしない。「―人／性格／態度」

慎《つつ》**ましい**　控えめである。「―女性／生活」

慎《つつ》**ましやか**　つつましい様子。しとやかなさま。「―に振る舞う」

低姿勢《ていしせい》　相手に対して、へりくだった態度を示すこと。「―に出る」⇔高姿勢

控《ひか》**え目**《め》　遠慮して、思うままに振る舞わないさま。「―な態度」「夜中なので―にする」

爽やか

颯爽《さっそう》　勇ましくきりっとしていて気持ちのよいさま。「―とした振る舞い」「騎士が―と登場する」

凛《り》**々**《り》**しい**　きりりと引きしまって勇ましい。「―顔立ちの青年／姿」

目が高い

慧眼《けいがん》　本質や真偽を見抜く鋭い洞察力。「―の士」

炯眼《けいがん》　本質や秘密を見抜く鋭い眼力。「―の持ち主」

審美眼《しんびがん》　美と醜を識別する能力。「優れた―を備える」

自粛

差《さ》**し控**《ひか》**える**　①物事を控え目にする。「食事の量を―」②しないようにする。見合わせる。「発言／外出を―」

自制《じせい》　自分で自分の感情や欲望を抑

えること。「欲望／怒り―を―する」「―心」

自重《じちょう》　自ら言動を慎んで、軽々しく行動しないこと。「―を―求める／促す」「―されたし」

自律《じりつ》　他に制約されず、自分で自分の行動を律すること。⇔他律

憚《はばか》**る**　遠慮する。気にかけてやめる。「人前／世間体―を―」「辺りを憚らず大声で話す」

控《ひか》**える**　ほどほどにする。「酒／塩分―を―」

図々しい

厚《あつ》**かましい**　恥を知らず、ずうずうしい。「―態度／男」★人にものを頼む時、「―お願いですが」のようにも使う。

おこがましい　分不相応で、差し出がましい。「――お願い／質問」
異字　痴がましい・烏滸がましい

厚顔《こうがん》　厚かましいさま。「―にもほどがある」

厚顔無恥《こうがんむち》　厚かましく、恥を恥とも思わないこと。「―を絵にかいたような男」

虫《むし》**がいい**　自分に好都合なことしか考えず、ずうずうしいさま。「――お願い／話」

時間を表すときに使う

時間

何時《いっ》**しか**　古風　いつの間にか。「―日も暮れて」「―疎遠になっていた」

何時《いっ》**の間**《ま》**にか**　気がつかないでいるうちに。いつとはなしに。「―彼は姿を消していた」

期《ご》　時。時期。「この―に及んで何を言うか」

刻《こく》　古風　一日を十二分した時間の単位で、十二支を当てはめ「子《ね》の刻」などと時刻を表す。

時点《じてん》　時の流れの中の、ある一点。「現―」

時分《じぶん》　（人生上のある）時期。「若い／子供の―」

長い時間

息《いき》**が長**《なが》**い**　長い間、同じことをし続ける。「――仕事／内閣」

永年《えいねん》　長年。「―勤続表彰」

積年《せきねん》　積もりに積もった長い年月。「―の―恨み／夢」

多年《たねん》　長年。「―にわたる研究」「―草」

長丁場《ながちょうば》　仕事などが完了するまでに、かかる時間が長いこと。「来年三月までの―」「―を乗り切る」

長年《ながねん》　長い年月。「―の―努力／望み」
異字　永年

長《なが》**らく**　長い間。久しく。「―お待たせいたしました」　異字　永らく

短い時間

一時《いちじ》　短い時間・期間。「晴れ―曇り」「―の気の迷い」「―姿を消した」

一時的《いちじてき》　その時限りであるさま。しばらくの間だけであるさま。「—な現象」「—にストップする」
一刻《いっこく》　極めて短い時間。「—も早い解決を願う」「—を争う」
一朝《いっちょう》　わずかの間。「—にして-名を成す／滅ぶ」
一朝一夕《いっちょういっせき》　短い期間。「—にはできない」
一時《いっとき》　会話　ごく短い時間。「ほんの—」「—の猶予もならぬ」
片時《かたとき》　短い時間。「—も-忘れたことがない／手放せない」
暫時《ざんじ》　少しの間。しばらく。「—の猶予」「—休憩」
寸刻《すんこく》　ごくわずかの時間。「—を争う」
寸時《すんじ》　ごく短い時間。「—に終える」
刹那《せつな》　瞬間。「—-的／主義」★もと、仏教語。
玉響《たまゆら》　古風　少しの間。「—の命」
束の間《つかのま》　短いと感じる時間。時の間。「—の出来事」
電光石火《でんこうせっか》　稲光や火打ち石の火のように極めて短い時間。「—の早業」
日が浅い《ひがあさい》　それを始めてから日時があまりたっていない。「店を開いてからまだ—」
一頻り《ひとしきり》　一時盛んなさま。しばらく続くさま。「—-雨が降る／話す」
一時《ひととき》　しばらくの間。「至福の—」

いつも

行住坐臥《ぎょうじゅうざが》　日常（の生活）。起き伏し。★行く・止まる・坐《すわ》る・臥《ふ》す、の意。仏教語で立ち居振る舞いをいう。
経常《けいじょう》　一定して変わらないこと。「—費／収支」
恒常《こうじょう》　常に変わらないこと。「—的な設備」「—性／経費」
常態《じょうたい》　通常の状態。いつもの様子。「—に復する」
尋常《じんじょう》　当たり前。普通。「—な手段」「—でないいでたち」「—一様」
通例《つうれい》　一般の習わし。「—に反する」「役員会は—第一金曜日に行われる」
常《つね》
常々《つねづね》　ふだん。（機会があるごとに）いつも。「—の食事」「幸福とは何か—考えている」
常日頃《つねひごろ》　ふだんの日々。「—心がけていること」
日頃《ひごろ》　ふだんの日々。「—から気をつける」
普段《ふだん》　特別な事態・場合でない時。「—の-暮らし／心がけ」　異字　不断
平常《へいじょう》　ふだんと同じ状態であること。「—通りの運行」
平生《へいぜい》　ふだん。「—の心がけ」
平素《へいそ》　ふだん。「—の努力のたまもの」
平年《へいねん》　気温・収穫・日数などが普通の年。「—並みの気温」
例年《れいねん》　いつもの年。「—になく」「—通り行う」

永遠

永劫《えいごう》　極めて長い年月。「未来—」

永代《えいたい》 何世代にも渡って続くような、極めて長い年月。「―供養」 異読 えいだい

久遠《くおん》 時間が無限に続くこと。「―の理想」★仏教語。

恒久《こうきゅう》 そのまま変化せずにずっと続くこと。「―の平和を願う」

終生《しゅうせい》 死ぬまでずっと。「―恩を忘れない」 異字 終世

末永《すえなが》く これから先ずっと。「―ごひいきに／お幸せに」 異字 末長く

千載《せんざい》 千年。また、極めて長い年月。「―一遇のチャンス」 異字 千歳

千秋《せんしゅう》 千年。また、極めて長い年月。「一日―の思い」

永久《とわ》 えいきゅう（永久）。「―の別れ」★雅語的。

畢生《ひっせい》 一生涯。終生。「―の大作／大事業」

不朽《ふきゅう》 いつまでもその価値が失われず後世に残ること。「―の名作」

無窮《むきゅう》 果てしなく続くこと。「―の宇宙／大空」

悠久《ゆうきゅう》 気が遠くなるほど非常に長く続くこと。「―の昔／大地」「―な時の流れ」

定時

刻限《こくげん》 古風 （ある定められた）時刻。「約束の―」「―を過ぎた」

定刻《ていこく》 定められた時刻。「―五分前」

定例《ていれい》 ①前々から決まっているさま。「―の行事」②定期的であらかじめ日時が規定されているさま。「―会議」⇔臨時

タイミング

暁《あかつき》 ある願望が実現した時。「当選した―には」

折《おり》 ①頃合《ころあ》い。「―を見て話す」②機会。場合。「心の教育が叫ばれる―」

折《おり》から ちょうどその時。「―の雨」

折《おり》しも 折から。「―風が吹き荒れる」

折《おり》に触《ふ》れて 何かの時ごとに。「―書きつづる／手紙を出す」

折《おり》も折《おり》 まさにちょうどその時。「―まずい人物に出会った」

機《き》 時機。「―を見るに敏だ」「―が熟する」

機運《きうん》 ある方向へ向かおうとする、時の巡り合わせ。「平和的解決の―が高まる／熟す」

気運《きうん》 時勢の成り行き。「革命の―を醸成する」

機会《きかい》 何かをするのに良い（偶発的な）時。「絶好の―」「―を逃す」

機宜《きぎ》 時機によく応じていること。「―を得た措置」

好期《こうき》 何かをするのに、ちょうど良い時期。「マス釣りの―」

好機《こうき》 ちょうど良い機会。チャンス。「失敗を―とする」「―を逃す」

際《さい》 あることを行う時。「お出かけの―は鍵《かぎ》を忘れずに」

潮《しお》 潮時。「話が一段落したのを―に退席した」

潮時《しおどき》 ①潮の満ちる時。また、引く

時。②行為を起こすのに適した時期。「—を見定める」「そろそろ辞める—だ」

時機《じき》 何かをするのに適した時。「—を待つ」

時宜《じぎ》 何かをするのに、ちょうど良い時期・場合。「—にかなった企画」「—を得る」

時節《じせつ》 よい機会。「—到来」

時分時《じぶんどき》 ちょうどよい時分。特に、食事の時刻。

節《せつ》 ある事柄の行われる時。「その—はお世話になりました」

千載一遇《せんざいいちぐう》 （千年に一度しか巡り合えないほど）非常に得がたい機会。「—のチャンス」

砌《みぎり》 とき。「ご幼少／上京—の—」

暇

暇《いとま》 ひま（暇）。「眠る—もない」「枚挙に—がない」

閑暇《かんか》 ひま。「—を得て」

寸暇《すんか》 ごくわずかのひま。「—を惜しんで勉学に励む」

手透き《てすき》 仕事が途切れて暇なこと。「お—の折に」 異字 手隙

余暇《よか》 仕事や学業などから解放されて、自由に使える時間。「—を利用してヨーロッパに行く」「—活動」

人の一生

一期《いちご》 古風 一生。「—一会《いちえ》」★仏教語。

一代《いちだい》 ①一生の間。「—記」②一つの世代。「—限り」

一世《いっせい》 一生。一代。「親子の縁は—」 異読 いっせ

一世一代《いっせいいちだい》 「一代」を強調した言い方。一生に一度。「—の大勝負」

後半生《こうはんせい》 一生の後半。また、現在から死ぬまでの間。⇔前半生

生来《せいらい》 生まれてからこの方。「—の怠け者」「—金とは縁がない」

先代《せんだい》 ある系統で、現在（当主）の前の代（の人）。「—の遺言」

前半生《ぜんはんせい》 一生の前半。また、生まれてから現在までの間。⇔後半生

骨を埋める《ほねをうずめる》 その地や職場で一生を終える。

夜明け

草創期《そうそうき》 物事や事業の始まりの時期。「—から携わる」

揺籃期《ようらんき》 物事の発展の初めの時期。「エジプト文明の—」

黎明期《れいめいき》 新しい文化などが起こり始める時期。「近代文学／テレビ—の—」

弔い

忌中《きちゅう》 喪中。特に、死後四十九日間。

喪中《もちゅう》 人の死後、近親者が喪に服する期間。「—につき賀状を欠礼いたします」

年月日を表すときに使う

歳月

光陰《こういん》 (早く去る)月日。「一寸の—」「—矢の如《ごと》し」

歳月《さいげつ》 年月。「—を費やす」「—人を待たず」

春秋《しゅんじゅう》 年月。「—が過ぎ行く」「—に富む」「幾—を経る」 異読 はるあき

星霜《せいそう》 年月。「幾—」★星は天を一年で一周し、霜は毎年降ることから。

年月《としつき》 ねんげつ(年月)。

日月《にちげつ》 月日。「—を経る」 異読 じつげつ

年月《ねんげつ》 何か月、何年というような長い時間。「—がたつ」「長い—をかけて完成させた」

年

享年《きょうねん》 この世に生を享《う》けた年数。「—八十三」★死亡時の年齢を指すこともある。

行年《ぎょうねん》 享年。★「こうねん」と読めば単に生まれてからの年数の意。

生年《せいねん》 生まれた年。「—は寅《とら》年だ」 ⇔没年

没年《ぼつねん》 ①死んだ年。⇔生年 ②死んだ時の年齢。 異字 歿年

日

期日《きじつ》 前もって定められた日。「試験／試合-の—」「—前投票」「返済—」

時日《じじつ》 ①一定の期日。日時。「—は追って通知する」 ②月日。日数。「—を費やす」「短—」

日取り《ひどり》 行事などを行うと定めた日。「結婚式の—」

吉日

佳日《かじつ》 めでたい日。吉日。 異字 嘉日

好日《こうじつ》 気持ちよく過ごせる日。「日々《にちにち》是《これ》—」

佳き日《よきひ》 古風 佳日。「この—を迎え」

伝達するときに使う

知らせる

急告《きゅうこく》 急いで告げ知らせること。「—を出す」★掲示の見出しにも使う。

急報《きゅうほう》 急ぎの知らせ。「—に接する」

謹告《きんこく》 謹んでお知らせすること。★広告文の冒頭などに使う。

宣告《せんこく》 (重大な事柄を)述べ告げること。「癌《がん》を—する」「破産—」

速報《そくほう》 ニュースなどを速く知らせること。また、そのニュース。「ニュース／選挙—」

第一報《だいいっぽう》 そのニュースの最初の知らせ。「現地より—が届く」

よい知らせ

吉報《きっぽう》　うれしい知らせ。縁起のよい知らせ。「―を待つ」⇔凶報

福音《ふくいん》　喜ばしい知らせ。「天来の―」

朗報《ろうほう》　うれしい知らせ。「―が‐ある／届く」「―に接する」⇔悲報

悪い知らせ

悲報《ひほう》　悲しい知らせ。「―に接する」「―が飛び込む」⇔朗報

訃音《ふいん》　訃報。「―に接する」

訃報《ふほう》　死亡の知らせ。「突然の―に‐接する／驚く」

伝言

鶴声《かくせい》　鳳声《ほうせい》。

言付《ことづ》**かる**　伝言や届け物を頼まれる。「手紙／用事‐を―」「言付かり物」 異字 託かる

言付《ことづ》**け**　言付ける‐こと／言葉。「何か彼に―がありますか」 異字 託け

言付《ことづ》**ける**　相手のもとに届くよう、用件や品物を人に依頼する。「感謝の言葉／祝いの品‐を―」 異字 託ける

言伝《ことづて》　①伝言。「―を頼む」②伝聞。「―に聞く」

鳳声《ほうせい》　他人がしてくれる伝言や音信の敬称。「よろしくご―のほど願い上げます」

メッセージ　伝言。ことづて。「全国からの応援―」「―を‐送る／伝える／残す」★message

言い付ける

仰《おお》**せ**　お言い付け。御命令。「―に‐従う／背く」「参上せよとの―にございます」

仰《おお》**せ付**《つ》**かる**　「ある事を命じられる」を、その命令者を敬っていう語。「役／大任‐を―」

仰《おお》**せ付**《つ》**ける**　「言い付ける」の尊敬語。「何なりと仰せ付けください」

下命《かめい》　①上位の者が下位の者に命令を出すこと。また、その命令。「―を拝す」②用命。「ご―をお待ちしております」

厳命《げんめい》　厳しく命令すること。また、その命令。「―を‐下す／受ける／守る」

特命《とくめい》　特別の命令・任命。「政府の―が下る」「―を帯びる」「―全権大使」

内命《ないめい》　内密または内々の命令。「―を受ける」

申《もう》**し付**《つ》**ける**　上の者が下の者へ言い渡す。命令する。「自宅謹慎／海外出張‐を―」

用命《ようめい》　用事や注文を申し付けること。「何なりとご―ください」

申し込む

エントリー　スポーツ競技などへの参加申し込み。また、競技参加者名簿。「―ナンバー」★entry

申告《しんこく》　官庁などに申し出ること。

「所得の―をする」「―漏れ」「確定―」

申請《しんせい》 役所に対して一定の行為をするよう願い出ること。「免許／特許／旅券―を―する」

届《とど》け 届け出ること。「―を出す」「無―」

届《とど》け出《で》 届け出ること。「―があった」 異形 届け出ぃで

届《とど》け出《で》る 役所・会社・学校などに文書または口頭で申し出る。「警察に被害を―」

願《ねが》い出《で》る 願う事柄を申し出る。「休暇／辞職―を―」

申《もう》し入《い》れ 申し入れること。「抗議の―」「―を行う」

申《もう》し入《い》れる 意見や希望を正式に相手方に伝える。「試合／改善―を―」「文書で―」

申《もう》し込《こ》み 申し込むこと。「参加の―をする」

申《もう》し出《で》 申し出ること。また、その内容。「―がある」「―を受ける」 異形 申し出ぃで

申《もう》し出《で》る 意見や希望を自ら言って伝える。「参加／提案―を―」「役所／当局―に―」

ようす（視覚）を表すときに使う

光

薄明《うすあ》かり ①ほのかにさす光。「―が漏れる」 ②日の出前や日没後の空の明るみ。薄明。「東の空の―」

川明《かわあ》かり 日没後の川の表面のほのかな明るみ。

月明《つきあ》かり 月光によるほの明るさ。月明。「―の道」

灯影《とうえい》 電灯やともしび（の影）。「―が路地を照らす」

灯光《とうこう》 ともしび。明かり。

火影《ほかげ》 ①（暗がりにある）火の光。「いろりの―」「―が揺れる」 ②灯火の光で映る姿。異字 灯影

星明《ほしあ》かり 星の光によるわずかな明るさ。

雪明《ゆきあ》かり 積雪の反射で薄明るく見えること。冬 「―の道」

光る

一閃《いっせん》 さっとひらめくこと。一光り。「電光／白刃―」

輝《かがや》き渡《わた》る 一面に輝きが広がる。「夏の光が―」

輝《かがや》く まぶしいほど照り光る。「―太陽／星座」 異字 耀く

煌《きら》めく きらきらと美しく光り輝く。「星／宝石―が―」

射《さ》し込《こ》む 光が入ってくる。「朝日が―」

射《さ》す （日が）届く。入り込む。「西日が―」 異字 差す

照《て》り返《かえ》す 光や熱が反射する。「西日が―」

照《て》り輝《かがや》く まぶしく光る。「残照に―金閣」

照《て》り映《は》える 光に当たって美しく光る。「夕日に―紅葉の山々」

閃《ひらめ》く 一瞬ぱっと輝く。ぴかっと光る。「いなずまが―」

明るい

煌々《こうこう》 きらきら輝くさま。「—と輝くシャンデリア」

皓々《こうこう》 白く明るく光るさま。「—と輝く月」

清《さや》**か** 明るくくっきりと見えるさま。「月影—に」

燦々《さんさん》 明るく輝くさま。きらきらと美しいさま。「—と降り注ぐ日の光」

燦然《さんぜん》 強く輝き光るさま。「—と輝く」

燦爛《さんらん》 きらびやかに輝くさま。「金色《こんじき》—と」

鮮明《せんめい》 色や形が際立って鮮やかなさま。「—な画面」

澄明《ちょうめい》 澄みきって明るいこと。「—な月の夜」

艶々《つやつや》 色つやのよいさま。「—（と）した顔」

艶《つや》**やか** つやがあって美しいさま。「—な髪」

目映《まばゆ》**い** まぶしい。「—光」 異字 眩い

眩《まぶ》**しい** 光が強く目を刺激して見にくい。「—光」「白壁／ライトーが—」

目眩《めくる》**めく** 目がくらむ。めまいがする。

爛々《らんらん》 ぎらぎら光るさま。「目が—と輝く」

玲瓏《れいろう》 麗しく光り輝くさま。「月—として輝く」

暗い

薄暗《うすぐら》**い** 光がかすかでぼんやり暗い。ほの暗い。「—天気／部屋」「外が薄暗くなる」

仄暗《ほのぐら》**い** かすかに暗い。薄暗い。「—部屋／小道」

真《ま》**っ暗**《くら》 全く光がなく暗いさま。「—な夜道」

曇る

朧《おぼろ》 ぼうっとしてはっきりしないさま。 春 「—にかすむ」

陰《かげ》**る** ①光が差さなくなる。「日／空—が—」②日が暮れかける。 異字 翳る

霞《かす》**む** ①かすみがかかる。「山頂が—」②辺りが煙ってはっきり見えない。また、目立たなくなる。「遠くが—」「ぼうっと—」「霞んで見える」

朦朧《もうろう》 おぼろに暗くはっきりしないさま。「霧の中に—と人影が浮かんで見える」

闇

夕闇《ゆうやみ》 夕方の暗さ。「—が迫る」「—に紛れる」

宵闇《よいやみ》 ①夕闇。「—が迫る」②宵のうち月が出なくて暗い闇。 秋 「—に紛れる」

濃い

色濃《いろこ》**い** 兆しが強く表れている。

「敗戦ムードが色濃く漂う」

濃厚《のうこう》　①色・味などが濃いさま。「―な牛乳／エキス」⇔淡泊・希薄　②そうなる傾向が高くなること。「敗色が―になる」　③男女の情愛が熱烈なさま。「―なキスシーン」

濃密《のうみつ》　色合いや味わいが濃くてこまやかなさま。「―な色彩／味／描写／つき合い」「情景を―に描く」

濃さ

深浅《しんせん》　色の濃いことと薄いこと。

濃淡《のうたん》　濃いことと薄いこと。「―の模様」「―をつける」

ようす（聴覚）を表すときに使う

静か

閑古鳥《かんこどり》**が鳴**《な》**く**　さびれて人気《ひとけ》が少ないさま。異形 閑古鳥が歌う

閑散《かんさん》　人が少なくて静かなさま。「休日で朝の電車は―としている」

閑寂《かんじゃく》　ひっそりともの静かなさま。「―な庭／住まい／趣」

閑静《かんせい》　環境が落ち着いた感じで静かなさま。幽静。「―な住宅街／住まい」

しじま　古風 静まり返っていること。「夜の―」

静《しず》**まり返**《かえ》**る**　辺り一帯が静かになる。「静まり返った森の中」

しめやか　ひっそりともの静かなさま。「雨が―に降る」

蕭々《しょうしょう》　もの寂しく風が吹いたり雨が降ったりするさま。「雨―」

森閑《しんかん》　ひっそりと静かなさま。「―と静まり返る」異字 深閑

静穏《せいおん》　静かで穏やかなさま。「―な暮らし」

静寂《せいじゃく》　周囲の様子がもの静かで寂しいこと。「―を破る」「―に包まれる」

静粛《せいしゅく》　声を出さないよう静かに慎んでいること。「御―に願います」

静謐《せいひつ》　静かで落ち着いていること。「―を保つ」

寂《せき》**として**　ひっそりと。「―声なし」

鳴《な》**りを潜**《ひそ》**める**　物音を立てないで静かにする。「伏兵が鳴りを潜めて待ち受ける」異形 鳴りを静める

寝静《ねしず》**まる**　人々が眠りについて静かになる。「家じゅう／町―が―」

密《ひそ》**やか**　ひっそりとしているさま。「音もなく―に降る」

水《みず》**を打**《う》**ったよう**　多くの人々がしんと静まり返っているさま。「―な会場」

物静《ものしず》**か**　落ち着いて穏やかなさま。「―に語る」

ようす（味覚）を表すときに使う

味

味《あじ》**わい**　①味。②うまみ。風味。「深い―」

あっさり　味などが濃厚でないさま。淡泊。「―した料理」

後味《あとあじ》　飲食の後、舌に残る味。「―がよくない」

後口《あとくち》　後味。「―がさっぱりしてい

る」

甘い《あま》 ①砂糖のような味である。「―柿《かき》」 ②塩気が足りない。「―塩鮭《しおざけ》」⇔辛い

薄味《うすあじ》 料理の味つけが薄いこと。また、その味。「関西風の―」「―を好む」

薄口《うすくち》 味つけや色の薄いこと。「―の吸い物」⇔濃い口

甘美《かんび》 甘くておいしいさま。「―な果実」

甘露《かんろ》 古風 甘くて美味なさま。「鮒《ふな》の―煮」

小味《こあじ》 こまやかな味。ちょっとした味。「―の利いた和食」

濃い口《こいくち》 味つけや色の濃いこと。「―醤油《しょうゆ》」⇔薄口

香味《こうみ》 飲食物の香気と風味。「―野菜／料」

こってり 味・色が濃厚なさま。「―した中華料理」

さっぱり 味がしつこくなく、さわやかなさま。後口がいいこと。「―した酢の物」

ジューシー 果汁や肉汁を多く含んでいるさま。「―なフルーツ」★juicy

淡泊《たんぱく》 濃厚でないこと。あっさりしていること。「―な味の白身魚」 異字 淡白⇔濃厚

飲み口《のみくち》 飲んだ時に舌に感じる風味。「―が良い」

風味《ふうみ》 趣のある上品な味。「独特の―」「―がいい」

フルーティー 果物の風味が豊かなさま。「―な香り／ワイン」★fruity

マイルド 味がまろやかなさま。「―な味／口当たり」★mild

味わう

味見《あじみ》 少し口をつけて料理の味加減を見ること。

玩味《がんみ》 食物をよくかんで味わうこと。 異字 翫味

舌鼓《したつづみ》**を打**《う》**つ** 食べ物のおいしさを喜び味わう。「アワビの刺身に―」★舌を鳴らすのを鼓に見立てた表現。 異形 したづつみを打つ

賞味《しょうみ》 味わって食べること。「取れたての鮎《あゆ》をご―ください」「―期限」

おいしい

旨い《うま》 味がよい。「飯／酒／魚が―」「旨そうに食べる」 異字 美味い ⇔まずい

旨み《うま》 おいしい味。「素材の―を引き立てる」 異字 旨味

佳味《かみ》 よい味（の食べ物）。「―を堪能《たんのう》する」

口《くち》**に合**《あ》**う** 飲食物の味が自分の好みに一致する。

こく 深みとうまみのある味わい。「―のある酒」 異字 濃

滋味《じみ》 うまい味わい。うまみ。「―を満喫する」

醍醐味《だいごみ》 格別な美味。★「醍醐」は乳を精製した濃厚で甘い食品。

珍味《ちんみ》 独特の風味を持つ酒のさかな。

「イカの―」

美《び》**味**《み》　味がよいこと。おいしいさま。「実に―だ」「―な料理／店」

ようす（嗅覚）を表すときに使う

香り

移《うつ》**り香**《が》　物に移って残ったかおり。「ほんのりとした―」

香《か》　におい。かおり。「磯《いそ》／潮／木―の―」

香る《かお》　よいかおりを発する。「花／香水―が―」★「風薫る」など「薫る」とも書く。

香しい《かぐわ》　かんばしい。「―花の香り」

芳しい《かんば》　かおりが高い。「―梅／香り」

香気《こうき》　よいかおり。「―が漂う／満ちる」「―を放つ」

香ばしい《こう》　こんがりと焼けて、においがよい。「―お茶／せんべい」

★「かぐわしい」の転。

残《のこ》**り香**《が》　立ち去った後に残るその人のほのかなにおい。「かすかな―」

馥郁《ふくいく》　よいかおりの漂うさま。「―たる梅の香」

芬々《ふんぷん》　においの激しいさま。「香気―」

芳香《ほうこう》　かぐわしいかおり。「―を放つ／漂わす」

芳醇《ほうじゅん》　酒のかおりがよく味もよいさま。「―なワイン」

ようすを表すときに使う

大きい

大《おお》**いなる**　大きい。偉大な。「―功績／理想」

大掛《おおが》**かり**　規模や仕組みが大きいさま。「―な装置／工事」

大形《おおがた》　形が大きいこと。「―の模様」「力士の―化が進む」⇔小形

大型《おおがた》　同種のものの中で型が大きいこと／もの。「―の台風／機械」「―新人／予算」⇔小型

大柄《おおがら》　①体格が普通の人より大きいさま。「―な人／娘」「年の割に―な子供」②布地などの模様が大きめなこと。「―な模様」⇔（①②）小柄

大口《おおぐち》　多くの額や数量。「―の寄付／注文」異形 おおくち⇔小口

大仕掛《おおじか》**け**　仕掛けや規模が大きいさま。「―な芝居／実験装置」

大作《おおづく》**り**　体や目鼻立ちが大きいこと。「―な男／顔」⇔小作り

大粒《おおつぶ》　粒の大きいこと。「―の涙／真珠」⇔小粒

大振《おおぶ》**り**　形が普通より大きめであるさま。「―の湯のみ／かばん／テント」⇔小振り

嵩張《かさば》**る**　（重さの割りに）体積が大きい。「荷物が―」

強大《きょうだい》　強くて大きいさま。「―な権力／勢力／国家」⇔弱小

広壮《こうそう》　広く大きくて立派なさま。「―な邸宅」異字 宏壮

豪壮《ごうそう》　建物などが大きく堂々として立派なさま。「―な邸宅」

壮大《そうだい》　立派で大きいさま。「―な寺院／光景」

壮麗《そうれい》 雄大で美しいさま。「―な―神殿／日の出」
大規模《だいきぼ》 規模が大きいさま。「―な―事業／火災／工事」⇕小規模
大々的《だいだいてき》 大がかりであるさま。「―なニュース」「―に―宣伝する／取り上げる」
超弩級《ちょうどきゅう》 けた違いに大きいこと。「―の―台風／大作」「―艦」★「弩」は、大型戦艦ドレッドノートの頭字から。
雄大《ゆうだい》 スケールが大きくて堂々としているさま。「―な―景色／風景／計画」

小さい

芥子粒《けしつぶ》 ケシの種のように極めて小さなもの。「地図上の―ほどの小さな国」
小柄《こがら》 ①体格が普通の人より小さいさま。「―な―体／人」②布地などの模様が小さめなさま。「―なデザイン」⇕（①②）大柄
小作《こづく》**り** ①体や目鼻立ちや作りが小さい。「―な―体／顔立ち」⇕大作り ②小さく作ってある。「―のたんす」
小粒《こつぶ》 ①粒の小さいこと。「―の―豆／雨」⇕大粒 ②体やスケールの小さいこと。「―の政治家が増える」
小振《こぶ》**り** 形が普通より小さめなさま。「―の刀」「今年の鯛《たい》はやや―だ」⇕大振り
最小《さいしょう》 最も小さいこと。「―の犠牲に食い止める」「世界―の鳥」「―限」⇕最大
小《しょう》 小さいもの。小さいこと。「大は―を兼ねる」⇕大
小規模《しょうきぼ》 規模が小さいさま。「―な―経営／組織／戦闘」⇕大規模
微少《びしょう》 少ないこと。わずかなさま。「―な金額」
細々《ほそぼそ》 物事がどうにか続いているさま。「―と―店を続ける／暮らす」
ミニ ①小型の。「―・―バイク／カー」②「ミニスカート」の略。丈の短いスカート。★mini
零細《れいさい》 非常に小規模なさま。「―な―会社」「―企業／農家」
矮小《わいしょう》 ①背が低くて小さいさま。「―な男」②ちっぽけでつまらないさま。「―な考え」

長い

冗長《じょうちょう》 くどくどと長たらしいさま。「―な―話／文章」⇕簡潔
冗漫《じょうまん》 無駄が多く、だらだらとしまりがないさま。「―な―文章／話」
長大《ちょうだい》 長くて大きいこと。背が高く体が大きいさま。「―な―計画／交響曲」⇕短小
長蛇《ちょうだ》**の列**《れつ》 （大きな蛇のように）どこが最後か見えないほど長く続いている列。「蜿蜒《えんえん》―」
長々《ながなが》 いかにも長いと感じるさま。「―と―聞かされる／横たわる」「―お世話になりました」
蜿蜒《えんえん》 うねり曲がって長く続いているさま。「―長蛇の列」「―と連なる」

る山脈」

重い

重々《おもおも》しい　いかにも重そうに感じられるさま。「—足取り」

持《も》ち重《おも》り　持って（いるうちに次第に）重く感じること。「—がする」

重さ

軽重《けいちょう》　軽いことと重いこと。「鼎《かなえ》の—を問う」異読 けいじゅう

軽い

軽《かろ》やか　いかにも軽いさま。「—な身のこなし／足取り／ステップ」

軽快《けいかい》　軽くて速いさま。「—な動き／自転車」異読 かるやか

身軽《みがる》　身の軽いこと。荷物が少ないさま。「—な服装／支度」「—に動く／木に登る」★比喩《ひゆ》的にも用いる。「—な一人暮らし」

広い

空漠《くうばく》　何物もなく広いさま。空々漠々。「—たる大地」

広角《こうかく》　広い角度。視角の広いこと。「—レンズ」

広大《こうだい》　広く大きいさま。「—な土地」「—無辺」異字 宏大 ⇔狭小

広漠《こうばく》　果てしなく広いさま。「—たる草原」異字 宏漠

広範《こうはん》　範囲が広いさま。「—な知識」異字 広汎

手広《てびろ》い　商売・仕事・交際などの範囲が広い。規模が大きい。「手広く商売する」

果《は》てし無《な》い　限りなく広い。「—海」「夢は果てしなく」

幅広《はばひろ》い　幅や範囲が広い。「—道／活動」

渺茫《びょうぼう》　限りなく広いさま。「—たる原野」

広々《ひろびろ》　辺りがいかにも広く開けているさま。「—とした海」★気分のよい広さに用いる。

茫漠《ぼうばく》　とりとめもなく広いさま。「—たる大海原」

茫々《ぼうぼう》　野原などが、広くてはるかなさま。「—たる原野」

茫洋《ぼうよう》　果てしなく広がり、見きわめのつかめないさま。「—たる海面」「—とした人物」

洋々《ようよう》　①（水が満ち満ちて）広大なさま。「—たる大海」②行く手が開け、希望に満ちているさま。「前途—」

ワイド　幅や範囲が広いさま。「—な画面」「—スクリーン」★wide

狭い

窮屈《きゅうくつ》　狭くて体の自由が利かないさま。「狭くて—な部屋」「服／場所—が—だ」

狭隘《きょうあい》　面積の狭いさま。「—な土地」

狭小《きょうしょう》　狭く小さいさま。「—な建物」「—住宅」⇔広大

絞《しぼ》り込《こ》む　範囲を狭めていき、限定する。「候補地／ターゲット―を―」

絞《しぼ》る　一定の範囲に狭める。「問題／人数―を―」

狭《せば》まる　狭くなる。「間隔が―」

狭《せば》める　狭くする。「捜索範囲／選択の幅―を―」

狭苦《せまくる》しい　狭くて窮屈だ。「―住まい」

手狭《てぜま》　場所が人数や用途の割に狭いさま。「―な部屋」「家が―になったので引っ越す」

猫《ねこ》の額《ひたい》　土地などの極めて狭いことのたとえ。「―ほどの―庭／土地」

偏狭《へんきょう》　狭く小さいさま。「―な土地」　異字 編狭

細い

か細《ぼそ》い　細く弱々しい。「―声／手足／首」

極細《ごくぼそ》　非常に細いこと。「―の―ペン／毛糸」⇔極太

細作《ほそづく》り　細く作ること。また、細く作られたもの。「―の太刀」「イカの―」

細身《ほそみ》　普通より幅が細いこと。「―のナイフ／ズボン」

深い

奥深《おくふか》い　①奥に入り込んでいる。「―山里／森」②思想・芸道などが、深い内容をもっている。「―心理／意味」　異形 おくぶかい

深遠《しんえん》　奥深くてはかりしれないさま。「―な思想」

深奥《しんおう》　極めて奥深いところ。「芸の―を極める」

深々《しんしん》と　①静かに夜が更けていくさま。「夜が―更ける」②体の奥にしみ込むように冷えるさま。「―冷える」

深層《しんそう》　深い層。奥深く隠れた所。「―水／心理／構造／部」

根深《ねぶか》い　①根が深く伸びているさま。②原因が深く容易に解消されない。「―恨み」

深々《ふかぶか》と　いかにも深く感じられるさま。「―お辞儀をする／一服吸う／帽子をかぶる」

深《ふか》める　深くする。「理解／自信／関心／親交―を―」

更《ふ》ける　時間がたって深くなる。「夜／秋―が―」　異字 深ける

目深《まぶか》　帽子などを、目が隠れるくらい深くかぶるさま。「帽子を―にかぶる」

高い

堆《うずたか》い　物が積み重なり盛り上がって高い。「―ごみの山」

巍々《ぎぎ》　高く大きいさま。「―たる山塊」　異字 魏々

切《き》り立《た》つ　切ったように鋭くそびえ立つ。「切り立った―岩山／崖《がけ》」

険《けわ》しい　山などが高く、傾斜が急であるさま。「―山／道／崖《がけ》」

険峻《けんしゅん》　峻険。険阻。　異字 嶮峻

高層《こうそう》　①幾重にも重なって高く層を

成すこと。また、その上方の層。「―‐建築／ビル／階」②大気の高い所。「―‐雲／気象」

小高《こだか》い 周囲の土地よりやや高い。「―‐丘／山」

至高《しこう》 この上なく高く優れていること。「―の存在」

峻険《しゅんけん》 山などが高く険しいこと。「―な峰」［異字］峻嶮

峙《そばだ》つ 群を抜いてひときわ高く立つ。「岩山が―」

聳《そび》える 山・建物などが、高く立つ。「山／城／大木‐が―」

聳《そそ》り立《た》つ 高く険しくそびえ立つ。「―‐ヒマラヤの山々／高層ビル群」

高々《たかだか》 非常に高いさま。「―と持ち上げる」「声―に演説する」

高《たか》らか 音などが高いさま。「声―に歌う」「―に鳴り渡る」

低い

最低《さいてい》 最も低いこと。また、最も劣っていること。「―の‐暮らし／気分」「―‐限／賃金／気温／血圧」⇔最高

どん底《ぞこ》 それ以上悪くなりようのない最悪の状態。「―の生活」「景気が―だ」

奈落《ならく》の底《そこ》 ①地獄の底。②抜け出すことが不可能な絶望的な状態。「―に突き落とされる」「―から這《は》い上がる」

遠い

迂遠《うえん》 ①道が曲がりくねって遠いさま。②遠回りしすぎて直接の役に立たないさま。「―な‐方法／手段」

遠隔《えんかく》 遠く隔たっていること。「―‐地／操作／制御」

遠近《えんきん》 遠くと近く。「―感のある絵」「―‐法／両用眼鏡」

遠大《えんだい》 志や計画が遠い将来まで見通して規模の大きいさま。「―な‐志／計画」

遠方《えんぽう》 遠く隔った所。遠くの方。「―からの客」「はるか―を見渡す」

遠路《えんろ》 遠い道のり。「―を‐ものともせず／行く」

広遠《こうえん》 広くてはかりしれないさま。「―な宇宙」

遥《はる》か ①距離が遠く隔たっているさま。「―に富士を望む」「―‐彼方《かなた》／遠く」②時日が非常に隔たっているさま。「―昔」

遥々《はるばる》 非常に遠い（距離を移動する）さま。「外国から―訪れる」「遠路―出かけていく」

程遠《ほどとお》い ①距離に隔たりがあり過ぎる。「駅から―土地」②あまりにかけ離れていてそれどころではない。「完成／幸福‐には―」

間遠《まどお》 間隔が広がること。行き来などの頻度が減ること。「砲声／訪れ‐が―になる」

悠遠《ゆうえん》 時間的または空間的に、はるか遠いこと。「―の‐昔／彼方《かなた》」「―なる歳月」

遼遠《りょうえん》 時間的・空間的にはるかに遠いこと。「前途―」

近い

座右《ざゆう》 座席のすぐそば。身近な所。「—の書／銘」「—に置く」 異読 ざう

至近《しきん》 非常に近いこと。「—な問題」「—距離／弾」

手が届く《て…とど》 すぐ間近である。もう少しで達する。「天井に—」

手近《てぢか》 手元のすぐそば。傍ら。「—なところで」「—の行楽地」

手回り《てまわ》 手近（に置いて使う品物）。「—に置く」「—品」

手元《てもと》 手の届く辺り。「—の時計」「—に置く」 異字 手許

鼻先《はなさき》 （鼻の）すぐそば。「逮捕状を—に突きつける」

卑近《ひきん》 身近で分かりやすいさま。「—なところでは」「—な例を挙げる」

程近い《ほどちか》 距離や時間などにあまり隔たりがない。「会社に—マンション」

間近《まぢか》 程近いこと。「締め切り／隣家が—に迫る」

間近い《まぢか》 接近している。非常に近い。「国会の解散が—」「目的地／終局も—」

身近《みぢか》 身の近く。「—な人／問題／例」「—で起こる」「—に置く」

身の回り《みまわ》 自分の身の近く。また、そこに置いてふだん使う物。「—のこと／品」「—の世話をする」

目と鼻の先《め…はな…さき》 すぐ近く。目と鼻の間。「目的地はもう—だ」

目睫の間《もくしょう…かん》 （目とまつげのように）距離や時間が非常に近いことのたとえ。「—に迫る」

目前《もくぜん》 ごく近い所／将来。「—にそびえるビル」「—に迫る発表会」

かたい

厳つい《いか》 角ばって堅くいかめしい。「—顔／肩／体つき」

硬い《かた》 ①力を加えても形が変わらないさま。「—金属／土」 ②ゆとりがなく、態度や表現が滑らかではない。「—表現」「表情が—」 ⇕（①②）軟らかい

硬化《こうか》 軟らかかったものが硬くなること。「態度が—する」「動脈—」 ⇕軟化

硬質《こうしつ》 硬い性質。質の硬いこと。「—ガラス／ゴム」 ⇕軟質

剛性《ごうせい》 急な曲げ・ひねりなどの変化に対して、物体のそれに抗する力。

硬直《こうちょく》 ①体・組織などが硬くなって元に戻らなくなること。「死後—」 ②柔軟性がなくなること。「財政の—化」

硬度《こうど》 物質の硬さの度合い。「—計」

凝り固まる《こ…かた》 ①凝って固くなる。「脂肪が—」 ②思い込んで、他を顧みない。

凝る《こ》 血行が悪くなって筋肉が硬くなる。「肩が—」

強張る《こわば》 硬く突っ張ったような感じになる。「頬《ほお》／体／表情が—」

かたさ

硬軟《こうなん》 硬いことと軟らかいこと。「—両様の構え」

やわらかい

しなやか ①弾力があって滑らかにしなうさま。「—な枝／髪」②動作が柔らかく滑らかなさま。「—な物腰」「—に歩く」

柔軟《じゅうなん》 体などがしなやかで、柔らかいこと。「—な体」「—体操」

ソフト 柔らかいこと。「—クリーム／ボール」「—な肌触り」★soft

軟化《なんか》 硬かったものが軟らかくなること。「脳—症」「—剤」⇔硬化

軟質《なんしつ》 軟らかい性質。質の軟らかいこと。「—の水」「—ガラス」⇔硬質

軟弱《なんじゃく》 軟らかく、しっかりしていないさま。「—な地盤」

柔《やわ》**い** 会話 柔らかい。「—食べ物」

柔《やわ》**らかい** ①しなやかで、力が加わると形は変わるが、すぐに元に戻るさま。ふんわりとしているさま。「—肌／体／布／手触り／感触」⇔堅い ②穏やかなさま。「物腰／日ざし／表情／人当たり—が—」

軟《やわ》**らかい** ①力が加わるとすぐ形が変わり、すぐには元に戻らないさま。「—土／材質／食べ物／御飯」「豆を軟らかく煮る」②ゆとりがあって、態度や表現が滑らかなさま。「頭が—」「—話／表現」⇔（①②）硬い

美しい

麗《うるわ》**しい** ①魅力的で美しい。美しくて立派だ。「—花／友情」②晴れやかである。「ご機嫌麗しくお過ごしのことと存じます」

エレガント 優雅なさま。上品なさま。「—な女性／立ち居振る舞い」★elegant

綺麗《きれい》 調和・均整がとれていて美しい。「—な人／声／顔」異字 奇麗

高雅《こうが》 気高くみやびやかなさま。「—な筆致」

秀麗《しゅうれい》 気品があって、うるわしいさま。「—な富士の姿」「眉目《びもく》—」

上品《じょうひん》 人の品がよいさま。品格が高いさま。「—な人／家庭／言葉遣い」⇔下品

端正《たんせい》 人の姿や動きに乱れがなく整っているさま。「—な身のこなし／芸風」

端整《たんせい》 人の容姿が美しく整っていること。「—な顔立ち」

端麗《たんれい》 姿や形が整っていて美しいさま。「容姿—」

典雅《てんが》 整っていてみやびやかなさま。「—な調べ」「文章—にして」

典麗《てんれい》 きちんと整っていて、美しいさま。「—な姿」「文章—」

ドレッシー 女性の服などが優美で改まった感じのするさま。「—な装い」★dressy ⇔スポーティー

美的《びてき》 美に関すること。美しいさま。「―感覚／センス」

美麗《びれい》 きらびやかで美しいさま。「―極まる衣装」

品《ひん》**の有**《あ》**る** 言動に上品さが備わっている。「―態度／服装／人物」

品《ひん》**の好**《よ》**い** 趣味や好みが上品である。「―言葉遣い／友禅縮緬《ちりめん》」異形 品のいい

風雅《ふうが》 世俗を離れた優雅な趣（のあるさま）。「―な茶室」「―を解する／好む」

雅《みや》**び** 古風 優雅であること。風流。「―な住まい／行事」

雅《みや》**びやか** 上品で優雅なさま。「―な舞い姿」

優雅《ゆうが》 上品で美しいこと。気品の優れているさま。「―な身のこなし」

優美《ゆうび》 上品で優しく、美しいさま。「―な女性」「―に振る舞う」

流麗《りゅうれい》 文章・音楽などが滞りなく美しいさま。「―な文章／筆致」

きれい

清《きよ》**い** ①汚れや濁りがない。「―流れ／水」②邪念がない。「―心／関係」異字 浄い

清《きよ》**まる** 清くなる。「身／心が―」

清《きよ》**める** 清くする。「体／心を―」

清《きよ》**らか** ①汚れや濁りがなく、美しいさま。「―な水／空気／流れ」「―に澄んだ目」②やましい点のないさま。「―な交際／心」「―に生きる」

清浄《せいじょう》 清らかで汚れのないさま。「―な空気」「―無垢《むく》」

清澄《せいちょう》 清らかに澄みきっているさま。「―な空気」

身綺麗《みぎれい》 身の回りをさっぱりと清潔にしているさま。「―な人」「―にする」

かわいい

愛《あい》**くるしい** 愛嬌《あいきょう》があってかわいらしい。「見るからに―顔立ち」

愛《あい》**すべき** 人好きのする。「―少女／人柄」

愛《あい》**らしい** かわいらしい。「―少女／目元」

可憐《かれん》 いじらしく愛らしいさま。「―なしぐさ／少女」

生《き》**っ粋**《すい》 来歴などに混じりけがないこと。

生《は》**え抜**《ぬ》**き** ①その地に生まれてその地に育ったこと。「―の浜っ子」②初めから同じところに勤めていること。「―の社員」

純粋

あどけない 幼くてかわいらしい。無邪気だ。「―笑顔／表情／しぐさ」

いたいけ 幼くてかわいらしいさま。「―な幼女」

イノセント 罪のないさま。純粋無垢《むく》。★innocent

初々《ういうい》**しい** まだ物慣れしていなくて好感がもてるさま。若々しくて汚

れがない。「――-少女／花嫁／若武者／新芽」

至純《しじゅん》 この上なく純粋・純情なさま。「――な愛」 異字 至醇

純一《じゅんいつ》 混じりけのないさま。「――な-情熱／気持ち」

純化《じゅんか》 混じりけのない純粋なものにすること。「精神を――する」「――-装置」 異字 醇化

純情《じゅんじょう》 純粋な汚れのない気持ちをもっていること。特に、異性に対してうぶであること。「――な-乙女／青年」「――-可憐《かれん》」

純真《じゅんしん》 心に邪念などの不純なものがないこと。「――な-子供／気持ち」

純正《じゅんせい》 混じりけのない、本物であるさま。「――-食品／部品」

純然《じゅんぜん》 他の要素・性質などを含まず、そのものであるさま。「――たる-誤り／芸術」

純朴《じゅんぼく》 性質などが素直で単純素朴なこと。「――な-農民／青年」 異字 淳朴・醇朴

純良《じゅんりょう》 混じりけのがなく、品質が良いさま。「――な-食品／蜂蜜《はちみつ》」

浄化《じょうか》 ①汚れを取り除くこと。「汚水を――する」 ②不正を除くこと。「政界を――する」

清楚《せいそ》 （女性の容姿が）清らかでさっぱりとしているさま。「――な身なり」

楚々《そそ》 清らかで美しいさま。「――たる-花／女性」「――とした姿」 ★多く、若い女性にいう。

素朴《そぼく》 ①ありのままで飾りけのないさま。「――な-人柄／人情／味わい」 ②単純でよく検討を経ていないさま。「――な疑問」「――に考えて」 異字 素樸

罪《つみ》**が無**《な》**い** 純真で憎めない。無邪気だ。「――-表情」

天衣無縫《てんいむほう》 ①詩文がすらすらと作れていて技巧の跡のないこと。② 俗語 天真爛漫《らんまん》。「――な-振る舞い／生き方」

天真爛漫《てんしんらんまん》 偽りや飾りがなく感情をそのまま言動に現すさま。「――な-性格／人／行い」「子供たちが――に遊ぶ」

プレーン plain ①飾らず単純なさま。「――なデザインの靴」「――テキスト」 ②味などを加えていないさま。「――-ヨーグルト／オムレツ」 ★

朴訥《ぼくとつ》 飾りけがなく言葉数の少ないこと。「剛毅――」「――な-人柄／青年」

牧歌的《ぼっかてき》 牧歌のように素朴で平和なさま。「――な風景」

混《ま》**じり気**《け》**の無**《な》**い** 余計なものが混じっていない。「――ウール」

無垢《むく》 ①混じりけのないさま。「白《しろ》――／金――」 ②心にけがれのないさま。「――な-心／少女」

無邪気《むじゃき》 ①悪意や飾りけがないこと。「――な-考え／笑顔」 ②あどけなくかわいいこと。「――な子供」「――に遊ぶ」

無心《むしん》 無邪気。「――に-遊ぶ／楽しむ」

汚い

薄汚《うすぎたな》い 何となく汚い。「―格好／部屋／やり口」

薄汚《うすよご》れる 何となく汚れる。「薄汚れた―顔／シャツ」

汚濁《おだく》 空気・水などが汚れて濁ること。「下水の―」「水質―」 異読 おじょく

くすむ 色合いが黒ずんで地味になる。「くすんだ―色／赤」「肌が―」

汚《けが》らわしい 相手の汚れがうつりそうで遠ざけたい。「触る／口にする／話す―のも―」 異字 穢らわしい

汚《けが》れる 精神的・倫理的にきたなくなる。不浄になる。「汚れた手」「名前／心／血／耳―が―」 異字 穢れる

煤《すす》ける 古びて薄黒く汚れた感じになる。「煤けた―本／障子」

濁《にご》す ①濁るようにする。「水を―」②あいまいにする。「言葉／態度／お茶―を―」

濁《にご》る 液体や気体に混じり物が入って透き通らなくなる。鮮明でなくなる。「水／色／音―が―」⇔澄む

非衛生《ひえいせい》 不衛生。「―な場所」

不衛生《ふえいせい》 衛生的でないさま。「―な店」

不潔《ふけつ》 ①汚いこと。「―な体／部屋」②けがらわしいこと。「―な考え／金」⇔（①②）清潔

不純《ふじゅん》 純粋でないこと。純真でないさま。「―な―気持ち／関係」「動機が―だ」

不浄《ふじょう》 清浄でないこと。「身の―を恥じる」

塗《まみ》れる 一面にべったりとついて汚れる。「砂／血／汗―に―」

透明

冴《さ》え返《かえ》る 非常にさえる。「―星空」「月が―」

冴《さ》える 光・音・色などが澄む。鮮明だ。「冴えた―光／空気／音／星空」「目が―」

冴《さ》え渡《わた》る くまなく澄む。「冴え渡った秋空」

透《す》き通《とお》る ①濁りがなく、そのものを通して向こう側が見通せる。「透き通ったガラス」②声が澄んでよく通る。「透き通った声」 異字 透き徹る

澄《す》み切《き》る 一点の濁りもなく、よく澄む。「澄み切った―水／空気」

澄《す》み渡《わた》る 一面に澄む。「湖面／空―が―」

透徹《とうてつ》 透き通ること。「―した空気」

優れる

一日《いちじつ》の長《ちょう》がある 知識・技能・経験などが少し優れている。

上《うえ》を行《い》く 地位や程度が他よりも上回っている。「あの人の―者はいない」

玄人跣《くろうとはだし》 技や芸が本職並みに優れていること。「―の演技」★玄人がその場から靴も履かずに逃げる意

から。

群《ぐん》を抜《ぬ》く　抜群である。「―強さ」

傑出《けっしゅつ》　ずば抜けて秀でていること。「―した才能」

超《こ》える　より優れている。「先人／師―を―」

凌《しの》ぐ　他を超えて優位に立つ。「前作を――出来／人気／評判」

秀逸《しゅういつ》　秀でて優れているさま。「―な作品」

出色《しゅっしょく》　他より特に優れていること。「―の作品／出来栄え」

素人離《しろうとばな》れ　素人の域を超えて技芸が優れていること。

頭抜《ずぬ》ける　ずば抜ける。「頭抜けて足が速い」 [異字] 図抜ける

ずば抜《ぬ》ける　[会話] 飛び抜ける。「ずば抜けた運動神経／記憶力」

絶《ぜっ》する　飛び抜けて優れる。「古今に―」

錚々《そうそう》たる　その分野でとりわけ優れている。「――メンバー／顔ぶれ」

卓越《たくえつ》　他よりはるかに優れていること。「―した手腕」

卓絶《たくぜつ》　他と比較できないほど極めて優れていること。「―した技量」

卓抜《たくばつ》　実力や性能が他より優れていること。

長《た》ける　長じている。「世故に―」「才―」

超人的《ちょうじんてき》　普通の人の能力を超えたさま。「―な活躍」

粒揃《つぶぞろ》い　そろって優れていること。「―の選手たち」

度外《どはず》れる　普通の程度を甚だしく超えている。「度外れた体格／大声」

飛《と》び抜《ぬ》ける　集団内で程度が際立っている。「飛び抜けた選手／実力」

並外《なみはず》れる　通常の度合いからかけ離れる。「並外れた記憶力／腕力」

抜《ぬ》きんでる　群を抜く。「抜きんでた才能／存在」 [異字] 抽んでる・擢んでる

抜群《ばつぐん》　多くの中で飛び抜けて優れていること。「―の成績」

一廉《ひとかど》　ひときわ優れていること。「―の人物」 [異字] 一角 [異読] いっかど

人並《ひとな》み外《はず》れる　普通の人の程度を大きく超えている。「人並み外れた腕力」

非凡《ひぼん》　特に優れていること。「―な才能」「―の腕」⇔平凡

勝《まさ》る　能力や程度が他より上である。「性能が―」「名人に―とも劣らない」「聞きしに―」 [異字] 優る

優越《ゆうえつ》　他と比べて優れていること。⇔劣る「技術が―する」「――感／性」

凌駕《りょうが》　しのぐこと。「人気・実力ともに他を―する」

明らか

一目瞭然《いちもくりょうぜん》　ひと目ではっきりと分かること。「真偽のほどは―だ」

浮《う》き彫《ぼ》り　その物事が他から区別されて、はっきり目立つこと。「社会の矛盾を―にする」

自明《じめい》　証明するまでもなく、それ自身で既に明らかなこと。「人々が平和を望むのは―の理だ」

掌《たなごころ》を指《さ》す　事が極めて明白であることのたとえ。「―ように明らかだ」
手《て》に取《と》るように　すぐ近くで見聞きできるようにはっきりと。「当時の様子が―分かる／伝わる」
火《ひ》を見《み》るよりも明《あき》らか　事の筋道が極めて明白で、疑いを差し挟む余地がないさま。
彷彿《ほうふつ》　ありありと思い浮かぶさま。「その光景が―として思い出される」「亡父を―させる」　異字　髣髴
明快《めいかい》　気持ちのよいほど筋道が明らかなさま。「―な論理／論旨／説明」「単純―」
明解《めいかい》　はっきりした解釈でよく分かるさま。また、その解釈。「―な注釈」「―を示す／得る」
明確《めいかく》　はっきりしていて、確かなさま。「―な返答／返事／答弁」
明晰《めいせき》　論理的に明らかであるさま。「―な論理」「頭脳―」　異字　明晢
明白《めいはく》　疑う余地なく非常にはっきりしているさま。「―な理由／証拠／事実」
明々白々《めいめいはくはく》　「明白」を強調していう語。「―たる事実」「―な理由」
明瞭《めいりょう》　明らか。「―に発音する」「意味／理由が―だ」

精密

厳密《げんみつ》　細かい点でもゆるがせにしないさま。取り扱いや態度が厳重なさま。「―な調査」「―に検査する／言うと」
巧緻《こうち》　細かいところまで実に巧みにできているさま。「―な細工」「―を極める」
細密《さいみつ》　極めて細かいさま。「―な注意／検査」「―画」
精緻《せいち》　細かいところまで注意が行き届き、綿密によくできていること。「―な描写／分析／研究」
精妙《せいみょう》　細部まで優れて巧みなさま。「―な細工／造り」
緻密《ちみつ》　①細かい点まで注意が行き届き、すきのないさま。「―な調査／研究／計画」②きめの細かいさま。「―な布地」
綿密《めんみつ》　隅々まで十分行き届いて抜かりのないさま。「―な計画を練る」

厳か

威儀《いぎ》　作法にかなった、いかめしい態度や動作。「―を正す／繕う」
威厳《いげん》　顔つきや態度が立派で軽々しく接することができない感じのあること。「―に満ちた声」「―を保つ／示す」
威信《いしん》　権威とそれに対する信望。「警察の―にかかわる」「―を保つ／高める／失う」
貫禄《かんろく》　身についている威厳・風格。「―がある／備わる／出る／増す」
権威《けんい》　他を服従させる権力・威力。「―の確立／失墜」「―ある賞」「学界で―を誇る」
尊厳《そんげん》　尊くて冒すことのできないこ

と。「人間／法‐の―」「生命の―を侵す」

高尚

アカデミック academic 学問の世界で行われるさま。学究的。「―な知識」★

高遠《こうえん》 卑近でなくたやすく測り知られないさま。「―な理想」

高踏《こうとう》 俗世間を軽蔑《けいべつ》して遠ざかること。世俗に交わらないで身を清く保つこと。「―的」

高邁《こうまい》 気高いところを目指しているさま。「―な‐精神／理想／人格」

孤高《ここう》 ひとり気高く保つこと。「―の作家」「―を保つ」

崇高《すうこう》 気高く尊いこと。「―な‐理想／精神」「―の念」

脱俗《だつぞく》 名声や利益を求めるような世俗的な欲求から抜け出ていること。「―の世界」

超俗《ちょうぞく》 世俗にとらわれず超然としていること。「―的な生活」

快い

快哉《かいさい》 痛快に思うこと。「―を叫ぶ」

忙しい

大忙《おおいそが》**し** 非常に忙しいこと。「―の毎日」

多事多端《たじたたん》 ①事件が多く、世の中が落ち着かないこと。「―の世」②極めて仕事が多く忙しいさま。「―な一年」

多端《たたん》 仕事や用事が多いこと。「多事―の折」

多忙《たぼう》 用事が多くて、非常に忙しいこと／さま。「―を極める」「―な日々を送る」

多用《たよう》 用事が多いこと。「ご―中恐れ入ります」

東奔西走《とうほんせいそう》 あちこちを忙しく走り回ること。「資金繰りに―する」

繁多《はんた》 用事が多くて忙しいさま。「年末の―な時期」

繁忙《はんぼう》 用事が多くて忙しいこと。「―期」 異字 煩忙

繁用《はんよう》 用事の多いこと。「ご―のところかたじけなく」

忙殺《ぼうさつ》 仕事に追いまくられること。「雑務／準備‐に―される」

目《め》**が回**《まわ》**るよう** 非常に忙しいさま。「―な忙しさ」

集中

鋭意《えいい》 一生懸命励むさま。専心。「―努力いたします」「―専心」

傾注《けいちゅう》 一つのことに集中して打ち込むこと。「全力／精力‐を―する」

専心《せんしん》 一つのことに集中して励むこと。「勉学に―する」「一意―」

専念《せんねん》 一つのことだけに没頭すること。「研究／家事／執筆活動‐に―する」

熱中《ねっちゅう》 我を忘れるほど夢中になること。「野球／ゲーム／バンド活動‐に―する」

没頭《ぼっとう》 一つのことに打ち込むこと。「仕事／研究‐に―する」

日常で使う言葉 50音別類語集

あ行

会う

引見《いんけん》 高貴な人が目下の者を呼び寄せて会うこと。「使者を―する」

謁見《えっけん》 貴人や目上の人に会うこと。「―を賜る」「国王に―する」

お目《め》**に掛**《か》**かる** 「会う」の謙譲語。お会いする。

お目見得《めみえ》 お目にかかること。謁見。

邂逅《かいこう》 思いがけなく人に出会うこと。

顔《かお》**を合**《あ》**わせる** ①対面する。会う。②試合で対戦する。「強豪と―」

顔《かお》**を出**《だ》**す** 会合などに(とりあえず)出席する。

顔《かお》**を繋**《つな》**ぐ** 縁が切れないように顔を出す。

顔《かお》**を見**《み》**せる** その場所に姿を見せる。

奇遇《きぐう》 思いがけなく人に会うこと。不思議な出会い。「こんな所で会うなんて全く―だ」

謦咳《けいがい》**に接**《せっ》**する** 尊敬する人や身分の高い人の話を直接聞く。「尊師の―」

見参《げんざん》 古風 「面会」「対面」の謙譲語。異読 けんざん

御尊顔《ごそんがん》**を拝**《はい》**する** 拝顔する。お目にかかる。

際会《さいかい》 めったにない事件・機会に偶然遭うこと。「千載一遇のチャンスに―する」

再会《さいかい》 (久しい間をおいて)再び出会うこと。「―を誓う/期す/喜ぶ」

接見《せっけん》 ①身分の高い人が、公の場で人に会うこと。「―の間」②勾留《こうりゅう》中の被疑者が弁護士など外部の者と会うこと。

遭遇《そうぐう》 思いがけなく出会うこと。「敵/危険/台風/事故-に―する」

拝謁《はいえつ》 貴人や目上の人にお目にかかること。「―の栄を賜る」「―を請う」

拝顔《はいがん》 拝眉《はいび》。「―の栄に浴する」

拝眉《はいび》 「面会」の謙譲語。「詳しくは―の折に」

目通《めどお》**り** 貴人や目上の人の前に出ること。「(お)―を許される」

明かす

吐露《とろ》 心に思っていることを隠さず述べること。「真情を―する」

披瀝《ひれき》 心の中を包み隠さず打ち明けること。「心中/誠意-を―する」

露見《ろけん》 隠していたことが人に知られること。「悪事が―する」 異字 露顕

露呈《ろてい》 隠されてきたことが明るみに出ること。「本性を―する」

扱う

愛顧《あいこ》 客が商人・芸人などをひいきにし、引き立てること。

労《いたわ》**る** ①大切に扱う。「お年寄り/病人-を―」②労をねぎらう。

「選手を—」

一席《いっせき》設《もう》ける 接待するために宴会を用意する。

お構《かま》い もてなすこと。「何の—もしませんで」「どうぞ—なく」

恩顧《おんこ》 目上の者が目下の者に情けをかけること。「—を受ける」「—に報いる」

歓待《かんたい》 親切にもてなすこと。手厚く待遇すること。「—を受ける」「—にあずかる」 異字 款待

供応《きょうおう》 酒食を供してもてなすこと。「—を受ける」「茶菓の—にあずかる」 異字 饗応

遇《ぐう》する 待遇する。もてなす。「来賓として—」「客を丁重に—」

厚遇《こうぐう》 手厚くもてなすこと。「—を受ける」⇔冷遇

自愛《じあい》 自分で自分の体を大切にすること。★多く、手紙で用いる。「ご—専一に」「ご—のほどを」「ご—ください」

処遇《しょぐう》 しかるべき待遇をすること。また、その待遇の仕方。「—に困る」「厚く—する」

処《しょ》する ①状況に応じた行動をとる。「難局／世-に—」②適切に振る舞う。「事／身-を—」

待遇《たいぐう》 ①客などをもてなすこと。「温かく—する」②勤める人に対する給与・地位などの扱い。「—改善」「部長—」

知遇《ちぐう》 人格や才能などを、実力者に認められて厚遇されること。「文豪の—を得る」

贔屓《ひいき》 気に入った者を引き立て、力添えをすること。「—の客」「—に—する／あずかる」

引《ひ》き立《た》て ひいきにすること。目をかけて助けること。「お—を頂く」

引《ひ》き立《た》てる 特に目をかける。取り立てる。「いつも引き立ててください」

持《も》て成《な》し もてなすこと。「丁重な—」「お—の料理」

優遇《ゆうぐう》 手厚く待遇をすること。「経験者を—する」「—措置」⇔冷遇

優待《ゆうたい》 手厚くもてなすこと。他よりも大切に扱うこと。「—券／パス／セール」

礼遇《れいぐう》 礼を尽くして厚くもてなすこと。「国賓として—する」

集まる

一堂《いちどう》に会《かい》する ある特定の場所に一斉に集まる。「各国の代表が—」

顔《かお》が揃《そろ》う その場に来るはずの人がすべて集まる。「懐かしい—」

参集《さんしゅう》 多くの人々が寄り集まること。「ご—の皆様」★改まった場面や文脈で用いる。

集結《しゅうけつ》 勢ぞろいすること。「同志が—する」

集《つど》う 人々が寄り合う。「若者が—」「一堂に—」

馳《は》せ集《あつ》まる 走って集まる。急いで集まる。

馳《は》せ参《さん》じる 大急ぎで駆けつける。「お家の一大事に—」 異形 馳せ参ずる

謝る

お詫《わ》びをする　謝りの気持ちを態度や言動で示す。「心から―」

深謝《しんしゃ》　深くわびること。「重ね重ねの不始末を―する」

多謝《たしゃ》　深謝。多罪。「妄言―」

陳謝《ちんしゃ》　訳を言って謝ること。謝罪の言葉を述べること。「―の意を表す」

改める

改修《かいしゅう》　建造物などの壊れている部分を直すこと。「校舎の―」

改正《かいせい》　適正なものに改めること。「憲法／ダイヤ―」

改善《かいぜん》　制度などの悪いところを改めて、良くすること。「待遇の―」⇔改悪

改組《かいそ》　組織を組み替えること。組織変更。

改造《かいぞう》　構造や仕組みを大幅に変えること。「家屋／車‐を―する」「内閣―」

改定《かいてい》　以前決めたものを改めること。「運賃の―」

改訂《かいてい》　既に刊行された出版物を訂正したり改めたりすること。「書籍の―版」

改編《かいへん》　一度編成や編集をしたものをやり直すこと。「組織の―」

改良《かいりょう》　悪いところを手直しして、良くすること。「装置を―する」

捲土重来《けんどちょうらい》　一度敗れたものが、勢いを盛り返して攻めてくること。異読 けんどじゅうらい

校訂《こうてい》　古典などの字句を、原典と照らし合わせて、その不備を訂正すること。「―作業」

再訂《さいてい》　文字・文章の誤りを再度訂正すること。

再編《さいへん》　編成しなおすこと。「政界―の動き」

再編成《さいへんせい》　組み直すこと。「チーム／予算‐の―」

叱正《しっせい》　しかって誤りを正すこと。★自分の書いた論文などの批評を頼む時にへりくだっていう。「字句の―を行う」

修正《しゅうせい》　手直し。「―案」

修整《しゅうせい》　手を加えて整え直すこと。「写真を―する」

修訂《しゅうてい》　校訂し改訂すること。

新規蒔《しんきま》き直《なお》し　覚悟を決めて始めからやり直すこと。「―を図る」

是正《ぜせい》　悪い点を改め、良くすること。「不公平税制の―」

組織替《そしきが》え　改組。「大幅な―を断行する」

挽回《ばんかい》　失ったものを取り返すこと。「勢力を―する」「失地／名誉―」

批正《ひせい》　批判して訂正すること。「ご―を乞《こ》う」

補正《ほせい》　足りない部分を補い、妥当な姿に直すこと。「―予算」

巻《ま》き返《かえ》す　①巻き直す。②攻め込まれていた者が、勢いを取り戻して反撃する。「終盤に―」

盛《も》り返《かえ》す　一度は衰えた勢いを、また盛んにする。「勢力を―」

促す

催告《さいこく》 ある一定の行為をするよう請求すること。

督促《とくそく》 （金銭の支払いを）催促すること。「家賃の支払いを―する」「―状」

応援

後押《あとお》し 後ろだて。後援。「企業の―がある」

後《うし》ろ盾《だて》 陰にいて助ける―こと／人。「しっかりした―がある」 異字 後ろ楯

後見《こうけん》 後ろだてとなって面倒をみること。「未成年者／幼君―を―する」「―人／役」

バックアップ 支持して、もり立てること。後援。「大企業からの―を受ける」★backup

応じる

請《う》け負《お》う 契約をして引き受ける。請け合う。「仕事／工事―を―」「一千万円で―」

受託《じゅたく》 委託を受けること。「事業を―する」「―収賄／販売」

拝命《はいめい》 命令を承ること。「大役を謹んで―する」

引《ひ》き受《う》ける 依頼された仕事などを責任をもって受け持つ。負担する。「保証人／仕事／債務／注文―を―」

補う

充《あ》てる ある目的にお金や時間などを使う。「余暇を読書に―」

充填《じゅうてん》 欠けた部分に物を詰めて埋めること。「セメントを―する」

増補《ぞうほ》 既に出版された書物の不十分な部分を新たに加えること。「―改訂版」

補遺《ほい》 書物などで、漏らした点を補うこと。「全集の―」

補完《ほかん》 足りない分を補って完全にすること。「資料を―する」

補充《ほじゅう》 足りなくなった分を補うこと。「欠員―」

補足《ほそく》 不十分なところを補うこと。「―説明」

補填《ほてん》 埋め合わせること。「赤字を―する」「損失―」

お節介

お節介《せっかい》 余計な手出しをすること。「―な隣人」「―を焼く」

差《さ》し出《で》がましい 出しゃばっている。「―ことを言う」

出《で》る幕《まく》ではない その場に出て行って行動したり口を挟んだりする場合ではない。「私の―」

老婆心《ろうばしん》 必要以上に世話を焼こうとしたり親切にしようとしたりする気持ち。★多く、へりくだっていう時に使う。「―ながら申し上げます」

終わる

終《お》わりを告《つ》げる 物事が終わりになる。「大会も—」

完結《かんけつ》 物事が完全に終わって、まとまった形になること。「物語/連載—が—する」

完了《かんりょう》 するべき動作・仕事などが完全に終わること。「準備/作業—が—する」

最後《さいご》を飾《かざ》る 物事の最後を華々しく終える。「勝ち越しのヒットで—」

終結《しゅうけつ》 一定の区切りがつくこと。終わること。「事件/戦争—が—する」「—宣言」

終止符《しゅうしふ》を打《う》つ 継続していた物事にきっちりと区切りをつける。「恋人関係/都会生活—に—」

終息《しゅうそく》 (好ましくない)物事や状態がすっかり終わること。絶えること。「混乱/悪疫/戦火—が—する」「—に向かう」 異字 終熄

終了《しゅうりょう》 物事がすっかり終わること。「試験/展示—を—する」⇔開始

ピリオドを打《う》つ 終止符を打つ。「学生生活に—」

満期《まんき》 一定の期日が来ること。「定期預金/刑—が—になる」

満了《まんりょう》 定められた期間が終わること。「任期—」

有終《ゆうしゅう》の美《び》を飾《かざ》る 物事を最後までやりとおし、立派に終わらせる。「引退公演で—」

か行

代える

交替《こうたい》 ある仕事・居場所などに入れかわること。「三—制の勤務」

交代《こうたい》 別の人に引き継ぐこと。「選手/参勤/世代—」

更迭《こうてつ》 ある役職や地位にある人を他の人に替えること。「大臣を—する」「—人事」

代行《だいこう》 本来の人に代わって行うこと。「手続きを—する」

代替《だいたい》 別のもので代わりをすること。「—エネルギー」

代用《だいよう》 別のもので臨時に代わりをすること。「—品/食」

代理《だいり》 ある地位・立場の人に代わって事に当たること。「—をおおせつかる」「課長—」

トレード プロ野球などで、チーム間で選手を交換すること。★trade

変える

一変《いっぺん》 すっかり変わること。「態度/形勢—が—する」

激動《げきどう》 激しく変動・変化すること。「—の時代」「—する社会情勢」

激変《げきへん》 大きく変化すること。「社会環境の—」 異字 劇変

様変《さまが》わり 様子や形が変わること。「街/大学—がすっかり—する」

千変万化《せんぺんばんか》 次々と変化するさま。「—の雲の様相」

バリエーション 変化。変種。「—をつける」「豊富な—」★varia-

豹変《ひょうへん》　態度や考えが急に変化すること。「態度が—する」★本来は、良い方に変わることをいった。
変化《へんか》　変わること。「—に富む」「—を遂げる」
変更《へんこう》　あらかじめ決めてあったことを別のものにすること。「予定を—する」
変動《へんどう》　状態や事態の変化。「株価の—が激しい」「地殻—」
変貌《へんぼう》　変容。「—を遂げる」
変容《へんよう》　外観や様子が変わること。「経営システムの—」「町並みが—する」
目先《めさき》**を変**《か》**える**　趣向を変えて見た目に新しいものに感じさせる。

過失

遺漏《いろう》　注意が行き届かず不十分な点や見落としが残ること。「—のないよう努める」
迂闊《うかつ》　不用意。不注意。「—なことをする」「—にもその話に触れる」「—には手が出せない」
落《お》**ち度**《ど》　責任を問われる過ちや失敗。「—がある」「君の—だ」「—を認める」
粗相《そそう》　不注意や油断から起こる、小さな失敗。「とんだ—をいたしました」「—をおわびします」
疎漏《そろう》　扱いがいい加減で抜かりのあること。「計画の—を指摘する」
手落《てお》**ち**　手抜かり。「—がないように」 異字 粗漏
手抜《てぬ》**かり**　不注意ですべきことをし損なうこと。「当方／係-の—」
抜《ぬ》**かり**　油断しているところ。注意に欠けるところ。「その点に—はない」「万事—なくやる」
不覚《ふかく》　油断して失敗すること。「—にも」「—をとる」
不行《ふゆ》**き届**《とど》**き**　注意や配慮が行き届かないこと。「監督—」「—の点は多々あろうかと存じますが」

期待

一目置《いちもくお》**く**　優れた者として敬意を払う。「一目置かれる存在」★囲碁で、弱い方が先に碁石を置かせてもらうことから。
買《か》**う**　値打ちを認める。「語学力／まじめさ-を買われる」
期《き》**する**　期待する。「再会を—」「期せずして」 異形 期す
嘱望《しょくぼう》　将来に期待を寄せること。「将来を—される新人」 異字 属望
嘱目《しょくもく》　その人の将来に期待して目をつけること。注目。「—の的」「—されている人物」「前途を—する」 異字 属目
胸《むね》**を膨**《ふく》**らませる**　期待感が高まる。「期待に—」
目《もく》**する**　注目する。「将来を目される」
有為《ゆうい》　才能があり将来性がある様子。「—の-人材／青年」「前途—」
有望《ゆうぼう》　将来に見込みのあること。

「―な―選手／市場《しじょう》」「将来―だ」「―株」

指折《ゆびお》り数《かぞ》える　その日が来るのはあと何日かと数えながら心待ちにする。「指折り数えて待つ」

協力

足並《あしな》みを揃《そろ》える　意見の調整をつけて互いに協調する。「各国が足並みを揃えて問題解決に取り組む」

気脈《きみゃく》を通《つう》じる　ひそかに連絡をとり、意思の疎通を図る。「互いに―」

協調《きょうちょう》　立場の違う者同士が折り合いながらうまくやっていくこと。「労使間の―」「―性に富む」

協同《きょうどう》　心や力を合わせて物事に当たること。「――出資／組合／体」

共同《きょうどう》　複数の人や組織が同等の資格で事を行う。「――作業／事業／生活」⇔単独

協和《きょうわ》　調和するように力を合わせること。「―の精神」

組《く》む　仲間となって行動する。「彼／他社―と―」「コンビ／チーム―を―」

結束《けっそく》　同志の者が互いに一つにまとまること。「固い―」

結託《けったく》　共通の利益のためにぐるになること。「業者と―する」

合弁《ごうべん》　(外国資本と)共同で出資して事業経営を行うこと。「――事業／会社」異字 合辦

コラボレーション　(企業同士の)提携。共同。★collaboration 略形 コラボ

タイアップ　協力して事をなすこと。★tie up

大同団結《だいどうだんけつ》　多数の党派が主義・主張を超えて一つに団結すること。

団結《だんけつ》　多くの人が共通の目的のために力を合わせること。「―して取り組む」「一致―」

提携《ていけい》　企業・組織の間で物事を共同で行うこと。「技術／企業―」

手《て》に手《て》を取《と》る　「手を取り合う」の強調表現。

手《て》を組《く》む　共通の目的のために仲間になって助け合う。★手を結んで以後の行動全般に重点がある。

手《て》を携《たずさ》える　協力し合う。「夫婦として長年―」

手《て》を繋《つな》ぐ　互いに協力し合う。

手《て》を取《と》り合《あ》う　互いに力を合わせる。

手《て》を握《にぎ》る　①仲間になって助け合う。同盟を結ぶ。②仲直りする。「反対勢力と―」

手《て》を結《むす》ぶ　互いに助け合うことを約束する。「与党と野党が―」★約束の成立時に重点がある。

歩調《ほちょう》を合《あ》わせる　相手に合わせて行動する。「両社で―」

纏《まと》まる　一つに合わさる。「意見／党内―が―」

計画

愚案《ぐあん》　①愚かな考え。②「自分の考え」をへりくだっていう語。「―を述べる」

原案《げんあん》　討議・検討するための最初の案。「―を作成する」「―どおり」

講《こう》ずる 解決のために適切な方法・手段を取る。「対策／措置-を―」 異形 講じる

試案《しあん》 試しにやってみる案。仮の案。「―の段階」「―を発表する」

私案《しあん》 個人的な-考え／提案。「―を述べる」

素案《そあん》 検討の材料となる考え。「―を示す」

草案《そうあん》 ある計画や規約などについての原案。「―を-練る／起草する」「憲法―」

叩《たた》き台《だい》 検討を加えてより良くするための原案。「―にする」

腹案《ふくあん》 あらかじめ心の中で考えておく計画。腹積もり。「―を-練る／示す」

妙案《みょうあん》 よい思いつき。「―が浮かぶ」

名案《めいあん》 優れた思いつき。「―が-浮かぶ／出る」

良案《りょうあん》 よい考え。「―を思いつく」

交際

お近付《ちかづ》きになる 目上や地位の高い人と親密に交際するようになる。「お近付きになったしるしに」

旧交《きゅうこう》 昔からの交際。「―を温める」

交歓《こうかん》 交流して親しくなること。「―の集い」「―会」 異字 交驩

交誼《こうぎ》 親しい付き合い。友誼。「―を-結ぶ／受ける」

厚誼《こうぎ》 手厚い交情・交誼。「―を込めた礼文」「ご―を願う」

高誼《こうぎ》 「相手から受けている交誼」を敬っていう語。

交情《こうじょう》 交際を通して生じる親しみ。「―を深める」

交友《こうゆう》 友達付き合いをすること。「―-関係／録」

交遊《こうゆう》 仲良く付き合うこと。「―を断つ」「―録」

交流《こうりゅう》 場所や組織などの異なる系統に属するものが、互いに行きかうこと。「―を-図る／深める」「―会」「国際／文化―」

懇親《こんしん》 打ち解けて親しみ合うこと。「―を深める」「―会」

コンタクト 接触。連絡。「―をとる」★contact

知《し》り合《あ》う 互いに知るようになる。「人と―」「ふとした縁で―」

親交《しんこう》 人と人との親しい交わり。「―がある」「―を結ぶ」

接触《せっしょく》 付き合うこと。交渉をもつこと。「―を-もつ／断つ」「業界の人と―がある」

付《つ》き合《あ》い ①人と付き合うこと。「長年の―」「親類―」 ②人に合わせて行動すること。「―が悪い」「―酒」「人―」

付《つ》き合《あ》う ①行動を共にする。「買い物／食事-に―」 ②互いに交わって親しくする。「人と―」

触《ふ》れ合《あ》い 心の通う交わり。「自然との―」「親子の―」

交《まじ》わり 交際。「―を-結ぶ／絶つ」

交《まじ》わる 人と付き合う。交際する。「現地の人／旧友-と―」

友好《ゆうこう》 友や仲間としての好意をもっ

た付き合い。「―関係／親善／国」

誼《よしみ》　親しい交際（による縁故・好意）。「同郷の―」「―を結ぶ／通ずる」
異字 好

高慢

僭越《せんえつ》　自分の立場を超えて出過ぎたさま。「―な行為」★自分のすることを謙遜《けんそん》してもいう。「―ながら一言申し上げます」

不遜《ふそん》　思い上がっているさま。「―な態度」「―に過ぎる」「傲岸《ごうがん》―」

断る

一蹴《いっしゅう》　にべもなくはねつけること。「抗議を―する」

否《いな》**む**　①拒否する。「すげなく―」②否定する。「否めない事実」

打《う》**ち消**《け》**す**　強く否定する。「噂《うわさ》を―」

遠慮《えんりょ》　「断ること」の遠回しな言い方。「せっかくだが今回は―したい」

拒絶《きょぜつ》　拒否。「面会を―される」「―に遭う」「―反応」

拒否《きょひ》　断ること。「申し入れ／要求―を―する」「断固―する」

結構《けっこう》　婉曲《えんきょく》に断る時に言う言葉。「いいえ／もう―です」

固辞《こじ》　他からの勧めなどを固く辞退すること。「会長就任／出馬―を―する」

御免被《ごめんこうむ》**る**　古風「断る」の丁寧な表現。「そんな役は―」異字 御免蒙る

辞《じ》**する**　辞退する。「叙勲を―」「死をも辞さない」

謝絶《しゃぜつ》　拒絶して断ること。「面会―」

峻拒《しゅんきょ》　厳しく断ること。

退《しりぞ》**ける**　相手の申し出などを拒む。「要求／訴え／控訴―を―」異字 斥ける

難色《なんしょく》**を示**《しめ》**す**　承知しがたい顔つきや非難するそぶりを表に出す。「申し入れに―」

願《ねが》**い下**《さ》**げ**　会話 頼まれても断ること。「あんな仕事、こっちから―だ」

拝辞《はいじ》　「辞退」の謙譲語。「君命を―する」

否定《ひてい》　打ち消すこと。「頭から―する」「―的な見解」⇔肯定

否認《ひにん》　ある事実を認めないこと。承諾しないこと。「犯行／事実―を―する」⇔是認

批判的《ひはんてき》　相手を批判する立場や意見であるさま。「―な論調／態度」

不賛成《ふさんせい》　賛成しないこと。「その意見には―だ」

不承知《ふしょうち》　聞き入れないこと。「―の旨を伝える」

さ行

誘う

誘《いざな》**う**　さそ（誘）う。「幻想の世界へと―」「悪の道へ―」

勧誘《かんゆう》　参加や購買を勧め誘うこと。「保険／新聞―の―」

口《くち》**を掛**《か》**ける**　声をかけて誘う。「後

輩に―」
声《こえ》を掛《か》ける　呼びかけて誘う。「飲みに行こうと―」
誘《さそ》い合《あ》わせる　互いに誘う。「皆様お誘い合わせのうえ御来場ください」
持《も》ち掛《か》ける　ある計画を持って行き、実現を促す。「対抗試合／共同研究―を―」
誘引《ゆういん》　相手の関心を引いて誘うこと。「観光客を―する」
呼《よ》び掛《か》ける　①相手に声をかける。「通行人に―」②何かを訴えて同意・協力を求める。「投票／募金―を―」「大雨に対する警戒を―」

察する

賢察《けんさつ》　明察②。「事情をご―のうえ」
高察《こうさつ》　明察②。「ご―のとおり」
拝察《はいさつ》　「推察」の謙譲語。「ご健勝のことと―いたします」★多く手紙で使う。
明察《めいさつ》　①物事の真相を明確に見抜くこと。「事態を―する」②「相手の推察」を敬っていう語。お察し。「ご―」

参加

加入《かにゅう》　団体などに入ること。「組合／学会／保険―に―する」「新規―」
加盟《かめい》　ある組織・団体に加わること。「組合に―する」「―団体」
加《くわ》わる　仲間に入る。参加する。「メンバー／討論―に―」
杯《さかずき》を交《か》わす　(仲間や夫婦になったあかしとして) 同じ杯で酒を酌み交わす。「三々九度の―」
参画《さんかく》　政策や事業などの計画に加わること。「国政／一大事業―に―する」
参入《さんにゅう》　新たな領域に入って行くこと。「新規／市場――」
参与《さんよ》　ある事に加わり、かかわり合うこと。「国政／事業／計画―に―する」
仲間入《なかまい》り　仲間の一員になること。「社会人／先進国―の―を果たす」

指揮

音頭《おんど》を取《と》る　大勢で何かをする時に、先頭に立って事を進める。「乾杯／法改正―の―」
舵《かじ》を取《と》る　物事が方向を誤らずに進行するように誘導する。「日本外交の―」
采配《さいはい》　命令や指図をすること。「―を―執る／振る／任される」「―ぶり」
差配《さはい》　①取り仕切ること。取りさばくこと。「仕事の―をする」②所有主の代わりに貸家・貸地などを管理すること。「―人」

従う

恭順《きょうじゅん》　命令に慎んで従うこと。「―の意を表する」
随行《ずいこう》　身分の高い人のお供としてつ

き従うこと。「天皇に—する」

随従《ずいじゅう》 ①言いなりになること。「人の意見に—する」 ②付き従うこと。

随伴《ずいはん》 お供をして行くこと。「社長に—して渡米する」

携《たずさ》**える** 連れて行く。「妻子を—」

追従《ついじゅう》 人のあとに付き従うこと。「欧米に—する」「他の—を許さない」

追随《ついずい》 追従。「他の—を許さない」

同行《どうこう》 一緒に行くこと。「家族を—する」「—者」

同道《どうどう》 同伴。同行。「友人に—する」

同伴《どうはん》 連れ立って行くこと。「夫人を—する」「—者」

侍《はべ》**る** そば近くにかしこまって控える。「席に—」

親しい

息《いき》**が合**《あ》**う** 気持ちや動作がうまくかみ合う。「あの人とは—」「バッテリーの—」

意気投合《いきとうごう》 互いに気持ちがよく合うこと。「初対面ですっかり—する」

打《う》**てば響**《ひび》**く** 働きかけに対して、すぐに的確な反応が返ってくる。

馬《うま》**が合**《あ》**う** 性格が合って関係がしっくりいく。「あの人とは不思議に—」

気《き》**が合**《あ》**う** 性格や価値観が似ていて相性がいい。

琴瑟相和《きんしつあいわ》**す** 夫婦が仲むつまじくする。

心安《こころやす》**い** 遠慮が要らない。気がねがない。「—間柄」

懇意《こんい》 心安いさま。「—な間柄／友人」「—にしている」

昵懇《じっこん》 懇意であること。「—の間柄／仲」

反《そ》**りが合**《あ》**う** 気が合う。「どうもあの人とは反りが合わない」★刀の反りが鞘《さや》とよく合う意から。

近《ちか》**しい** 親密である。「ごく—間柄」

懇《ねんご》**ろ** [異字]親しい ①[古風]親密。懇意。「—にしていただく」 ②（男女が）深い仲になるさま。「—になる」

歯車《はぐるま》**が噛**《か》**み合**《あ》**う** 意見や感情が対立せず、順調に事が運ぶ。「チームの—」

別懇《べっこん》 特別に懇意であること。「—の間柄」

睦《むつ》**まじい** 互いに息が合って仲がよい。「仲—夫婦」「睦まじく—話す／寄り添う」

親しむ

打《う》**ち解**《と》**ける** 遠慮がなくなって親しくなる。「すっかり打ち解けた様子」

肝胆相照《かんたんあいて》**らす** 互いに心を打ち明けて親しく付き合う。「—仲」

気《き》**が置**《お》**けない** 心から打ち解けることができる。気がねや遠慮の要らない。「—人／会」

胸襟《きょうきん》**を開**《ひら》**く** 内心を包み隠さず打ち明ける。

気《き》**を許**《ゆる》**す** 相手を信用して警戒心や緊張を緩める。「気を許した相手」

「つい―」

心《こころ》が通《かよ》う　気持ちが通じ合う。

心《こころ》を通《かよ》わせる　気持ちを通じ合わせる。

心《こころ》を開《ひら》く　打ち解けた気持ちになる。

心《こころ》を許《ゆる》す　警戒心なく付き合う。「心を許した友」

親愛《しんあい》　親しみを感じる心。「―の情」「―なる友へ」

親善《しんぜん》　互いに交流して仲良くすること。「―試合」「国際―」

親睦《しんぼく》　親しみ合って仲良くすること。「―を‐深める／図る」「―会」

親密《しんみつ》　親しく交わること。非常に仲がよいさま。「―な‐間柄／関係」

親和《しんわ》　互いに親しみ仲良くすること。⇔疎遠「部員の―を図る」「―‐会／力」

通《つう》じ合《あ》う　気持ちや意思などが互いに伝わり合う。「心が―」「目と目で―」

溶《と》け込《こ》む　雰囲気に慣れ、周りの人々と打ち解ける。「新しい環境／クラス‐に―」 異字 融け込む

仲良《なかよ》くする　親密に付き合う。「皆と―」

馴《な》れ親《した》しむ　人・場所・物などに打ち解けて親しむ。

腹《はら》を割《わ》る　本心を見せる。「腹を割って話そう」

融和《ゆうわ》　互いに打ち解けて仲良くすること。「両国間／社内‐の―を図る」

宥和《ゆうわ》　寛容な態度で相手を理解し、仲良くすること。「〔人種間の〕―政策」

和《わ》する　仲良くする。「隣国と―」 異形 和す

実行

敢行《かんこう》　あえて実行すること。「ストライキを―する」

強行《きょうこう》　強引に実行すること。「―採決」

挙行《きょこう》　式典などを執り行うこと。「結婚式を―する」

決行《けっこう》　予定や計画どおりに実行すること。「雨天―」

事《こと》に当《あ》たる　その仕事に従事する。「準備をととのえて―」

施行《しこう》　①実施。②法律や規則などを効力あるものとすること。「―規則」 異読 せこう

執行《しっこう》　決められたことを実際に執り行うこと。「予算を―する」「―猶予」「公務―妨害」

実施《じっし》　計画・規則・行事などを実行すること。「減税／アンケート‐を―する」

実践《じっせん》　ある理論や主張などを実行に移すこと。「理論と―」

遂行《すいこう》　物事を最後までやり通すこと。「職務を―する」

断行《だんこう》　断固とした態度で実行すること。「構造改革を―する」「熟慮―」

手掛《てが》ける　ある仕事や事業などに当たる。「舞台演出を―」

執《と》り行《おこな》う　式典や行事などを行う。「卒業式を―」

取《と》り組《く》む　一生懸命に事に当たる。「真正面から―」「慎重に―」

履行《りこう》 行うと約束した事柄を実行すること。「公約／契約―を―する」

指導

教示《きょうじ》 上の人が下の人に知識・方法などを教え示すこと。「ご―を―仰ぐ／乞《こ》う／頂く／賜る」

教導《きょうどう》 道徳などを教え、あるべき方向に導くこと。

薫陶《くんとう》 優れた人格や徳によって人を感化すること。「―よろしきを得る」「恩師の―を受ける」

訓導《くんどう》 教導。

啓発《けいはつ》 人に今まで気付かなかったことを教え、よく分かるようにすること。「―されるところが大きい」「自己―」

指南《しなん》 古風 (古来の芸能・武術を)教え導くこと。「柔道の―を受ける」「―書」

垂範《すいはん》 模範を示すこと。「弟子に―する」「率先―」

善導《ぜんどう》 教えさとして、よい方向へ導くこと。

手解き《てほどき》 学問・技芸の初心者に初歩から教えること。「剣道の―を受ける」

範を垂れる《はんをたれる》 古風 模範を示す。「自ら―」

導く《みちびく》 ある目標や良い方向へと向かうように手引きする。「少年／後進―を―」「正しい道に―」

示す

供覧《きょうらん》 多くの人が見られるようにすること。「名簿を―する」「―期間」

掲示《けいじ》 ある事項を知らせるため、目につくところに掲げ示すこと。また、その文書。「―を―出す／見る」「電光―板」

掲出《けいしゅつ》 掲示して見せること。「成績優秀者を―する」

顕示《けんじ》 人目につくようはっきり示すこと。「自己―欲」

示唆《しさ》 暗示を与えて、ある物事を教えること。「―に富む」「―するところ大」「―を与える」「―的」 異読 じさ

呈示《ていじ》 相手に差し出して見せること。「証明書の―」

提示《ていじ》 相手にその内容が分かるように見せること。「主題の―」「証拠を―する」

呈する《ていする》 ある状態を示す。「活況を―」

内示《ないじ》 会社などで正式発表の前に、内々に示すこと。「異動／転勤―の―があった」「決定の―を受ける」

承知

応諾《おうだく》 頼まれたことを承知して引き受けること。「申し出を―する」

快諾《かいだく》 気持ちよく承諾すること。「―を得る」「依頼を―する」

許諾《きょだく》 許すこと。承諾。「転載を―する」「―を得る」

受諾《じゅだく》 承知すること。引き受けるこ

と。「申し入れ／就任―を―する」

承引《しょういん》 承知して引き受けること。「謹んでご―いたします」

承諾《しょうだく》 依頼や要求を聞き入れること。納得して同意すること。「―を―得る／与える」「親の―が必要だ」「―書」

承認《しょうにん》 ①正当だと認めること。同意。「議会の―を得る」「提案を―する」「正式に―する」 ②聞き入れること。「原作者の―を求める」「事後―」

承服《しょうふく》 相手の言うことに納得して従うこと。★多く、打消の形で用いる。「その意見には―できない」 異字 承伏

信認《しんにん》 信用して認めること。「国王の―を得る」

内諾《ないだく》 正式な承認に先立つ内々の承諾。「―を得る」

了承《りょうしょう》 事情をよく理解して認めること。「―を得る」「―済み」 異字 諒承

所有

愛蔵《あいぞう》 特に好んで、大事にしまっておくこと。「―の品」

共有《きょうゆう》 複数の者や団体が、共同で所有・管理すること。「情報を―する」「―財産／地」⇔専有

私蔵《しぞう》 個人的に所蔵すること。「―図書」

私有《しゆう》 個人的に所有すること。「―財産／地」⇔公有

所蔵《しょぞう》 所有物として収めもっていること。「宝物／資料―を―する」

蔵《ぞう》**する** 所蔵する。「資料／文献―を―」

内蔵《ないぞう》 そのものの内部にはらんでいること。「危険を―する」

秘蔵《ひぞう》 他人には見せずに大切に所蔵すること。「―の宝物」

保有《ほゆう》 所有し続けること。「核兵器を―する」

有《ゆう》**する** 抽象的な事柄や性質をもつ。「可能性／権利―を―」

擁《よう》**する** 所有する。「巨万の富を―」

分《わ》**かち合**《あ》**う** 一つのものを複数の者が共有する。「喜び／責任―を―」

処理

処置《しょち》 物事に判断を下し、どのようにするかを決めること。「寛大な―」「断固たる―」「―を誤る」

善処《ぜんしょ》 事情や要望に合うよう処置すること。「―されたし」

措置《そち》 事に当たって取りはからうこと。「異例の―」「厳しい―をとる」「緊急／予防―」

対処《たいしょ》 その事柄に対応した適当な処置を取ること。「困難な事態／事件―に―する」「新たな―を迫られる」「―の仕方を誤る」

信じる

信服《しんぷく》 敬服して信じきること。「弟子から―される」

信奉《しんぽう》 信じて従うこと。「学説／教え―を―する」「―者」

信用《しんよう》　確かだと信じること。「君の言葉を―する」

信頼《しんらい》　疑うことなく任せること。「―すべき筋」「―を寄せる／裏切る」「――感／性」

進む

前進《ぜんしん》　前へと進むこと。「一歩―する」「運動を―させる」⇕後退・後進

突進《とっしん》　勢いよく突き進むこと。「ゴール／敵―に―する」

驀進《ばくしん》　まっしぐらに進むこと。「優勝への道を―する」

飛躍《ひやく》　①急激に進歩・発展すること。「―を遂げる」　②踏むべき段階を飛び越すこと。「論理に―がある」

邁進《まいしん》　臆《おく》することなくひたむきに進むこと。「目的に向かって―する」「一路／勇往――」

猛進《もうしん》　何ものをも恐れず、勢いよく進むこと。

躍進《やくしん》　目ざましい勢いで進歩・発展すること。「大―を遂げる」

勧める

勧告《かんこく》　公的に申し出て、ある処置をとるように勧め促すこと。「―を受け入れる」「退任を―する」

勧奨《かんしょう》　勧めること。「栽培を―する」「退職―」

慫慂《しょうよう》　誘い勧めること。誘いそそのかすこと。

奨励《しょうれい》　（良いことだとして）勧め励ますこと。「節約／研究―を―する」

推奨《すいしょう》　優れている点を褒めて、人に勧めること。「大いに―する」

推薦《すいせん》　よい人や物として人にすすめること。「―の言葉」「辞書を―する」「――状／入学」

成功

開花《かいか》　成果が現れること。盛んになること。「素質／芸術―が―する」

叶う《かな》　思うとおりになる。実現する。「叶わぬ恋」「願い／思い／夢―が―」「念願叶って」

叶える《かな》　思うとおりに実現させる。「希望を―」

結実《けつじつ》　（努力の後に）成果が現れること。「長年にわたる熱意／努力―が―する」

功《こう》　見事に成功を収めたりっぱな仕事。手柄。「―を―立てる／焦る」「―に報いる」「―成り名を遂げる」

功績《こうせき》　ある団体に利益をもたらすような成果・手柄。「最大の―」「―を―あげる／たたえる」

功名《こうみょう》　手柄を立てて名をあげること。「―を―はやる／焦る」「―心」

功労《こうろう》　苦労・努力して功績をあげること。「永年の―」「―に報いる」「―賞」

実現《じつげん》　希望や計画を現実に達成すること。「計画が―する」「夢を―する」「見事―させる」

殊勲《しゅくん》　際立って優れた功績。抜群の手柄。「―を立てる」「―賞」

成就《じょうじゅ》　願い事などが実現すること。

「大願《たいがん》―」
上首尾《じょうしゅび》 うまくゆくこと。都合よくまとまること。「企画発表は―だった」⇔不首尾
成功《せいこう》 物事がうまく実現すること。「事業を―させる」⇔失敗
奏功《そうこう》 目的どおりに事をし遂げること。「調停工作／作戦‐が―する」
実《み》**を結**《むす》**ぶ** 努力の結果が現れる。「計画が―」

責任

一翼《いちよく》**を担**《にな》**う** 一方の大切な役割や任務を負う。「我が社の―部門」
引責《いんせき》 責任を負うこと。「―‐辞任／辞職」
背負《しょ》**って立**《た》**つ** 社会や組織の中で、中心となって支える役割を果たす。「会社を―」
責任《せきにん》**を取**《と》**る** 起こしてしまった好ましくない結果を自分の責任だと認め、つぐないをする。「不祥事の―」
責《せ》**めを負**《お》**う** 責任を負う。「今度の事件について―」
双肩《そうけん》**に担**《にな》**う** （両肩に担ぐように）責任・任務を負う。

迫る

急迫《きゅうはく》 状況が差し迫ること。「戦局／事態‐が―する」
窮迫《きゅうはく》 金銭的に切羽詰まって苦しむこと。「財政／生活‐が―する」
緊迫《きんぱく》 事態が緊張した状態になること。「―した空気」「―の度を増す」
切迫《せっぱく》 ①差し迫ること。押し詰まること。「締め切り日が―する」②重大な事態が近づいて、ひどく緊張した状態になること。「―した空気」「事態が―する」
逼迫《ひっぱく》 事態が差し迫って悩み苦しむこと。「財政が―する」
瀕《ひん》**する** 目前に悪い事態が迫る。「危機／危殆《きたい》／死‐に―」

相談

打《う》**ち合**《あ》**わせる** 前もって相談する。「日程／作戦／詳細‐を―」
掛《か》**け合**《あ》**う** 要求を出して相手側と話し合う。「先方／役所‐に―」
交渉《こうしょう》 掛け合うこと。話し合い。「―が‐決裂する／長びく」
折衝《せっしょう》 外交上・取引上の交渉や駆け引き。「―に当たる」「―を重ねる」
膝《ひざ》**を交**《まじ》**える** 同席して互いに打ち解けて話し合う。「膝を交えて話す」
用談《ようだん》 用向きの話をすること。また、その話。「―中につき」「―を済ませる」「―に入る」
来談《らいだん》 来て話すこと。話しに来ること。「ご―ください」

相談する

一役買《ひとやくか》**う** ある役割を自分から進んで引き受ける。「新会社発足に―」

た行

注文する

誂《あつら》える　頼んで思うとおりのものを作らせる。「洋服を―」

使う

愛用《あいよう》　好んでいつも使うこと。「―のカメラ」「古い万年筆を―する」

運用《うんよう》　資金や規則などをうまく働かせて使うこと。「法の―」「―の範囲」「資金を―する」

援用《えんよう》　自分の説を証拠立てるために、他の資料・事実を用いること。「先行文献を―する」「条項を―する」

応用《おうよう》　原理や知識を実際の事柄に活用すること。「公式／技術を―する」「―問題／数学」

活用《かつよう》　効果的に用いること。「余暇／辞書を―する」

慣用《かんよう》　習慣として用いること。「世間の―に従う」「―となっている」

共用《きょうよう》　共同して使用すること。「―の施設／部品」「データを―する」⇔専用

駆使《くし》　自由自在に使いこなすこと。「知識／技術を―する」

兼用《けんよう》　一つのものを二つ以上の用途に用いること。「男女／食堂／晴雨―」⇔専用

行使《こうし》　与えられた権利・権力を使うこと。「黙秘権の―」「権利を―する」「実力―」

実用《じつよう》　実際に有用なこと。「―に供する／向かない」「―化／主義／面／品／新案」

使用《しよう》　使うこと。「部屋を―する」「無断で―する」「―に堪える」「―人／者／禁止／料」

試用《しよう》　試験的に用いること。「新製品を―する」「―期間」

常用《じょうよう》　①通常使うこと。「―漢字／対数」②継続して使うこと。「薬を―する」

専用《せんよう》　①ある目的だけに使うこと。「女性―車両」②ある人だけが使うこと。「従業員―」⇔共用・兼用　③そればかりを使うこと。「A社の製品を―する」

使《つか》いこなす　巧みに使って十分に役立たせる。「英語／コンピュータ／部下を―」

適用《てきよう》　法律・規則・方法などを当てはめること。「刑法／条文を―する」

転用《てんよう》　本来の目的とは別のことに使うこと。「用地の―」「旅費を物品費に―する」

汎用《はんよう》　広く種々の方面に用いられること。「―性が高い／ある」「―コンピューター」

継ぐ

遺志《いし》を継《つ》ぐ　故人が果たせなかった志を受け継ぐ。

一脈《いちみゃく》相通《あいつう》ずる　物事の間で、性質や考え方などが深い部分で共通している。「両者には―ものがある」

異形 一脈相通じる

衣鉢《いはつ》を継ぐ その道の奥義や前人の事業などを受け継ぐ。★師の僧から僧が袈裟《けさ》と鉢《はち》を授かることから。

継承《けいしょう》 地位や身分、財産などを受け継ぐこと。「王位を―する」「皇位―」

後継《こうけい》 地位・財産・業務などの後を引き継ぐこと。「―者／内閣」

据《す》え置《お》く 手を加えることなくそのままの状態にする。「料金を―」

世襲《せしゅう》 その家の地位・財産・職業などを子孫が受け継いでいくこと。「―制度」

相続《そうぞく》 ①跡目を継ぐこと。②死亡した者の財産上の権利義務を親族などが受け継ぐこと。「遺産を―する」「法定―人」

踏襲《とうしゅう》 前の人の方法や説をそのまま受け継ぐこと。「旧来の慣習を―する」

流《なが》れを汲《く》む その血筋や流派、系統に属する。「浪漫派の―」

都合する

工面《くめん》 あれこれ工夫すること。算段。「―がつかない」「金を―する」

繰《く》り合《あ》わせる 時間や、用事をうまくやり繰りして都合をつける。「万障繰り合わせてご出席ください」

算段《さんだん》 手段を講じること。「―がつく」「無理―」

捻出《ねんしゅつ》 ひねり出すこと。「費用を―する」

賄《まかな》う 限られたお金や物で何とかやり繰りする。「財源を国債で―」

間《ま》に合《あ》わせる ①ありあわせの物でその場の役に立てる。「残り物で―」②時間までに準備をする。

遣《や》り繰《く》りする あれこれ工夫して都合をつける。「家計を―」

勤める

移籍《いせき》 所属を他の団体に移すこと。「他球団に―する」「―金／交渉」

栄転《えいてん》 それまでより高い地位を得て、職務・任地が変わること。「ご―のお祝い」「支店長に―する」⇔左遷

急務《きゅうむ》 急いでしなければならない仕事。「当面／目下の―」

後任《こうにん》 前の人に代わって任務を引き継ぐこと／人。「―が決まる」「―人事」⇔先任・前任

在勤《ざいきん》 勤務に就いていること。「海外―手当」

在職《ざいしょく》 職務に就いていること。

再任《さいにん》 ①重任。「役員に―される」②前に就いたことのある任務にもう一度就くこと。

在任《ざいにん》 任務に就いていること。「―期間／中」

左遷《させん》 それまでより低い官職・地位に移すこと。★中国で右を尊んだことから。⇔栄転

執務《しつむ》 事務・業務などに就いていること。「―時間／室／中」

就業《しゅうぎょう》 業務・職業に就くこと。「―時間／規則」

従業《じゅうぎょう》　社員・店員・工員などとして業務に従事すること。「―員」

従事《じゅうじ》　その仕事に携わること。「研究／農業―に―する」

重任《じゅうにん》　任期満了後、引き続き同じ任務に就くこと。「会長を―する」

就労《しゅうろう》　仕事に就くこと。仕事をしていること。「―日数」

出向《しゅっこう》　籍を元の勤務先に置いたまま、他の会社・官庁に勤務すること。「子会社に―する」「―社員」

出仕《しゅっし》　勤めに出ること。

昇進《しょうしん》　地位が上がること。「部長／教授―に―する」

常任《じょうにん》　常にその役目にあること。「―委員／指揮者」

初任《しょにん》　官公庁や会社に採用され、初めて任に就くこと。「―給」

新任《しんにん》　新たにその任務に就くこと。「―のあいさつ／係長」「―教員」

専任《せんにん》　もっぱらその任に当たること／人。「兼務を解かれ―となる」「―講師」⇔兼任

先任《せんにん》　先にその任務に就いていた―こと／人。「―の先生」「―者」⇔後任

前任《ぜんにん》　前にその任務に就いていた―こと／人。「―地／者」⇔後任

携《たずさ》**わる**　仕事などに関係する。「農業／音楽関係の仕事―に―」

着任《ちゃくにん》　新しい任地や任務に就くこと。「福岡支社に―する」「本日付《づけ》で―する」⇔離任

就《つ》**く**　①あることに従事する。「仕事／職―に―」　②ある地位・身分になる。「王の位／社長のポスト―に―」★位に対しては「即く」とも書く。

勤《つと》**め上**《あ》**げる**　無事に任期を最後まで全うする。「定年まで―」

転勤《てんきん》　同じ組織の中で勤務地が変わること。「大阪支店に―になる」

転出《てんしゅつ》　他の勤務地・職場に移ること。⇔転入

転職《てんしょく》　職業を変えること。「―を考える」

転身《てんしん》　身分・職業・主義などをすっかり変えること。「俳優から実業家に―する」

転籍《てんせき》　本籍や学籍を移すこと。

転属《てんぞく》　所属が変わること。「新設の研究所に―になる」

転任《てんにん》　同じ組織の中で職務や勤務地が変わること。「営業部長／名古屋支店―に―になる」

配置転換《はいちてんかん》　従業員の職務内容または勤務場所を変更すること。［異読］配転

服務《ふくむ》　職務・任務に服すること。「―規程／規律」

赴任《ふにん》　新しく命じられた勤務地へ行くこと。「―先」「単身―」⇔帰任

要務《ようむ》　重要な務め。大切な仕事。「―を帯びる」

留任《りゅうにん》　辞めないで、今の官職や任務を続けること。

歴任《れきにん》　次々と各種の役職に任ぜられること。「要職を―する」

勤めを辞める

引退《いんたい》 第一線から退くこと。「現役を―する」「横綱／社長‐が‐―する」「―興行」

降職《こうしょく》 降任。

降任《こうにん》 下級の役職に下げること。⇕昇任

辞職《じしょく》 ある職・地位を自ら退くこと。「一身上の都合で―する」「―願」

辞任《じにん》 就いている任務を自ら退くこと。「委員長が―する」「大臣が―に追い込まれる」⇕就任

退く《しりぞ》 仕事を辞める。引退する。「職／地位‐を‐―」

退官《たいかん》 官職を辞めること。⇕任官

退勤《たいきん》 勤務を終えて職場を出ること。⇕出勤

退職《たいしょく》 勤めていた職場を辞めること。「―を勧告される」「―金」「定年／希望‐―」⇕就職

退陣《たいじん》 高い地位・職から退くこと。「首相／内閣‐が‐―する」

退任《たいにん》 任務・職務から退くこと。「取締役を―する」⇕就任

勇退《ゆうたい》 後進に道を開くため、潔く要職から退くこと。

リタイア 退職。引退。★retire

離任《りにん》 それまで就いていた任務や任地を離れること。「役員を―する」⇕着任

貫く

一貫《いっかん》 同じ態度や方法を貫くこと。「一貫した‐主張／方針／姿勢」

貫徹《かんてつ》 主義主張や方針などを貫き通すこと。「初志―」

終始一貫《しゅうしいっかん》 始めから終わりまで変わらないこと。

首尾一貫《しゅびいっかん》 ①一つの方針や態度などを始めから終わりまで貫き通すこと。②矛盾のないこと。「―しない証言」

徹《て》**する** 物事や考え方、態度が貫き通る。「裏方／清貧‐に‐―」

徹底《てってい》 徹すること。「―した合理主義」

整える

格好《かっこう》**が付**《つ》**く** それなりの形に落ち着く。「何とか―」 異字 恰好が付く

様《さま》**になる** それらしく見える。「入社一年、背広姿が様になってきた」

体《てい》**を成**《な》**す** それらしい形になる。「文の体を成さない」

取り次ぐ

間《あいだ》**に立**《た》**つ** 当事者の間に入って、関係をよくするよう取り計らう。

斡旋《あっせん》 間に入って、両者の間がうまくいくように世話すること。「就職を―する」「―に乗り出す」「―を依頼する」

介《かい》**する** （第三者を）間に置く。「間に人を―」「通訳を介して話す」

架《か》**け橋**《はし》**になる** 立派に橋渡しをする。「日中友好の―」 異形 架け橋となる

肝煎《きもい》**り** 世話や斡旋《あっせん》をすること。取り持ち。「政府の―でスタート」

する」異字 肝入り

口入《くちい》れ 古風 奉公先や縁談などの周旋をすること。「―屋」

口利《くちき》き ①談判などでの仲裁。②紹介。斡旋《あっせん》。「伯父《おじ》の―で就職する」

口添《くちぞ》え はたから言葉を添えたりしてうまく取りなすこと。「お―していただけると助かります」

周旋《しゅうせん》 斡旋《あっせん》。「適当な人材を―する」「―屋」

紹介《しょうかい》 ①中に立って知らない者同士を引き合わせること。仲立ち。「―の労をとる」「―者／状」②知られていない物を広く人々に知らせること。

仲介《ちゅうかい》 当事者の間に立ち、話をまとめること。仲立ち。「―の労をとる」「―者／業」

仲裁《ちゅうさい》 仲直りするのを取り持つこと。「―の労をとる」「―に入る／立つ」

取《と》り成《な》す 仲裁する。「二人の間を―」異字 執り成す

取《と》り持《も》つ 仲立ちをする。「仲を―」

仲立《なかだ》ち 両者の間に立って物事が運ぶようはからうこと。「交渉／縁談の―」

中《なか》に立《た》つ 間に立つ。仲介する。「中に立って話をつける」

媒介《ばいかい》 双方の中間に立ってその関係を取り持つこと。「商取引を―する」「蚊によって―される感染症」

媒酌《ばいしゃく》 男女の縁を取り持って結婚を仲立ちすること。仲人。「―の労をとる」「―人」異字 媒妁

橋渡《はしわた》しをする 関係をつける。仲立ちをする。「両国間の―」

引《ひ》き合《あ》わせる 取り持って対面させる。紹介する。「両人を―」

渡《わた》りを付《つ》ける 俗語 あらかじめ交渉をして了解を得る。「取引先に―」

とりまとめる

管轄《かんかつ》 国または地方公共団体の機関が権限を行使する―こと／範囲。「―権／裁判所／区域」

管掌《かんしょう》 つかさどること。管理・経営すること。「国民年金事業は政府が―する」

管内《かんない》 管轄区域内。「当署の―での事故」⇔管外

傘下《さんか》 勢力のあるものの支配や指図を受ける立場にあること。「―に入る／収める」「―企業／団体」

主宰《しゅさい》 合議制の機関において、議事の整理や会議の進行などの処置をとる権限をもつこと。「閣議は内閣総理大臣が―する」

所轄《しょかつ》 ある事項や機関を管轄すること。「―庁／税務署」

総轄《そうかつ》 組織全体をまとめて、取り締まること。「事務を―する」「―責任者」

直轄《ちょっかつ》 直接に管轄すること。「―地」

統轄《とうかつ》 上級者が下級者を包括的に指揮し、総合調整すること。

配下《はいか》 支配下。「―の者」「―に属す」

努力する

勤《いそ》しむ ある事にたゆまず励む。精を出す。「勉学／研究―に―」

打《う》ち込《こ》む 一つの物事に全力を注ぐ。「仕事／研究―に―」

恪勤《かっきん》 怠けず職務に励むこと。「精励―」 異読 かくごん

刻苦《こっく》 大いに心身を苦しめて努めること。「―勉励」

精進《しょうじん》 ①一心に努力すること。「学問に―する」②仏教で、一心に修行に打ち込むこと。「―潔斎」

死力《しりょく》を尽《つ》くす 死に物狂いで全力を出す。「死力を尽くして戦う」

心血《しんけつ》を注《そそ》ぐ 全精神を込めて物事をする。「教育の改善に―」

精勤《せいきん》 （休まず出勤・出席し）勤務・学業に励むこと。「―賞／手当」

誠心誠意《せいしんせいい》 まごころをもって事に当たること。「―を尽くす」

精励《せいれい》 精を出して励むこと。「職務に―する」「―恪勤《かっきん》」

精《せい》を出《だ》す 熱心に物事をする。「毎日営業に―」

全力《ぜんりょく》を傾《かたむ》ける すべての力や精神を集中する。「再興／裁判―に―」

注《そそ》ぎ込《こ》む ある対象に心や力を傾ける。「仕事に情熱を―」

謹《つつし》んで 恭しく。敬意を込めて。「―お祝い申し上げます／お受けいたします」★文書やあいさつなどで使われる、改まった言い方。

努《つと》める 力を尽くして行う。「研究／サービス―に―」 異字 勉める

熱意《ねつい》が籠《こも》る 熱心でいちずな気持ちがあふれる。「ペン／言葉―に―」

励《はげ》む 気力を奮って努める。「勉学／仕事―に―」

奮励《ふんれい》 奮い立って励むこと。「各自―努力する」

勉励《べんれい》 努めて励むこと。「職務に―する」「刻苦―する」

身《み》を挺《てい》する 危険を顧みず、事に当たる。「祖国防衛に―」

身《み》を投《とう》ずる 覚悟して困難な物事に深く入り込んでいく。「政治活動／実業の世界―に―」

励行《れいこう》 決めたことをきちんと行うこと。「あいさつ／早起き―を―する」

な行

治る

癒《い》える 病気やけがが治って痛みや苦しみがなくなる。「傷／病―が―」

快気《かいき》 病気やけががよくなること。「―祝い」

回復《かいふく》 病気やけがが治り、健康な状態に戻ること。「体力／意識―が―する」 異字 快復・恢復

快方《かいほう》 病気やけがの状態が良い方に向かうこと。「病気が―に向かう」

快癒《かいゆ》 病気やけががすっかり治ること。

完治《かんち》 全快。「病気／けが／傷―が―する」 異読 かんじ

根治《こんじ》 治りにくい病気を根本から治すこと。また、治ること。「持病を―する」「病気が―する」 異読 こんち

小康《しょうこう》　病気が少し良い状態になること。「—を-保つ／得る」「—状態」★一時的な感じ。

全快《ぜんかい》　病気やけががすっかり治ること。「—祝い」

全治《ぜんち》　病気やけがが完全に治ること。「—一週間のけが」［異読］ぜんじ

全癒《ぜんゆ》　快癒。

治癒《ちゆ》　治ること。「病気／けが-が—する」

床上げ《とこあ》　長い病気などから回復し、それまで寝ていた床を取り払うこと。

平癒《へいゆ》　病気が治ること。「—祈願」

本復《ほんぷく》　［古風］病気やけががすっかり治って、元の体に戻ること。

成し遂げる

完遂《かんすい》　完全に成し遂げること。「目的を—する」

為果せる《しおお》　やり終える。「仕事を—」

為遂げる《しと》　やりとげる。「大業を—」［異字］仕遂げる

遂げる《と》　①所期の目的を果たす。「志／望み／思い-を—」②ある結果・状態となる。「変身を—」

成す《な》　ある状態・結果を作り出す。「資産／群れ-を—」

果たす《は》　責任をもって最後まで行う。「約束／志-を—」

全うする《まっと》　最後までやり終える。「天寿／任務-を—」

遣り通す《や》《とお》　途中で終わらず最後までやる。

遣り遂げる《や》《と》　ある物事を最後までやり終える。「仕事を—」

遣り抜く《や》《ぬ》　やり通す。「難しい仕事を—」

慣れる

腕を上げる《うで》《あ》　技術を向上させる。「料理の—」

熟達《じゅくたつ》　ある仕事やスポーツなどに熟練して上達すること。

熟練《じゅくれん》　経験を積み、技術が優れていること。「—した運転」「—工」

上達《じょうたつ》　上手になること。「—の秘訣《ひけつ》」「めきめき—する」「—が早い」

練達《れんたつ》　練習の結果、高い力量や技量をもつこと。「—の士」「剣道に—する」

逃がす

逸する《いっ》　逃がす。失う。「好機を—」

認識

関知《かんち》　関係して知っていること。★多く、下に打消の語を伴う。「当方の—するところではない」

心得る《こころえ》　理解する。わきまえる。「扱い方／礼儀-を—」

御存じ《ごぞん》　知っていらっしゃること。「—の方」「—のように」

熟知《じゅくち》　詳しく知っていること。「事情／規則-を—する」

精通《せいつう》　詳しく知っていること。「税法／裏事情-に—する」

存じ上げる《ぞん》《あ》　「存ずる」よりさらに

丁寧な語。「お名前／ご著作―はかねてより存じ上げております」

存《ぞん》ずる　「知る」の謙譲語。「全く存じませんでした」[異形]存じる

知悉《ちしつ》　知り尽くしていること。「細部まで―している」

通暁《つうぎょう》　ある分野・事柄に非常に詳しいこと。「古典／政界―に―する」

弁《わきま》え　周囲の状況や自分の置かれている立場に対する的確な認識。「―がある」

弁《わきま》える　善悪を区別する。人としての道理を心得る。「場所柄／礼儀―を―」

任ずる

起用《きよう》　ある役に取り立てて用いること。「新人を―する」「先発に―する」

挙用《きょよう》　下の位にいる者を、引き上げて用いること。

白羽《しらは》の矢《や》を立《た》てる　大勢の中でこれぞと思う人を選ぶ。

信任《しんにん》　ふさわしいと信じて物事を任せること。「―を得る」「議長を―する」

選任《せんにん》　選んでその任務をさせること。「役員の―に当たる」

登用《とうよう》　(重要なポストに)人材を引き上げて用いること。「人材／新人―を―する」「幹部に―する」[異字]登庸

取《と》り立《た》てる　登用する。ひいきにする。「課長に―」

任官《にんかん》　官職に任ぜられること。

任命《にんめい》　ある地位・職務に就くように命じること。「駐英大使に―される」⇔解任

任用《にんよう》　人に職務を与えて使うこと。「大使に―する」

抜擢《ばってき》　多くの者の中から、特に優れた者を引き抜いて用いること。「新人を―する」

抜ける

退会《たいかい》　所属している会を退くこと。「クラブを―する」⇔入会

脱会《だっかい》　会から脱退すること。「宗教団体から―する」⇔入会

脱退《だったい》　属していた団体・組織などから抜けること。「組合を―する」

離脱《りだつ》　所属する組織などから抜け出ること。「党から―する」「戦線―」

載せる

積載《せきさい》　車や船に荷物を積み込むこと。「過―」「最大―量」

搭載《とうさい》　①車両・船・航空機などに積み込むこと。②装備すること。「カーナビを―した車」

望む

哀願《あいがん》　相手の同情心に訴えて頼むこと。

依願《いがん》　本人の願いによること。「―退職」

祈《いの》る　(他人がよい結果を得るよう)望む。「ご成功／無事―を―」

応募《おうぼ》 募集に応じて申し込むこと。「懸賞／クイズ―に―する」「――作品／要領／者」

渇望《かつぼう》 心から何かを望むこと。激しく欲すること。「成功／愛―を―する」

願望《がんぼう》 願い望むこと。「―がかなう」「―を―抱く／遂げる」「結婚―」

希望《きぼう》 ①何かの実現を望むこと。「―に―応じる／応《こた》える」「―を―取る／聞く」「―がかなう」②将来に対する明るい見通し。「―を―もつ／抱く」

懇願《こんがん》 心からお願いすること。ひたすらに頼むこと。「協力／助力／許可―を―する」

懇請《こんせい》 心を尽くして頼むこと。ひたすら願うこと。「援助を―する」

懇望《こんもう》 強く要望すること。「就任／出席―を―する」 異読 こんぼう

志願《しがん》 願い望むこと。自分から志すこと。「自ら―する」「入学を―する」「―者／兵」

志望《しぼう》 自らこうなりたい、こうしたいと望むこと。「作家を―する」「―校」

宿願《しゅくがん》 宿望。「学生時代からの―を果たす」

宿望《しゅくぼう》 長年ある願望を抱き続けること。「ついに―を遂げる」

所望《しょもう》 （あるものを入手したいと）望み願うこと。「―の品」「お茶を―する」

請願《せいがん》 国や地方公共団体などに書類を提出して希望を述べること。「議会に―する」「――権／書」

誓願《せいがん》 誓いを立てて神仏に祈願すること。願掛け。願立《だ》て。「神に―する」

切願《せつがん》 一生懸命に願うこと。しきりに願うこと。

切望《せつぼう》 切実に望むこと。「成功を―してやまない」

待望《たいぼう》 待ち望むこと。「―の―先取点／雨が降る」

嘆願《たんがん》 窮状や苦情などを説明して、解決を願うこと。「助命を―する」「―書」 異字 歎願

願《ねが》**い上**《あ》**げる** 丁重にお願いする。★手紙などで「願う」の謙譲語としても。「この段、謹んで願い上げます」

願《ねが》**う** ①何かを望む。頼む。「願ってもないチャンス」「手伝いを―」「願ったり叶《かな》ったり」②願を掛ける。祈る。「福／平和―を―」

熱望《ねつぼう》 熱心に望むこと。「帰国を―する」

念願《ねんがん》 あることの実現を強く望むこと。「―のマイホーム」「―がかなう」

念《ねん》**じる** ①心の中で祈る。「観世音を―」②一生懸命に思う。こうありたいと切に願う。「幸福／無事―を―」 異形 念ずる

悲願《ひがん》 悲壮なばかりに願ってやまないこと。「―を達成する」「―がかなう」

本望《ほんもう》 ①かねてからの望み。本懐。「―を遂げる」②①を達して満足すること。「そうなってわたしも―だ」

待《ま》ち望《のぞ》む　何かの実現・出現を心から期待する。「平和/開催-を―」

要望《ようぼう》　してもらいたいことを相手に申し入れること。「―を聞き入れる」「―書」

は行

捗る

軌道《きどう》に乗《の》る　物事が順調に進むようになる。「新しい店/事業-が―」

事《こと》が運《はこ》ぶ　物事がはかどる。「うまく―」

流《なが》れに棹差《さおさ》す　時勢に乗って物事が思うように進む。★流れに棹を差して舟を進める意から。

波《なみ》に乗《の》る　時の流れや周囲の動きにうまく合い、勢いがよくなる。「時代/景気-の―」

励ます

激励《げきれい》　奮起するよう励ますこと。「応援団の―を受ける」「選手を―する」「叱咤《しった》―」

鼓舞《こぶ》　励まして元気づけること。奮い立たせること。「士気を―する」

督励《とくれい》　一生懸命するよう、監督し励ますこと。「部下を―する」

鞭撻《べんたつ》　叱《しか》り励ますこと。★多く、手紙で使う。「ご指導ご―のほど」

恥

汗顔《かんがん》の至《いた》り　顔が汗にまみれるほど恥じ入るさま。「まったく―です」

慚愧《ざんき》　自らを省みて強く恥じること。「―の-情/念」「―に堪えない」 異字 慙愧

忸怩《じくじ》　自分の行いを省みて恥じ入るさま。「―たる思い」「内心―たるものがある」

恥《は》じ入《い》る　深く恥じる。「ただただ―ばかり」

面目次第《めんぼくしだい》も無《な》い　まことに申し訳がない。人に合わせる顔がない。「この度の不祥事はまことに―」

面目無《めんぼくな》い　世間や周囲の人に対して体面を保てない。「まことに―」 異読 めんもくない

始める

口火《くちび》を切《き》る　大勢の中で最初にし始める。「論戦/けんか-の―」

着手《ちゃくしゅ》　手をつけること。「研究/作業-に―する」

緒《ちょ》に就《つ》く　物事が進んでいく糸口ができる。見通しがついて事が進み始める。「事業がようやく―」★「緒」は、物事の糸口の意。 異読 しょにつく

手《て》を付《つ》ける　物事に取りかかる。「どこから手を付けていいか途方に暮れる」「仕事に―」 異字 手を着ける

取《と》り掛《か》かる　やり始める。「工事/仕事/準備-に―」

火蓋《ひぶた》を切《き》る　戦いや争い、競争などを始める。「熱戦の―」★火縄銃の蓋を開いて点火の用意をする意。

踏《ふ》み出《だ》す　新しい方面への活動を始

める。「再建に―」「社会人としての第一歩を―」

幕《まく》を切《き》って落《お》とす　物事を華々しく始める。「大会の―」

始める（事業）

オープン　開店。開業。「近くに新しい店が―する」★open

開会《かいかい》　会が始まること。また、始めること。「十時に―する」「―宣言／式」⇔閉会

開業《かいぎょう》　その日の営業を―始めること／していること。「―中」⇔閉業

開設《かいせつ》　新しく設けること。「診療所／テレビ局／研究所―を―する」

開店《かいてん》　①店を出す。「―記念」「本日／新装―」　②店を開けてその日の業務を始めること。「十時に―する」⇔（①②）閉店

開幕《かいまく》　イベントや行事などが始まること。「大会の―」「―以来連日の超満員」「―戦」⇔閉幕

起業《きぎょう》　新しく事業を起こすこと。「―家」

始業《しぎょう》　業務や授業を始めること。「―のベル」「―式」⇔終業

新設《しんせつ》　組織や設備などを新たに設けること。「―の学校」「相談窓口を―する」

設置《せっち》　機関や委員会などを設けること。「事務所／緊急対策室―を―する」

設立《せつりつ》　新たに設けること。「協会／制度―を―する」

創業《そうぎょう》　新しく事業を始めること。「―百年の老舗《しにせ》」★「起業」に比べ、歴史を誇る感じが強い。

創建《そうけん》　建物や組織を初めて作ること。「鎌倉時代の―と伝える寺」

創始《そうし》　始めること。物事の始まり。「新しいシステムを―する」「―者」

創成《そうせい》　学問などが初めて出来上がること。また、初めて作り上げること。「人類学の―」

創設《そうせつ》　初めて設けること。「学園を―する」「―者」

草創《そうそう》　物事の起こり始め。草分け。「寺の―」「―期」

創立《そうりつ》　学校や会社などの組織を新しく作ること。「会社を―する」「―記念日」★「設立」より規模が大きい感じがある。

旗揚《はたあ》げ　新しく事を始めること。「新党の―」「新劇団を―する」「―公演／興行」★もと、挙兵の意。現在では、芸能・演劇などで一座を組む場合や集団を結成する場合に用いる。

一旗揚《ひとはたあ》げる　新しく事業を起こす。「東京に出て―」

発起《ほっき》　思い立って事を始めること。「―人」「一念―」

発足《ほっそく》　会・組織などが作られて、活動が始まること。「新会社が―した」［異読］はっそく

幕開《まくあ》き　幕が開くこと。「大型連休の―」

幕開《まくあ》け　「幕開き」の新しい語形。「新時代の―」

幕《まく》が開《あ》く　物事が始まる。「スキー

シーズン／選挙戦‐の──」

幕《まく》を開《あ》ける　物事を始める。「ペナントレースが──」⇕幕を閉じる

店開《みせびら》き　開店。「──を明日に控える」「新規に──する」⇕店終《じま》い

反省

自省《じせい》　自らを振り返って反省すること。「よく──せよ」「──録」

初心《しょしん》に立《た》ち返《かえ》る　初めてそのことを始めたときの気持ちを思い出す。

猛省《もうせい》　深く反省をすること。「──を促す」

表現

意《い》を尽《つ》くす　考えや思いのすべてが伝わるように述べる。「意を尽くして説明する」

開陳《かいちん》　意見を人前で述べること。「所信を──する」

活写《かっしゃ》　生き生きと写し表現すること。「市井の生活を──する」

言及《げんきゅう》　話題として触れること。「問題点に──する」

言葉《ことば》を尽《つ》くす　できるだけの言葉を用いて表現する。「言葉を尽くして説得する」

述懐《じゅっかい》　（昔の出来事を）懐かしみながら述べること。「往時を──する」

詳述《しょうじゅつ》　詳しく述べること。「──するまでもない」⇕略述

詳説《しょうせつ》　詳しく説明すること。詳しい説明。「細部にわたって──する」「──日本史」

綴《つづ》る　①言葉を連ねて詩歌・文章を作る。「文章／心情‐を──」②アルファベットを連ねて語を記す。

表出《ひょうしゅつ》　①心情などを外部に表し示すこと。「感情を──する」②表現。

表《ひょう》する　ある気持ちを言葉や形で表す。「哀悼の意／敬意‐を──」[異形]表す

表白《ひょうはく》　考えや思いを隠さずに述べること。「率直な気持ちを──する」

表明《ひょうめい》　意見や決意などをはっきりと表すこと。「立候補の──」「引退／態度‐を──する」「所信──演説」

名状《めいじょう》　事物の状態を言葉で表すこと。「──しがたい感覚」

略述《りゃくじゅつ》　おおよそのところを述べること。「経緯を──する」⇕詳述

論究《ろんきゅう》　深く論じて真理を究明すること。

広げる

拡大《かくだい》　押し広げて大きくすること。「規模を──する」「紛争／勢力‐が──する」「──路線／再生産」⇕縮小

拡張《かくちょう》　範囲や規模、勢力を広げること。「店／事業／領土‐を──する」

展開《てんかい》　①広範囲に広がること。また、繰り広げられること。「兵力／マスゲーム‐が──する」「論争を──する」②事態が次へと進むこと。進展。「今後の──」

広まる

出回《でまわ》る　品物が市場に大量に出る。「春野菜が市場に―」

波及《はきゅう》　影響の及ぶ範囲が波のように広がっていくこと。「―効果」

普及《ふきゅう》　広く一般に行き渡ること。また、行き渡らせること。「ファックスが―する」「―版／率」

無沙汰

梨《なし》の礫《つぶて》　便りを出しても返事のないこと。

無音《ぶいん》　無沙汰《ぶさた》。音さたのないこと。「長らくご―いたしました」

無沙汰《ぶさた》　便りをしないこと。「―を詫《わ》びる」「ご―しております」

無礼

忌憚無《きたんな》い　言うことに遠慮をしない。「忌憚無く批評する」 異形 忌憚の無い

欠礼《けつれい》　あいさつをしないで、礼儀を欠くこと。「喪中につき年賀―いたします」

失敬《しっけい》　人に対して礼儀を欠いているさま。「全く―なやつだ」「―なことを言う」

失礼《しつれい》　礼儀を欠く‐こと／さま。「―な‐言い方／人」「―に当たる」「―にもほどがある」

馴《な》れ馴《な》れしい　失礼なほどに度を超えて親しげなさま。「―人」「―口を利く」 異字 狎れ狎れしい

無遠慮《ぶえんりょ》　遠慮なくすること。「―に‐振る舞う／笑う」

不敬《ふけい》　敬意がなく失礼であること。「―にも土足で上がる」「―罪」

不躾《ぶしつけ》　言動がだしぬけで、礼儀をわきまえないこと。「―な質問」「―ですがお名前を」

礼《れい》を失《しっ》する　無礼な態度をとる。

閉店

看板《かんばん》を下《お》ろす　①店がその日の営業を終える。②店を畳む。

暖簾《のれん》を下《お》ろす　看板を下ろす。

店終《みせじま》い　閉店。「早めに―する」「本日で―する」 異字 店仕舞い ⇔ 店開き

店《みせ》を畳《たた》む　店を閉めて商売をやめる。「経営不振のため―」

へりくだる

驥尾《きび》に付《ふ》す　優れた先輩の後に付き従って事を行う。★多く、自分の仕事を謙遜《けんそん》していう。

後塵《こうじん》を拝《はい》する　他人に一歩譲る。人に遅れをとる。

ま行

任せる

委嘱《いしょく》　仕事を任せ頼むこと。「研究／製作‐を―する」「―を受ける」 異字 依嘱

委託《いたく》　ある行為を自分に代わってしてくれるように頼むこと。「調

査／業務―を―する」「―販売」 異字 依托
一任《いちにん》 すっかり任せること。「委員長に―する」「メンバーの人選を―する」
委任《いにん》 ①信頼して人に任せること。「全権を―する」「白紙―」 ②相手に法律上の行為を任せ、その相手が承知することで成り立つ契約。
嘱《しょく》する 頼んで任せる。期待する。「後事／将来―を―」 異字 属する
託《たく》する ある事柄について頼んで任せる。「後事／任務―を―」 異字 托する 異形 託す
付《ふ》す 任せる。かける。「審議／不問／荼毘《だび》―に―」 異字 附す 異形 付する
委《ゆだ》ねる 任せる。委任する。「運命に身を―」「人の手に―」

待つ

鶴首《かくしゅ》 ある物事を待ちわびること。「よい知らせを―して待つ」 ★鶴《つる》のように首を長くする意から。
首《くび》を長《なが》くする 何かが実現されるのを今か今かと待ち焦がれる。「よい知らせを首を長くして待つ」
心待《こころま》ち 心の中で待ち望むこと。「―に待つ」「到着を―にする」
待機《たいき》 いざという時の用意をして、機会や呼び出しを待つこと。「自宅で―する」
待《ま》ち受《う》ける 来るのを待つ。「客を―」
待《ま》ち構《かま》える 来たら逃すまいという様子で待つ。「今や遅しと―」
待《ま》ち設《もう》ける ①用意して待つ。待ち受ける。「客を―」 ②期待する。「ついに待ち設けた機会が訪れた」
待《ま》ち侘《わ》びる なかなか来ないので、気をもんで待つ。
満《まん》を持《じ》す いつでも取りかかれる準備をして待つ。「満を持しての戦い」 ★弓を十分に引いて構える意から。

まとめる

一括《いっかつ》 多くの細々としたものを一つにまとめること。「―して送付する」「―審議／申し込み」
概括《がいかつ》 内容のあらましや要点を大きく一つにまとめること。「意見／内容―を―する」
集約《しゅうやく》 集めて一つにまとめ上げること。「意見の―」「問題はこの一点に―される」「―農業」
総括《そうかつ》 全体を見渡し、まとめ合わせること。「意見／予算―を―する」「―質問」
統括《とうかつ》 いくつかに分かれているものを一つにまとめること。「組織／軍隊―を―する」
包括《ほうかつ》 それぞれの事柄をひっくるめて一つにまとめること。「すべての機能を―する」「論点を―して述べる」「―交渉」

招く

招請《しょうせい》 招き迎えること。「—を受ける／断る」「講師を—する」

招致《しょうち》 招いて来てもらうこと。「オリンピックの—運動」

招聘《しょうへい》 お願いして人を招き呼ぶこと。「海外から研究者を—する」

招来《しょうらい》 招き寄せること。呼び寄せること。「専門家を—する」

誘致《ゆうち》 招き寄せること。「工場／学校を—する」

守る

堅持《けんじ》 意見や態度などを固く守り、他に譲らないこと。「自説／方針を—する」

厳守《げんしゅ》 規則・約束などを厳しく守ること。「時間—のこと」

遵守《じゅんしゅ》 法律や道徳などに背かず、忠実に従うこと。「法律を—する」 異字 順守

遵法《じゅんぽう》 法律に従うこと。「—精神／闘争」 異字 順法

未熟

至らぬ《いた》 古風 配慮や注意が不十分だ。「—点はご容赦ください」

半人前《はんにんまえ》 まだ一人前には達しないこと。「職人としては—だ」

不肖《ふしょう》 （親や師匠に似ず）愚かなこと。「—の子／弟子」★似ていない意。

不束《ふつつか》 行き届かないさま。「—な娘」「—者」

不慣れ《ふな》 慣れないさま。「まだ—なところがある」

見る

拝む《おが》 「見る」の謙譲語。拝見する。「お姿／お宝を—」

貴覧《きらん》 高覧。「—に供する」★多く手紙文に使う。

高覧《こうらん》 「他人が見ること」の尊敬語。「ご—願います」★多く手紙文に使う。

笑覧《しょうらん》 自分の作品・所有物などを人に見てもらう時にへりくだっていう語。「ご—ください」「拙稿をご—に供します」★「笑いながらご覧ください」の意。

清覧《せいらん》 高覧。「ご—を乞《こ》う」★多く手紙文に使う。

拝見《はいけん》 「見ること」の謙譲語。「お手紙—いたしました」「お手並み—」

拝する《はい》 拝見する。「お姿／ご尊顔を—」 異形 拝す

無知

明るくない《あか》 暗い。「現場の事情に—」

疎い《うと》 よく知らない。「その方面に—」

寡聞《かぶん》 知識・見聞の少ないこと。★多く謙遜《けんそん》して用いる。「—にして知らない」

暗い《くら》 その分野の事情をよく知らな

い。「経済に—」

浅学《せんがく》 学問や知識が浅いこと。★多く謙遜《けんそん》して用いる。「—非才の身」

認識不足《にんしきぶそく》 ある事実や問題に対し理解や知識がないこと。

不案内《ふあんない》 事情や様子が分からないさま。無案内《ぶあんない》。「その方面はまるで—だ」

不勉強《ふべんきょう》 勉強不足なさま。「その方面は—でして」

盛り込む

織《お》**り込**《こ》**む** 別のものを組み入れる。「さりげなく教訓を—」

組《く》**み入**《い》**れる** 大きなまとまりの中に組み込む。「スケジュール／予算／計画—に—」

組《く》**み込**《こ》**む** あるものを全体の一部として入れ込む。「予算／計画—に—」

繰《く》**り入**《い》**れる** あるものの中に組み入れる。「予定／予算—に—」

や行

約束

契約《けいやく》 私法上の効果を生じることを目的とする約束。売買・贈与・委任・賃貸借などの種類がある。「—を—結ぶ／交わす」「—に違反する」「—・不履行／更新」「出演—」

成約《せいやく》 契約が成立すること。

先約《せんやく》 ①以前にしてあった約束。「やっと—を果たした」②それより先に、ほかの人とした約束。「あいにくその日は—がある」

特約《とくやく》 特別の便宜や利益を与える契約。「—店」

内約《ないやく》 非公式に取り交わす約束。

売約《ばいやく》 売る約束。「—済み」「—を結ぶ」

約束を破る

違約《いやく》 公式に交わされた約束に背くこと。「—金」

解約《かいやく》 契約を取り消すこと。「ローン／預金—を—する」⇔契約

キャンセル 契約や予約を取り消すこと。★cancel

破棄《はき》 ①契約を取り消すこと。「婚約—」②上級裁判所が上訴理由を認めて原判決を取り消すこと。 異字 破毀

破談《はだん》 いったん取り決めた約束や縁談が取り消しになること。「縁談が—になる」

破約《はやく》 約束・契約を取り消すこと。また、履行しないこと。

不履行《ふりこう》 約束や契約を実行しないこと。「債務—」

役目

受《う》**け持**《も》**つ** 自分の仕事や職務とする。

大任《たいにん》 責任のある大切な任務。「—を—果たす／仰せつかる」

大役《たいやく》 責任のある重い役目。「—を仰せつかる」

担当《たんとう》 受け持って、その事に当たること。「―の職員」「政権／広報―を―する」

分掌《ぶんしょう》 仕事を分けて受け持つこと。「政務を―する」

分担《ぶんたん》 分けて受け持つこと。「仕事／責任／費用―を―する」

役目《やくめ》 役としてなすべきこと。「―を果たす」

役割《やくわり》 役を割り当てること。また、割り当てられた役目。「―を―分担する／果たす」

譲る

歩み寄る《あゆ よ》 交渉などで、双方が譲り合う。「労使双方が―」

折り合う《お あ》 妥協して話がまとまる。「値段が折り合わない」

折れる《お》 譲歩する。「相手の要求に―」

互譲《ごじょう》 互いに譲り合うこと。「―の精神」

譲歩《じょうほ》 自分の主張を引っ込めて、相手と折り合いをつけること。「大幅な―」「最大限の―」

摺り合わせる《す あ》 それぞれの意見や案を出し合って、調整する。「両者の意見を―」

折衷《せっちゅう》 両者の考え方や物事の良いところを取り合わせること。「―案」「和洋―」 異字 折中

妥協《だきょう》 譲り合って解決をつけること。「―の産物」「―を許さない」「―点」

中を取る《なか と》 中間を取る。折衷する。「中を取って値段を決める」

許す

海容《かいよう》 広い心で許すこと。「ご―ください」★多く、手紙文で使う。

寛恕《かんじょ》 とがめだてせず、許すこと。「―を―仰ぐ／請う」「どうぞご―願います」

目溢し《めこぼ》 見逃すこと。「どうかお―ください」

容赦《ようしゃ》 許すこと。「―を―求める／請う」

要求

伺いを立てる《うかが た》 上位の者の判断や指示を求める。「上司にお―」

希求《ききゅう》 願い求めること。「平和を―してやまない」

請う《こ》 人に頼み込む。お願いして求める。「寄付／教え／許し―を―」「―ご期待」 異字 乞う

請求《せいきゅう》 もらうべきものを相手に要求すること。「資料／代金―を―する」「―書」

陳情《ちんじょう》 目上の人に実情を述べること。特に、官庁などに実情を説明して、対処を要請すること。「―のため上京する」「―書」

追求《ついきゅう》 追い求めること。「幸福／利潤―を―する」

要求《ようきゅう》 強く求めること。「―を受け入れる」「改善／回答―を―する」「賃上げ―」

要請《ようせい》 必要な事柄を先方に願い求め

ること。「―に応《こた》える」「援助／参加を―する」

リクエスト　希望。要求。★特に、テレビ・ラジオの視聴者からのものにいう。「―を出す」「―曲」
★request

読む

一読《いちどく》　いっぺん読むこと。ひととおり目を通すこと。「―の価値がある」「―三嘆する」

閲読《えつどく》　調べたり点検したりしてじっくり読むこと。「文献を―する」

精読《せいどく》　細かいところまで注意して読むこと。

耽読《たんどく》　一心に読みふけること。

通読《つうどく》　①ひととおり読むこと。「資料を―する」②初めから終わりまで通して読むこと。「テキストを―する」

読了《どくりょう》　読み終えること。「二日がかりで―する」

拝誦《はいしょう》　拝読。「―仕《つかまつ》りました」

拝読《はいどく》　「読む」の謙譲語。慎んで読むこと。「お手紙―いたしました」

判読《はんどく》　難解な文章や印刷が不鮮明な文字を推理・判断して読むこと。「―不能」

味読《みどく》　内容や表現をよく味わいながら読むこと。

わ行

別れる

永訣《えいけつ》　永別。「―を悼む」

永別《えいべつ》　永久に別れること。死別。

告別《こくべつ》　死者や去り行く者に、別れを告げること。「―の辞」「―式」

死別《しべつ》　死に別れること。⇔生別

永遠《とわ》の別《わか》れ　永別。

永《なが》の別《わか》れ　永別。「―が訪れる」

別離《べつり》　（名残惜しい）別れ。離別。「―の悲しみ」

離別《りべつ》　人と別れること。

分ける

委譲《いじょう》　権利や権限などを譲って一切をゆだねること。「権限を―する」

割愛《かつあい》　惜しいと思いながらも手放したり省略したりすること。「時間の関係で説明を―する」

割譲《かつじょう》　譲り与えること。特に、自国の土地の一部分を他国に譲ること。「領土を―する」

譲渡《じょうと》　譲り渡すこと。「株式を―する」

譲与《じょうよ》　譲り与えること。「―税」

分与《ぶんよ》　分け与えること。「財産―」

譲《ゆず》り渡《わた》す　そのものの所有権を相手に与える。「土地を―」「子に―」

譲《ゆず》る　①自分のものを人に与える。「権利を―」②求めに応じて売る。また、「売る」の婉曲《えんきょく》表現。

分《わ》かつ　分け与える。「実費で―」「車を―」
異字　頒つ

分《わ》け与《あた》える　分けて与える。「財産を―」「平等に―」

50音主要索引

[略号一覧]

1. 原則として、本文に沿った略号を項目末尾に付した。
2. 内容の異なる複数箇所に出現する項目には、複数の略号を示した。

手…手紙を書くときに活用する言葉
メ…メールを書くときに活用する言葉
敬…敬語表現集に掲載した言葉
類…類語・類句集に掲載した言葉
公…公的な文書に関係のある言葉

あ

哀願 類 ……270
愛くるしい 類 ……241
愛顧(あいこ) 類 ……247
あいさつ状(開業) 手 ……40
あいさつ状(就任) 手 ……42
あいさつ状(退職) 手 ……38
あいさつ状(着任) 手 ……36
あいさつ状(転任) 手 ……37
愛嬢 敬 ……173
愛すべき 類 ……241
哀惜 類 ……197
愛惜 類 ……198
愛蔵 類 ……260
間に立つ 類 ……266
相手取る 類 ……215
哀悼 類 ……197
愛慕 類 ……193
愛用 類 ……263
愛らしい 類 ……241
哀憐(あいれん) 類 ……198
会う 敬 ……167
会う 類 ……247
仰ぐ 類 ……195
明かす 類 ……247
暁(あかつき) 類 ……226
アカデミック 類 ……246
崇(あが)める 類 ……195
上がる 敬 ……166
上がる 類 ……200
明るい 類 ……231
明るくない 類 ……277
秋 類 ……188
秋口 類 ……188
秋日和 類 ……184
明らか 類 ……244
悪筆 手 ……33

挙げ句類 ……208
挙げ句の果て類 ……208
味類 ……232
足並みを揃える類 ……253
足踏み類 ……218
味見類 ……233
味わい類 ……232
味わう類 ……233
足を運ぶ類 ……200
与える類 ……201
温かい類 ……184
暖かい類 ……184
頭が痛い類 ……196
頭を痛める類 ……196
暑い類 ……184
扱う類 ……247
厚かましい類 ……224
あっさり類 ……232
斡旋(あっせん)類 ……266
圧倒的類 ……214
アップ類 ……216
集まる類 ……248
誂(あつら)える類 ……263
軋轢(あつれき)類 ……215
充(あ)てる類 ……250
後味類 ……232
後押し類 ……250
後口類 ……232
あどけない類 ……241
あなた敬 ……170
貴方方敬 ……171
貴方様敬 ……170
兄敬 ……173
兄上敬 ……173
姉敬 ……173
姉上敬 ……173
油照り類 ……185
甘い類 ……233
余す所無く類 ……212
剰(あまつさ)え類 ……206
遍(あまね)く類 ……212
雨催(あまもよ)い類 ……185
雨類 ……185
危ぶむ類 ……198
過つ類 ……219
誤り類 ……219
謝る類 ……249
歩み寄る類 ……279
争い類 ……215
改める類 ……249
霰(あられ)類 ……186
或(ある)いは類 ……209
淡雪類 ……186
暗礁に乗り上げる類 ……218
案ずる類 ……198

い

言い換えれば類 ……208
言い付かる敬 ……168
言い付ける敬 ……168
言い付ける類 ……229
言う敬 ……167
言う類 ……203
言う事無し類 ……211
家敬 ……174
癒(い)える類 ……268
意外類 ……199
厳(いか)つい類 ……239

遺憾類 ……197
依願類 ……270
遺憾無く類 ……194
威儀類 ……245
息が合う類 ……257
息が長い類 ……224
息絶える類 ……204
意気投合類 ……257
生きる類 ……204
息を呑む類 ……199
息を引き取る類 ……204
行く敬 ……166
行く類 ……200
畏敬(いけい)類 ……195
意見敬 ……174
意見類 ……191
威厳類 ……245
意向類 ……191
偉材(いざい)類 ……180
潔(いさぎよ)い類 ……220
誘(いざな)う類 ……255
勇ましい類 ……221
意志類 ……191
遺志類 ……191
委譲類 ……280
委嘱(いしょく)類 ……275
遺志を継ぐ類 ……263
威信(いしん)類 ……245
何れにしても類 ……209
何れにせよ類 ……209
移籍類 ……264
遺贈(いぞう)類 ……201
忙しい類 ……246
勤(いそ)しむ類 ……268
いたいけ類 ……241
委託類 ……275
致す敬 ……166
頂く敬 ……169・170
頂く類 ……190
痛ましい類 ……198
痛み入る類 ……198
悼(いた)む類 ……197
至らぬ類 ……277
労(いたわ)しい類 ……198
労(いたわ)る類 ……247
一期類 ……227
一時類 ……224
一日の長がある類 ……243
一時的類 ……225
一存類 ……192
一代類 ……227
一堂に会する類 ……248
一読類 ……280
一任類 ……276
一脈相通(いちみゃくあいつう)ずる類 ……263
一目置く類 ……252
一目瞭然(いちもくりょうぜん)類 ……244
一翼を担う類 ……262
一括類 ……276
一貫類 ……266
一刻類 ……225
一献(いっこん)類 ……190
一切類 ……212
逸材類 ……180
一切合切類 ……212
何時しか類 ……224
一蹴(いっしゅう)類 ……255
一生類 ……227

逸(いっ)する類……269
一世類……227
一世一代類……227
一席設ける類……248
一閃(いっせん)類……230
いっそのこと類……207
一体類……209
一体全体類……210
一朝類……225
一朝一夕(いっちょういっせき)類……225
何時(いつ)の間にか類……224
一筆(いっぴつ)手……31
一筆啓上(いっぴつけいじょう)類……176
一変類……251
いつも類……225
凍(い)て付く類……183
暇(いとま)類……227
暇乞(いとまご)い類……201
否(いな)む類……255
委任類……276
イノセント類……241
命類……204
祈る類……270
衣鉢(いはつ)を継ぐ類……264
忌(い)み明け類……182
妹敬……173
妹御(いもうとご)敬……173
妹さん敬……173
違約類……278
畏友(いゆう)敬……172
愈(いよいよ)類……208
依頼状(アンケート)手……64
依頼状(見学)手……66
依頼状(原稿執筆)手……62
依頼状(講演)手……68
依頼状(著作物使用許諾)手……63
依頼のメール(原稿執筆)メ……123
依頼のメール(資料送付)メ……122
依頼のメール(訪問)メ……120
依頼のメール(見積もり)メ……121
いらっしゃる敬……166
いらっしゃる類……200
遺漏(いろう)類……252
色濃い類……231
色取り取り類……213
祝い類……182・196
況(いわ)んや類……206
意を尽くす類……274
引見(いんけん)敬……167
引見(いんけん)類……247
引責類……262
引退類……266

う

初々しい類……241
上つ方(うえつかた)敬……172
上を行く類……243
迂遠類……238
伺いを立てる敬……168
伺いを立てる類……279
伺う敬……166・168
伺う類……200・203
迂闊(うかつ)類……252
右記類……177
浮き彫り類……244
請け負う類……250
承る敬……169
承る類……203

受け取る敬 ……169
受け持つ類 ……278
受ける類 ……202
後ろ髪を引かれる類 ……198
後ろ盾類 ……250
薄明かり類 ……230
薄味類 ……233
薄汚い類 ……243
薄口類 ……233
薄暗い類 ……231
堆(うずたか)い類 ……237
薄汚れる類 ……243
茹(う)だる類 ……184
打ち合わせる類 ……262
内祝い類 ……182
打ち切る類 ……219
打ち消す類 ……255
打ち込む類 ……268
打ち解ける類 ……257
美しい類 ……240
訴える類 ……216
移り香類 ……234
打てば響く類 ……257
腕を上げる類 ……269
疎(うと)い類 ……277
促す類 ……250
卯の花腐し(うのはなくたし)類 ……185
旨い類 ……233
馬が合う類 ……257
旨み類 ……233
生まれ付き類 ……220
生まれながら類 ……220
敬う類 ……195
麗(うら)らか類 ……195
裏を返せば類 ……208
麗(うるわ)しい類 ……240
上乗せ類 ……217
雲泥(うんでい)の差類 ……214
運用類 ……263

え

鋭意類 ……246
永遠類 ……225
永訣(えいけつ)類 ……280
永劫(えいごう)類 ……225
英才類 ……180
永代類 ……226
栄転類 ……264
永年類 ……224
鋭敏(えいびん)類 ……220
永別類 ……280
永眠類 ……204
鋭利類 ……220
謁見(えっけん)敬 ……167
謁見(えっけん)類 ……247
閲読(えつどく)類 ……280
悦に入る類 ……194
悦楽類 ……194
絵文字メ ……25
偉い人敬 ……172
エレガント類 ……240
蜿蜒(えんえん)類 ……235
遠隔類 ……238
遠近類 ……238
炎暑類 ……184
延滞類 ……218
遠大類 ……238
炎天類 ……185

エントリー類 ……229
遠方類 ……238
円満類 ……221
援用類 ……263
遠慮類 ……255
遠路類 ……238

お

おいしい類 ……233
お出でになる敬 ……166
お出でになる類 ……200
お暇(いとま)敬 ……166
お暇(いとま)類 ……201
応援類 ……250
往生類 ……204
応じる類 ……250
応諾類 ……259
応募類 ……271
往訪類 ……200
鷹揚(おうよう)類 ……221
応用類 ……263
お偉方敬 ……172
大忙し類 ……246
大いなる類 ……234
大掛かり類 ……234
大方類 ……212
大形類 ……234
大型類 ……234
大柄類 ……234
大きい類 ……234
大口類 ……234
大御所類 ……180
雄々(おお)しい類 ……221
大仕掛け類 ……234
仰せ敬 ……168
仰せ類 ……203・229
仰せ付かる敬 ……168
仰せ付かる類 ……229
仰せ付ける敬 ……168
仰せ付ける類 ……229
仰せになる敬 ……167
仰せになる類 ……203
仰せられる敬 ……168
仰せられる類 ……203
オーソリティー類 ……180
大作り類 ……234
大粒類 ……234
大振り類 ……234
オープン類 ……273
概(おおむ)ね類 ……212
大様類 ……221
大凡(おおよそ)類 ……213
大らか類 ……221
お母様敬 ……172
お構い類 ……248
拝む敬 ……167
拝む類 ……277
補う類 ……250
奥方敬 ……173
奥様敬 ……173
奥深い類 ……237
贈り物類 ……178
贈る敬 ……169
おこがましい類 ……224
お子さん敬 ……173
厳(おごそ)か類 ……245
惜しい類 ……198
お湿(しめ)り類 ……185

押しも押されもせぬ類 ……………211
お邪魔する敬 ……………166
お邪魔する類 ……………200
お嬢様敬 ……………174
お嬢さん敬 ……………174
お節介類 ……………250
お世話様手 ……………35
お供え類 ……………178
恐れ入る類 ……………198
恐れ多い類 ……………199
お宅敬 ……………174
お宅類 ……………190
汚濁類 ……………243
お立ち類 ……………200
穏やか類 ……………221
お近付きになる類 ……………254
落ち度類 ……………252
仰(おっしゃ)る敬 ……………167
仰(おっしゃ)る類 ……………203
おっとり類 ……………221
お出まし敬 ……………166
お出まし類 ……………201
お父様敬 ……………172
弟敬 ……………173
弟御(おとうとご)敬 ……………173
弟さん敬 ……………173
男の方敬 ……………171
お年を召す類 ……………204
訪れる類 ……………200
訪(おとな)う類 ……………200
躍り上がる類 ……………194
驚く類 ……………199
同じ轍(てつ)を踏む類 ……………219
お兄さん敬 ……………173
お姉さん敬 ……………173
思し召し類 ……………192
思し召す類 ……………192
朧(おぼろ)類 ……………231
おめでた類 ……………182
お目に掛かる敬 ……………167
お目に掛かる類 ……………247
お目見得敬 ……………167
お目見得類 ……………247
お目文字敬 ……………167
重い類 ……………236
思い掛け無い類 ……………199
思いの外類 ……………199
思いも寄らない類 ……………199
重々しい類 ……………236
重さ類 ……………236
赴く類 ……………200
慮(おもんぱか)る類 ……………192
親御敬 ……………172
親譲り類 ……………220
凡(およ)そ類 ……………210・213
及(およ)び類 ……………206
折類 ……………226
折り合う類 ……………279
折から類 ……………226
織り込む類 ……………278
折しも類 ……………226
折に触れて類 ……………226
折も折類 ……………226
お礼類 ……………179
お礼のメール(依頼物)メ ……………107
お礼のメール(打ち合わせ)メ ……………104
お礼のメール(贈り物)メ ……………106
お礼のメール(食事会)メ ……………105

お礼のメール(展示会)[メ] ……108
お歴々[敬] ……172
折れる[類] ……279
お詫びのメール(苦情)[メ] ……118
お詫びのメール(原稿遅延)[メ] ……119
お詫びのメール(日程変更)[メ] ……117
お詫びのメール(納品遅延)[メ] ……116
お詫びをする[類] ……249
終わりを告げる[類] ……251
終わる[類] ……251
恩顧(おんこ)[類] ……248
温厚[類] ……221
御社[敬] ……174
温情[類] ……193
御曹司[敬] ……173
温暖[類] ……184
～御中[手] ……13
～御中[敬] ……175
～御中[類] ……179
音頭を取る[類] ……256
女の方[敬] ……171
御身[敬] ……171
温和[類] ……184・221
穏和[類] ……221

か

香(か)[類] ……234
が[類] ……207
開花[類] ……189・261
開会[類] ……273
快活[類] ……221
概括[類] ……276
快気[類] ……268
快気祝い[類] ……182
開業[類] ……273
邂逅(かいこう)[類] ……247
快哉(かいさい)[類] ……246
概して[類] ……213
会社[敬] ……174
改修[類] ……249
解除[類] ……219
会心[類] ……195
介する[類] ……266
快晴[類] ……185
改正[類] ……249
開設[類] ……273
改善[類] ……249
改組[類] ……249
改造[類] ……249
快諾[類] ……259
開陳[類] ……274
改定[類] ……249
改訂[類] ……249
開店[類] ……273
回復[類] ……268
改編[類] ……249
快方[類] ……268
開幕[類] ……273
解約[類] ……278
快癒(かいゆ)[類] ……268
海容[類] ……279
改良[類] ……249
買う[類] ……252
却(かえ)って[類] ……207
帰らぬ旅[類] ……204
帰らぬ人となる[類] ……204
代える[類] ……251
変える[類] ……251

顔が揃う 類 ……248
香り 類 ……234
香る 類 ……234
顔を合わせる 類 ……247
顔を出す 類 ……247
顔を繋(つな)ぐ 類 ……247
顔を綻(ほころ)ばせる 類 ……194
顔を見せる 類 ……247
輝き渡る 類 ……230
輝く 類 ……230
果敢 類 ……221
下記 類 ……177
欠く 類 ……218
～各位 手 ……13
各位 敬 ……171
確言 類 ……203
確執 類 ……215
鶴首(かくしゅ) 類 ……276
拡充 類 ……217
鶴声(かくせい) 敬 ……168
鶴声(かくせい) 類 ……229
愕然(がくぜん) 類 ……199
拡大 類 ……274
拡張 類 ……274
斯(か)くて 類 ……206
隠れる 類 ……204
香(かぐわ)しい 類 ……234
掛け合う 類 ……262
架け橋になる 類 ……266
陰る 類 ……231
華甲(かこう) 類 ……181
風花(かざはな) 類 ……186
嵩張(かさば)る 類 ……234
下賜(かし) 類 ……201
悴(かじか)む 類 ……183
かしこ 類 ……176
賢い 類 ……220
過失 類 ……252
佳日(かじつ) 類 ……228
呵責(かしゃく) 類 ……198
賀春(がしゅん) 類 ……177
賀正(がしょう) 類 ……177
舵(かじ)を取る 類 ……256
霞(かす)む 類 ……231
嫁(か)する 類 ……182
賀する 類 ……196
風 類 ……186
風薫る 類 ……186
～方 敬 ……175
～方 類 ……179
かたい 類 ……239
硬い 類 ……239
かたさ 類 ……240
片時 類 ……225
且(か)つ 類 ……206
割愛 類 ……177・280
～閣下 類 ……179
画期的 類 ……214
恪勤(かっきん) 類 ……268
格好が付く 類 ……266
活写 類 ……274
割譲(かつじょう) 類 ……280
闊達(かったつ) 類 ……221
葛藤(かっとう) 類 ……215
渇望(かつぼう) 類 ……271
且(か)つ又 類 ……206
活用 類 ……263
かと言って 類 ……207

門出類 ……201
叶う類 ……261
叶える類 ……261
悲しみ類 ……197
加入類 ……256
過分(かぶん)手 ……28
過分(かぶん)類 ……199
寡聞(かぶん)類 ……277
壁に突き当たる類 ……219
壁にぶつかる類 ……219
か細い類 ……237
佳味(かみ)類 ……233
下命敬 ……168
下命類 ……229
加盟類 ……256
可も無く不可も無し類 ……214
借りる敬 ……170
軽い類 ……236
可憐(かれん)類 ……241
軽やか類 ……236
川明かり類 ……230
かわいい類 ……241
勘案類 ……192
閑暇(かんか)類 ……227
感慨類 ……195
感慨無量類 ……195
管轄類 ……267
汗顔(かんがん)手 ……29
汗顔(かんがん)の至り類 ……272
寒気類 ……183
歓喜類 ……194
感興(かんきょう)類 ……193
完結類 ……251
管見(かんけん) 敬 ……174
換言すれば類 ……208
敢行類 ……258
勧告類 ……261
閑古鳥が鳴く類 ……232
閑散類 ……232
感謝類 ……196
閑寂(かんじゃく)類 ……232
甘受類 ……202
寛恕(かんじょ)類 ……279
冠省(かんしょう)類 ……176
勧奨(かんしょう)類 ……261
管掌(かんしょう)類 ……267
歓心類 ……194
感心類 ……196
勧進(かんじん)類 ……201
完遂(かんすい)類 ……269
閑静類 ……232
完全類 ……211
間然する所がない類 ……211
歓待類 ……248
寛大類 ……221
感嘆類 ……196
肝胆相照(かんたんあいて)らす類 ……257
完治類 ……268
関知類 ……269
寒中類 ……188
貫徹類 ……266
寒天類 ……185
敢闘類 ……216
感動類 ……195
管内類 ……267
寒の入り類 ……188
寒の戻り類 ……183
寒波類 ……183

乾杯 類 …… 190
芳(かんば)しい 類 …… 234
看板を下ろす 類 …… 275
甘美 類 …… 233
寒風 類 …… 186
感服 類 …… 196
完璧 類 …… 211
願望 類 …… 271
玩味 類 …… 233
感無量 類 …… 196
感銘 類 …… 196
勧誘 類 …… 255
寛容 類 …… 221
慣用 類 …… 263
完了 類 …… 251
寒冷 類 …… 183
還暦(かんれき) 類 …… 181
甘露 類 …… 233
貫禄 類 …… 245
棺(かん)を蓋(おお)う 類 …… 204
歓を尽くす 類 …… 193

き

機 類 …… 226
忌(き)明け 類 …… 182
機運 類 …… 226
気運 類 …… 226
気鋭 類 …… 220
喜悦(きえつ) 類 …… 194
机下(きか) 手 …… 13
貴下 敬 …… 170
気が合う 類 …… 257
機会 類 …… 226
気が置けない 類 …… 257
気が利く 類 …… 222
奇観 類 …… 189
機宜(きぎ) 類 …… 226
巍々(ぎぎ) 類 …… 237
嬉々として 類 …… 194
希求 類 …… 279
起業 類 …… 273
聞く 敬 …… 169
聞く 類 …… 203
危惧(きぐ) 類 …… 198
奇遇 類 …… 247
菊日和 類 …… 184
貴君 敬 …… 170
貴兄 敬 …… 170
貴公 敬 …… 170
鬼才 類 …… 180
期日 類 …… 228
貴社 敬 …… 174
喜捨 類 …… 202
起首 手 …… 11
喜寿(きじゅ) 類 …… 181
機種依存文字 メ …… 22
既述 類 …… 177
貴書 敬 …… 175
貴女 敬 …… 171
奇勝 類 …… 189
喜色 類 …… 194
寄進 類 …… 202
期する 類 …… 252
帰(き)する所 類 …… 208
鬼籍(きせき)に入(い)る 類 …… 204
季節 類 …… 187
競う 類 …… 215
期待 類 …… 252

汚い 類 ……243
忌憚(きたん)無ない 類 ……275
吉事 類 ……182
吉日 類 ……228
忌中(きちゅう) 類 ……227
気遣い 類 ……192
気遣わしい 類 ……198
～気付(きづけ) 敬 ……175
～気付(きづけ) 類 ……179
生っ粋 類 ……241
吉報 類 ……229
機転 類 ……220
貴殿 敬 ……170
軌道に乗る 類 ……272
気の毒 類 ……198
気働き 類 ……220
驥尾(きび)に付す 類 ……275
貴賓(きひん) 敬 ……171
貴賓(きひん) 類 ……179
希望 類 ……271
気脈を通じる 類 ……253
肝煎(きもい)り 類 ……266
客 敬 ……171
客 類 ……179
逆に 類 ……207
キャンセル 類 ……278
窮屈 類 ……236
急啓(きゅうけい) 類 ……176
急減 類 ……217
旧交 類 ……254
急告 類 ……228
求職依頼(企業への照会) 公 ……140
急逝(きゅうせい) 類 ……204
急増 類 ……216
急白(きゅうはく) 類 ……176
急迫 類 ……262
窮迫 類 ……262
急報 類 ……228
急務 類 ……264
清い 類 ……241
御意(ぎょい) 類 ……192
起用 類 ……270
狭隘(きょうあい) 類 ……236
驚異(きょうい) 類 ……199
恐悦(きょうえつ) 類 ……194
供応 類 ……248
供花 類 ……178・202
恭賀(きょうが) 類 ……196
驚愕(きょうがく) 類 ……199
恭賀新年(きょうがしんねん) 類 ……177
共感 類 ……191
胸襟(きょうきん)を開く 類 ……257
強行 類 ……258
競合 類 ……215
教示 類 ……259
享受(きょうじゅ) 類 ……194
行住坐臥(ぎょうじゅうざが) 類 ……225
恐縮 類 ……198・199
恭順(きょうじゅん) 類 ……256
狭小 類 ……236
興じる 類 ……194
競争 類 ……215
強大 類 ……234
驚嘆 類 ……199
胸中 類 ……192
協調 類 ……253
驚天動地(きょうてんどうち) 類 ……199
協同 類 ……253

共同類 ……253
教導類 ……259
享年(きょうねん)類 ……228
行年(ぎょうねん)類 ……228
共有類 ……260
共用類 ……263
享楽(きょうらく)類 ……194
供覧類 ……259
協力類 ……253
協和類 ……253
興を添える類 ……194
玉章(ぎょくしょう)敬 ……175
玉葉(ぎょくよう)敬 ……175
御慶(ぎょけい)類 ……196
挙行(きょこう)類 ……258
拒絶類 ……255
許諾類 ……259
拒否類 ……255
清まる類 ……241
清める類 ……241
挙用(きょよう)類 ……270
清らか類 ……241
居を構える類 ……191
煌(きら)めく類 ……230
貴覧敬 ……167
貴覧類 ……277
切り上げる類 ……219
切り立つ類 ……237
麒麟児(きりんじ)類 ……180
綺麗類 ……240
きれい類 ……241
切れ者類 ……180
記録的類 ……214
記録破り類 ……214
気を配る類 ……192
気を許す類 ……257
謹賀新年(きんがしんねん)類 ……177
欣喜雀躍(きんきじゃくやく)類 ……194
謹啓(きんけい)類 ……176
謹言類 ……176
謹厳類 ……222
謹告敬 ……168
謹告類 ……228
琴瑟相和(きんしつあいわ)す類 ……257
金字塔類 ……211
謹慎類 ……222
欣然(きんぜん)類 ……194
謹聴敬 ……168
謹聴類 ……203
謹呈類 ……202
謹白類 ……176
緊迫類 ……262

く

愚敬 ……170
愚案類 ……253
空気類 ……184
寓居(ぐうきょ)敬 ……174
寓居(ぐうきょ)類 ……191
遇する類 ……248
空漠(くうばく)類 ……236
久遠(くおん)類 ……226
愚兄敬 ……173
愚見敬 ……174
愚見類 ……191
愚考類 ……192
愚妻敬 ……172
草生す類 ……190

駆使[類] …… 263
愚姉(ぐし)[敬] …… 173
苦渋[類] …… 197
苦情(商品遅延)[手] …… 88
苦情(商品破損)[手] …… 92
苦情(代金支払いの催促)[手] …… 90
苦情(入金の催促)[手] …… 86
くすむ[類] …… 243
愚息[敬] …… 173
下さる[敬] …… 169
口入れ[類] …… 267
口利き[類] …… 267
口添え[類] …… 267
口に合う[類] …… 233
口にする[類] …… 203
口に出す[類] …… 203
口に上る[類] …… 203
口火を切る[類] …… 272
口不調法(くちぶちょうほう)[類] …… 180
口下手[類] …… 180
口元が綻(ほころ)びる[類] …… 194
口汚し[敬] …… 174
口汚し[類] …… 190
口を掛ける[類] …… 255
口を利く[類] …… 203
口を切る[類] …… 203
口を開く[類] …… 203
屈指[類] …… 210
屈託[類] …… 198
愚弟[敬] …… 173
苦杯[類] …… 197
愚輩[敬] …… 170
首を長くする[類] …… 276
九分九厘[類] …… 213
九分通り[類] …… 213
愚妹[敬] …… 173
隈無く[類] …… 212
組み入れる[類] …… 278
酌(く)み交わす[類] …… 190
組み込む[類] …… 278
組む[類] …… 253
工面[類] …… 264
雲一つ無い[類] …… 185
曇る[類] …… 231
暗い[類] …… 231・277
比べ物にならない[類] …… 211
繰り合わせる[類] …… 264
繰り入れる[類] …… 278
苦慮[類] …… 197
来る[敬] …… 166
来る[類] …… 201
苦しい[類] …… 196
くれる[敬] …… 169
愚老[敬] …… 170
玄人跣(くろうとはだし)[類] …… 243
加わる[類] …… 256
～君[敬] …… 175
～君[類] …… 179
薫陶(くんとう)[類] …… 259
訓導(くんどう)[類] …… 259
薫風(くんぷう)[類] …… 186
群を抜く[類] …… 244

け

敬愛[類] …… 195
慶賀[類] …… 196
軽快[類] …… 236
謦咳(けいがい)に接する[敬] …… 167

謦咳(けいがい)に接する[類] …… 247
計画[類] …… 253
慧眼(けいがん)[類] …… 223
炯眼(けいがん)[類] …… 223
敬具[類] …… 176
軽減[類] …… 218
敬語の種類[敬] …… 162
敬語表現集[敬] …… 165
荊妻(けいさい)[敬] …… 172
慶事[類] …… 182
兄事(けいじ)[類] …… 193
掲示[類] …… 259
閨秀(けいしゅう)[類] …… 180
慶祝(けいしゅく)[類] …… 196
掲出[類] …… 259
迎春(げいしゅん)[類] …… 177
景勝[類] …… 189
継承[類] …… 264
敬譲[類] …… 222
経常[類] …… 225
慶する[類] …… 196
係争[類] …… 215
恵贈[類] …… 202
携帯メールのポイント[メ] …… 24
傾注[類] …… 246
傾聴[類] …… 203
軽重[類] …… 236
恵投[類] …… 202
敬白[類] …… 176
啓発[類] …… 259
敬服[類] …… 195
敬慕[類] …… 193
契約[類] …… 278
恵与[類] …… 202
汚(けが)らわしい[類] …… 243
汚(けが)れる[類] …… 243
激減[類] …… 217
激増[類] …… 217
激動[類] …… 251
激変[類] …… 251
激励[類] …… 272
景色[類] …… 189
芥子粒(けしつぶ)[類] …… 235
ゲスト[類] …… 180
桁が違う[類] …… 214
桁違い[類] …… 214
桁外れ[類] …… 214
結局[類] …… 208
結句[類] …… 208
結語[手] …… 11
結構[類] …… 255
決行[類] …… 258
結婚[類] …… 182
結実[類] …… 261
傑出[類] …… 244
欠如[類] …… 218
決然[類] …… 221
結束[類] …… 253
欠損[類] …… 218
結託[類] …… 253
欠落[類] …… 218
欠礼[類] …… 275
懸念[類] …… 198
険しい[類] …… 237
原案[類] …… 253
権威[類] …… 180・245
減員[類] …… 217
減益[類] …… 217

献花 類 ……178
厳寒 類 ……183
言及 類 ……274
謙虚 類 ……223
賢兄 敬 ……170・173
健在 類 ……204
賢察 類 ……256
見参(げんざん) 敬 ……167
見参(げんざん) 類 ……247
賢姉(けんし) 敬 ……173
顕示 類 ……259
堅持 類 ……277
堅実 類 ……223
厳守 類 ……277
減収 類 ……217
険峻(けんしゅん) 類 ……237
健勝(けんしょう) 手 ……30・33
献上 類 ……202
謙譲 類 ……222
謙譲語Ⅰ 敬 ……163
謙譲語Ⅱ 敬 ……163
減じる 類 ……218
献ずる 類 ……202
減速 類 ……217
謙遜(けんそん) 類 ……222
賢弟 敬 ……173
献呈 類 ……202
健闘 類 ……216
厳冬 類 ……188
捲土重来(けんどちょうらい) 類 ……249
献納 類 ……202
献杯(けんぱい) 類 ……190
厳父 敬 ……172
賢夫人 敬 ……172
賢母 敬 ……172
賢妹 敬 ……173
厳密 類 ……245
賢明 類 ……220
言明 類 ……203
厳命 類 ……229
兼用 類 ……263

こ

期(ご) 類 ……224
小味 類 ……233
御案内 敬 ……168
濃い 類 ……231
濃い口 類 ……233
候(こう) 類 ……187
功 類 ……261
請う 類 ……279
好意 類 ……193
厚意 類 ……196
合意 類 ……191
光陰 類 ……228
広遠 類 ……238
高遠 類 ……246
硬化 類 ……239
高雅(こうが) 類 ……240
後悔 類 ……198
広角 類 ……236
向寒 類 ……188
好感 類 ……193
交歓 類 ……254
厚顔 類 ……224
厚顔無恥 類 ……224
後期 類 ……177
好期 類 ……226

好機 類 ……226
香気(こうき) 類 ……234
交誼(こうぎ) 手 ……32
交誼(こうぎ) 類 ……254
高誼(こうぎ) 手 ……32
高誼(こうぎ) 類 ……254
厚誼(こうぎ) 手 ……32
厚誼(こうぎ) 類 ……254
好誼(こうぎ) 手 ……32
恒久 類 ……226
厚遇 類 ……248
光景 類 ……189
後継 類 ……264
高潔 類 ……220
後見 類 ……250
公言 類 ……203
煌々(こうこう) 類 ……231
皓々(こうこう) 類 ……231
交際 類 ……254
考察 類 ……192
高察 類 ……256
厚志 類 ……196
行使 類 ……263
硬質 類 ……239
好日(こうじつ) 類 ……228
こうして 類 ……206
後述 類 ……177
向暑(こうしょ) 類 ……188
控除 類 ……218
高尚 類 ……246
交渉 類 ……262
厚情 手 ……28
厚情 類 ……196
恒常 類 ……225
交情 類 ……254
交渉の手紙(価格引き下げ) 手 ……60
降職 類 ……266
幸甚 類 ……195
後塵(こうじん)を拝する 類 ……275
講ずる 類 ……254
剛性 類 ……239
功績 類 ……261
降霜(こうそう) 類 ……187
広壮(こうそう) 類 ……234
高層 類 ……237
豪壮(ごうそう) 類 ……234
交替 類 ……251
交代 類 ……251
広大 類 ……236
巧緻(こうち) 類 ……245
膠着(こうちゃく) 類 ……219
硬直 類 ……239
肯定 類 ……191
校訂 類 ……249
更迭 類 ……251
好天 類 ……185
香典 類 ……178
香典返し 類 ……178
硬度 類 ……239
高踏 類 ……246
硬軟 類 ……240
後任 類 ……264
降任 類 ……266
高配 手 ……28
高配 類 ……192
広漠 類 ……236
香ばしい 類 ……234
広範 類 ……236

後半生(こうはんせい)[類]……227
後便[類]……178
幸便[類]……178
幸福[類]……195
合弁[類]……253
高邁(こうまい)[類]……246
高慢[類]……255
香味[類]……233
功名[類]……261
公明正大[類]……223
交友[類]……254
交遊[類]……254
黄葉[類]……189
光来(こうらい)[敬]……166
光来(こうらい)[類]……200
高覧[敬]……167
高覧[類]……277
後略[類]……177
交流[類]……254
考慮[類]……192
香料[類]……179
考量[類]……192
光臨(こうりん)[敬]……166
光臨(こうりん)[類]……200
功労[類]……261
超える[類]……244
声を掛ける[類]……256
声を呑む[類]……199
小躍り[類]……194
小柄[類]……235
木枯らし[類]……186
古稀(こき)[類]……181
御機嫌伺い[敬]……168
御機嫌伺い[類]……200
刻(こく)[類]……224
こく[類]……233
刻限[類]……226
酷暑[類]……184
告別[類]……280
告別式[類]……182
極細[類]……237
克明[類]……222
極楽往生(ごくらくおうじょう)[類]……204
苔生(こけむ)す[類]……190
孤高[類]……246
凍える[類]……183
心得る[類]……269
心が通う[類]……258
心苦しい[類]……199
志[類]……178・191・196
心遣い[類]……192
心付け[類]……178
心に掛かる[類]……198
心憎い[類]……193
心待ち[類]……276
心安い[類]……257
快い[類]……193・246
心を痛める[類]……198
心を奪われる[類]……193
心を通わせる[類]……258
心を砕く[類]……192
心を配る[類]……192
心を開く[類]……258
心を許す[類]……258
心を寄せる[類]……193
濃さ[類]……232
固辞[類]……255
輿(こし)入れ[類]……182

腰が低い類 ……223
互譲(ごじょう)類 ……279
拗(こじ)れる類 ……215
御親父敬 ……172
御足労類 ……200・201
御尊顔(ごそんがん)を拝する敬 ……167
御尊顔(ごそんがん)を拝する類 ……247
御存じ敬 ……169
御存じ類 ……269
小高い類 ……238
東風(こち)類 ……186
酷寒類 ……183
極寒類 ……183
刻苦類 ……268
小作り類 ……235
こってり類 ……233
小粒類 ……235
事が運ぶ類 ……272
言付かる類 ……229
言付け類 ……229
言付ける類 ……229
言伝(ことづて)類 ……229
事に当たる類 ……258
言葉を尽くす類 ……274
言葉を呑む類 ……199
寿(ことほ)ぐ類 ……196
断り状(在庫不足)手 ……72
断り状(出席依頼)手 ……76
断り状(商品値引き)手 ……70
断り状(返品)手 ……74
断る類 ……255
粉雪類 ……186
小糠雨(こぬかあめ)類 ……185
この上類 ……206
この上無い類 ……211
小春類 ……188
小春日和類 ……184
誤謬(ごびゅう)類 ……219
鼓舞類 ……272
小振り類 ……235
五本の指に入る類 ……210
細やか類 ……222
困る類 ……197
御免被る類 ……255
コラボレーション類 ……253
御覧敬 ……167
凝り固まる類 ……239
顧慮(こりょ)類 ……192
凝る類 ……239
御老体敬 ……172
強張(こわば)る類 ……239
懇意類 ……257
婚姻届公 ……130
婚姻届の書き方公 ……128
懇願類 ……271
根治(こんじ)類 ……268
懇情(こんじょう)手 ……28
懇情(こんじょう)手 ……32
懇親類 ……254
懇請(こんせい)類 ……271
懇切類 ……222
コンセンサス類 ……191
コンタクト類 ……254
懇篤(こんとく)類 ……222
懇望(こんもう)類 ……271
困惑類 ……197

さ

際(さい)類……226
才媛(さいえん)類……180
際会類……247
再会類……247
在勤類……264
再啓(さいけい)類……176
歳月類……228
最期類……204
最高類……211
催告類……250
最後を飾る類……251
最期を遂げる類……205
才子類……180
才女類……180
最小類……235
最上類……211
在職類……264
細心類……222
才人類……180
催促のメール(原稿遅延)メ……124
催促のメール(入荷遅延)メ……125
催促のメール(入金)メ……127
催促のメール(見積もりの返事)メ…126
細大漏らさず類……212
最低類……238
再訂類……249
再任類……264
在任類……264
再拝類……176
采配類……256
再編類……249
再編成類……249
細密類……245
再来類……201
最良類……211
幸い類……195
冴え返る類……183・243
冴える類……243
冴え渡る類……243
杯を傾ける類……190
杯を交わす類……256
下がる類……201
左記類……177
咲き競う類……189
咲き溢れる類……189
先様敬……171
咲き初める類……189
咲き揃う類……189
先立つ類……205
咲き匂う類……189
削減類……218
錯誤類……219
桜吹雪類……189
細雪類……186
射し込む類……230
差し出がましい類……250
差し控える類……223
差し引く類……218
射す類……230
授かる敬……169
挫折類……219
左遷(させん)類……264
誘い合わせる類……256
誘う類……255
幸類……195
五月晴れ類……185

雑事(ざつじ)[手] ……29
察する[類] ……256
颯爽(さっそう)[類] ……223
さっぱり[類] ……233
扠(さて)[類] ……206・210
聡(さと)い[類] ……220
差配(さはい)[類] ……256
サポート[類] ……192
～様[敬] ……175
～様[類] ……179
様変わり[類] ……251
様になる[類] ……266
五月雨(さみだれ)[類] ……185
寒い[類] ……183
寒空[類] ……185
然(さ)も無ければ[類] ……209
清(さや)か[類] ……231
座右[類] ……239
更に[類] ……206
さりとて[類] ……207
然(さ)れど[類] ……207
爽やか[類] ……223
座(ざ)を外す[類] ……201
～さん[敬] ……175
～さん[類] ……179
参加[類] ……256
傘下(さんか)[類] ……267
参会[類] ……201
参画[類] ……256
慚愧(ざんき)[類] ……272
散華(さんげ)[類] ……182
燦々(さんさん)[類] ……231
暫時(ざんじ)[類] ……225
山紫水明(さんしすいめい)[類] ……189
傘寿(さんじゅ)[類] ……181
参集[類] ……248
残暑[類] ……184
参上[敬] ……166
参上[類] ……200
参じる[敬] ……166
参じる[類] ……200
燦然(さんぜん)[類] ……231
賛嘆[類] ……196
算段[類] ……264
賛同[類] ……192
参堂[敬] ……166
参堂[類] ……200
参入[類] ……256
三拝九拝(さんぱいきゅうはい)[類] ……176
参与[類] ……256
燦爛(さんらん)[類] ……231
参列[類] ……201

し

～氏[敬] ……175
～氏[類] ……179
自愛[類] ……248
試案[類] ……254
私案[類] ……254
CC[メ] ……20
潮[類] ……226
為果(しおお)せる[類] ……269
潮時[類] ……226
志学(しがく)[類] ……181
しかし(逆行)[類] ……207
然(しか)しながら[類] ……207
然(しか)も[類] ……206
然(しか)るに[類] ……208

然(しか)れども[類]……208
志願[類]……271
時間[類]……224
指揮[類]……256
時季[類]……187
時機[類]……227
時宜(じぎ)[類]……227
直訴[類]……216
死去[類]……205
辞去[類]……201
始業[類]……273
至近[類]……239
忸怩(じくじ)[類]……272
字配り[手]……12
時雨(しぐれ)[類]……185
私見[敬]……174
私見[類]……191
伺候(しこう)[敬]……168
伺候(しこう)[類]……200
志向[類]……191
至高(しこう)[類]……238
施行(しこう)[類]……258
時候[類]……187
示唆[類]……259
四時(しじ)[類]……187
支持[類]……192
師事[類]……195
侍史(じし)[手]……13
時日[類]……228
しじま[類]……232
私淑(ししゅく)[類]……195
自粛[類]……223
至純(しじゅん)[類]……242
耳順(じじゅん)[類]……181
至上[類]……211
辞職[類]……266
私信[類]……178
静か[類]……232
静まり返る[類]……232
辞する[類]……201・255
自制[類]……223
自省[類]……274
自責の念[類]……198
時節[類]……187・227
自説[類]……191
私蔵(しぞう)[類]……260
従う[類]……256
従って[類]……206
親しい[類]……257
親しむ[類]……257
舌鼓(したつづみ)を打つ[類]……233
耳朶(じだ)に触れる[類]……203
自重[類]……224
失敬[類]……275
実現[類]……261
執行[類]……258
実行[類]……258
昵懇(じっこん)[類]……257
実施[類]……258
質実[類]……223
叱正(しっせい)[類]……249
実践[類]……258
失速[類]……217
失態[類]……219
十中八九[類]……213
失敗[類]……219
疾風[類]……186
執務[類]……264

実用類 ……263
失礼類 ……275
死出(しで)の旅類 ……205
時点類 ……224
指導類 ……259
為遂(しと)げる類 ……269
しなやか類 ……240
指南類 ……259
死に目類 ……205
辞任類 ……266
死ぬ類 ……204
鎬(しのぎ)を削る類 ……215
凌(しの)ぐ類 ……244
篠突く雨(しのつくあめ)類 ……185
忍びない類 ……198
至福類 ……195
時分類 ……224
時分時類 ……227
死別類 ……280
思慕類 ……193
志望類 ……271
死亡届・死亡診断書公 ……138
死亡届の書き方公 ……129
絞り込む類 ……237
絞る類 ……237
始末書公 ……145
滋味(じみ)類 ……233
自明類 ……244
締め切る類 ……219
示す類 ……259
しめやか類 ……232
霜類 ……187
謝意類 ……196
謝恩類 ……179
車軸を流す類 ……185
謝する類 ……179
謝絶類 ……255
弱冠(じゃっかん)類 ……181
謝礼類 ……179
私有類 ……260
秀逸類 ……244
驟雨(しゅうう)類 ……185
終焉(しゅうえん)類 ……205
秋気類 ……184
祝儀類 ……178・182
就業類 ……264
従業類 ……265
集結類 ……248
終結類 ……251
秀才類 ……180
従事類 ……265
ジューシー類 ……233
終始一貫類 ……266
終止符を打つ類 ……251
従順類 ……221
愁傷類 ……197
従心(じゅうしん)類 ……181
終生類 ……226
修正類 ……249
修整類 ……249
周旋(しゅうせん)類 ……267
従前(じゅうぜん)手 ……32
十全類 ……211
愁訴(しゅうそ)類 ……216
終息類 ……251
集中類 ……246
修訂類 ……249
充填(じゅうてん)類 ……250

周到類 ……222
柔軟類 ……240
重任類 ……265
集約類 ……276
秋涼(しゅうりょう)類 ……184
終了類 ……251
秋霖(しゅうりん)類 ……185
秋冷類 ……184
秀麗(しゅうれい)類 ……240
就労類 ……265
雌雄を決する類 ……215
宿願類 ……271
粛啓(しゅくけい)類 ……176
祝勝類 ……196
縮小類 ……218
祝す類 ……196
熟達類 ……269
熟知類 ……269
祝杯類 ……190
宿望(しゅくぼう)類 ……271
熟慮類 ……192
熟練類 ……269
殊勲類 ……261
首肯(しゅこう)類 ……202
主宰(しゅさい)類 ……267
受贈類 ……202
受託類 ……250
受諾類 ……259
述懐類 ……274
出向類 ……265
出仕類 ……265
出生類 ……204
出生届・出生証明書公 ……136
出生届の書き方公 ……129
出色類 ……244
出席する敬 ……166
出席する類 ……201
出立類 ……201
出発する類 ……200
受納類 ……202
首尾一貫類 ……266
主賓敬 ……171
主賓類 ……180
受容類 ……202
受理類 ……202
受領類 ……202
純一類 ……242
純化類 ……242
春寒類 ……183
峻拒(しゅんきょ)類 ……255
峻険(しゅんけん)類 ……238
俊才類 ……180
春日類 ……187
遵守類 ……277
春秋類 ……228
純情類 ……242
春色類 ……187
純真類 ……242
純粋類 ……241
純正類 ……242
春雪類 ……186
純然類 ……242
潤沢類 ……213
春暖類 ……184
遵法類 ……277
純朴類 ……242
春眠類 ……187
純良類 ……242

小類 ……235
使用類 ……263
試用類 ……263
承引類 ……260
浄化類 ……242
紹介類 ……267
上記類 ……177
上機嫌類 ……194
小規模類 ……235
小見敬 ……174
焼香類 ……183
小康類 ……269
少時(しょうじ)類 ……181
小社敬 ……174
小社類 ……179
成就類 ……261
詳述類 ……274
上述類 ……177
上首尾(じょうしゅび)類 ……262
頌春(しょうしゅん)類 ……177
蕭々(しょうしょう)類 ……232
小職敬 ……170
昇進類 ……265
精進類 ……268
小生敬 ……170
招請(しょうせい)類 ……277
詳説類 ……274
少壮(しょうそう)類 ……181
消息類 ……178
常態類 ……225
招待状(講演会)手 ……82
招待状(祝賀会)手 ……78
招待状(新年会)手 ……80
招待状(親睦会)手 ……84
小宅敬 ……174
小宅類 ……191
承諾類 ……260
上達類 ……269
賞嘆類 ……196
承知類 ……259
招致類 ……277
冗長類 ……235
小弟敬 ……170
昇天類 ……205
譲渡類 ……280
常套(じょうとう)類 ……214
承認類 ……260
常任類 ……265
笑納敬 ……169
笑納類 ……202
省筆(しょうひつ)類 ……177
上品類 ……240
承服類 ……260
成仏類 ……205
招聘(しょうへい)類 ……277
譲歩類 ……279
冗漫類 ……235
賞味類 ……233
譲与類 ……280
慫慂(しょうよう)類 ……261
常用類 ……263
招来類 ……277
笑覧敬 ……167
笑覧類 ……277
上略類 ……177
奨励類 ……261
初夏類 ……188
所轄類 ……267

書簡類 ……178
暑気類 ……184
食類 ……190
処遇類 ……248
食する類 ……190
嘱(しょく)する類 ……276
嘱望(しょくぼう)類 ……252
職務経歴書公 ……144
嘱目(しょくもく)類 ……252
諸君敬 ……171
諸兄(しょけい)敬 ……171
諸賢(しょけん)敬 ……171
所見類 ……191
諸公敬 ……171
如才(じょさい)無い類 ……220
諸子敬 ……171
諸氏敬 ……171
諸姉(しょし)敬 ……171
初志類 ……191
～女史敬 ……175
～女史類 ……179
初秋類 ……188
初春類 ……187・188
書状類 ……178
書信類 ……178
初心に立ち返る類 ……274
処する類 ……248
女性敬 ……171
所詮(しょせん)類 ……208
所蔵類 ……260
所存類 ……192
処置類 ……260
書中手 ……34
背負って立つ類 ……262
初冬類 ……188
初任類 ……265
所望(しょもう)類 ……271
所有類 ……260
初老類 ……181
知らせ類 ……229
知らせる類 ……228
白羽の矢を立てる類 ……270
知り合う類 ……254
退く類 ……266
退ける類 ……255
而立(じりつ)類 ……181
自律類 ……224
思量類 ……192
資料請求(企業への依頼)公 ……141
死力を尽くす類 ……268
知る敬 ……169
素人離れ類 ……244
私論敬 ……174
私論類 ……191
親愛類 ……258
深遠類 ……237
深奥(しんおう)類 ……237
心外類 ……197
震撼(しんかん)類 ……199
森閑(しんかん)類 ……232
新規蒔(ま)き直し類 ……249
呻吟(しんぎん)類 ……197
心血を注ぐ類 ……268
親交類 ……254
申告類 ……229
真摯(しんし)類 ……223
紳士的類 ……223
深謝類 ……196・249

新秋類……188
新春類……188
信書類……178
尋常類……225
身上書公……142
信じる類……260
深々と類……237
申請類……230
新雪類……186
新設類……273
深浅類……232
親善類……258
深層類……237
進退伺公……146
心中類……193
心痛類……197
神童類……180
信認類……260
新任類……265
信任類……270
心配類……198
審美眼(しんびがん)類……223
心服(しんぷく)類……195
信服類……260
信奉類……260
親睦類……258
親身類……222
親密類……258
信用類……261
信頼類……261
新涼類……184
新緑類……189
心労類……198
親和類……258

す

遂行類……258
随行類……256
推参敬……166
推参類……200
随従(ずいじゅう)類……257
推奨類……261
推薦類……261
垂範(すいはん)類……259
随伴(ずいはん)類……257
崇高類……246
図々しい類……224
崇拝(すうはい)類……195
据え置く類……264
末永く類……226
清々(すがすが)しい類……195
好き類……193
透き通る類……243
優れる類……243
涼風類……186
煤(すす)ける類……243
涼しい類……184
進む類……261
勧める類……261
巣立つ類……201
ステレオタイプ類……214
素直類……221
即(すなわ)ち類……208
頭抜(ずぬ)ける類……244
ずば抜ける類……244
スピードダウン類……217
澄み切る類……243
澄み渡る類……243

住む類……190
摺(す)り合わせる類……279
する敬……166
すると類……206
鋭い類……220
スローダウン類……217
寸暇(すんか)類……227
寸刻類……225
寸志類……178
寸時類……225

せ

清栄(せいえい)手……30・33
清栄(せいえい)類……177
盛栄(せいえい)類……177
静穏(せいおん)類……232
盛夏類……188
精悍(せいかん)類……221
請願類……271
誓願類……271
請求類……279
請求する敬……169
逝去(せいきょ)類……205
精勤類……268
成功類……261・262
成婚類……182
静寂(せいじゃく)類……232
静粛(せいしゅく)類……232
清祥(せいしょう)手……30
清祥(せいしょう)類……177
清勝(せいしょう)類……177
清浄類……241
誠心誠意類……268
清楚類……242
星霜類……228
精緻(せいち)類……245
清聴敬……169
清聴類……203
清澄類……241
精通類……269
青天の霹靂(へきれき)類……199
精読類……280
成年類……181
盛年類……181
生年類……228
静謐(せいひつ)類……232
歳暮の送り状手……46
歳暮の礼状手……50
精密類……245
精妙類……245
成約類……278
生来類……220・227
清覧敬……167
清覧類……277
精励類……268
清廉類……220
精を出す類……268
世界的類……214
積載類……270
寂(せき)として類……232
責任類……262
責任を取る類……262
積年類……224
世間並み類……214
世襲類……264
是正類……249
節類……227
切願類……271

節季類……187
絶景類……189
接見(せっけん)敬……167
接見類……247
節減類……218
絶好類……210
折衝類……262
絶勝類……189
接触類……254
絶する類……244
絶世類……211
絶対的類……214
拙宅(せったく)敬……174
拙宅(せったく)類……191
設置類……273
折衷(せっちゅう)類……279
刹那(せつな)類……225
切迫類……262
切望類……271
絶妙類……210
絶命類……205
設立類……273
狭まる類……237
狭める類……237
狭い類……236
狭苦しい類……237
迫る類……262
責めを負う類……262
競(せ)る類……215
背を向ける類……216
僭越(せんえつ)類……255
全快類……269
浅学類……278
前記類……177
前掲類……177
浅見敬……174
浅見類……191
宣告類……228
千載類……226
千載一遇類……227
煎(せん)じ詰めると類……208
千秋類……226
先述類……177
前出類……177
前述類……177
浅春類……187
善処類……260
専心類……246
前進類……261
詮(せん)ずる所類……208
～先生敬……175
～先生類……179
先代類……227
全治類……269
善導類……259
専任類……265
先任類……265
選任類……270
前任類……265
専念類……246
前半生類……227
先便類……178
前便類……178
餞別(せんべつ)類……202
千編一律(せんぺんいちりつ)類……214
千変万化類……251
先方敬……171
鮮明類……231

先約類 ……278
全癒(ぜんゆ)類 ……269
専用類 ……263
前略類 ……176・177
全力を傾ける類 ……268
千慮(せんりょ)の一失(いっしつ)類 ……219

そ

素案類 ……254
添い遂げる類 ……182
草案類 ……254
増益類 ……217
増加類 ……217
壮快類 ……193
爽快(そうかい)類 ……195
総轄類 ……267
総括類 ……276
壮観類 ……189
葬儀類 ……183
争議類 ……215
創業類 ……273
増強類 ……217
遭遇類 ……247
創建類 ……273
双肩に担う類 ……262
奏功類 ……262
糟糠(そうこう)の妻敬 ……172
相好(そうごう)を崩す類 ……194
創始類 ……273
葬式類 ……183
そうして類 ……206・207
増収類 ……217
早春類 ……187
奏上類 ……203
増進類 ……217
奏する類 ……203
蔵する類 ……260
早世類 ……205
創成類 ……273
創設類 ……273
草々類 ……176
葬送類 ……183
草創類 ……273
草創期類 ……227
錚々(そうそう)たる類 ……244
相続類 ……264
壮大類 ……234
増大類 ……217
相談類 ……262
相談する類 ……262
壮途(そうと)に就(つ)く類 ……201
壮年類 ……181
増幅類 ……217
増補類 ……250
聡明類 ……220
創立類 ……273
葬礼類 ……183
壮麗類 ……235
疎遠(そえん)手 ……29
疎外類 ……216
惻隠(そくいん)の情類 ……193
速報類 ……228
底上げ類 ……217
底知れない類 ……212
粗忽(そこつ)類 ……219
そこで類 ……207
底冷え類 ……183
粗餐(そさん)敬 ……174

粗餐(そさん)類 ……190
組織替え類 ……249
そして(累加)類 ……206
そして類 ……207
粗食敬 ……174
粗食類 ……190
楚々(そそ)類 ……242
粗相類 ……252
注ぎ込む類 ……268
聳(そそ)り立つ類 ……238
措置類 ……260
足下(そっか)敬 ……171
そつが無い類 ……220
卒寿(そつじゅ)類 ……181
供える類 ……202
その上類 ……206
その癖類 ……208
そのため類 ……207
峙(そばだ)つ類 ……238
粗飯敬 ……174
聳(そび)える類 ……238
ソフト類 ……240
素朴類 ……242
そぼ降る類 ……185
背く類 ……216
抑(そもそも)類 ……210
そよ吹く類 ……186
空類 ……185
空模様類 ……184
反りが合う類 ……257
それから類 ……207
それだけに類 ……207
それで類 ……207
それでは類 ……207
それとも類 ……209
それなのに類 ……208
それなら類 ……207
それ故類 ……207
疎漏(そろう)類 ……252
尊敬類 ……195
尊敬語敬 ……162
尊厳類 ……245
存じ上げる敬 ……169
存じ上げる類 ……193・269
存ずる類 ……193・270
尊父敬 ……172
尊来(そんらい)敬 ……166

た

タイアップ類 ……253
第一類 ……210
第一人者類 ……180
第一報類 ……228
大往生類 ……205
大家類 ……180
退会類 ……270
大概類 ……213
退官類 ……266
待機類 ……276
大規模類 ……235
退勤類 ……266
待遇類 ……248
大慶(たいけい)手 ……30
大慶類 ……196
対抗類 ……216
代行類 ……251
醍醐味類 ……233
退座類 ……201

対峙(たいじ)類……215
退出類……201
対処類……260
退職類……266
退職届公……147
退陣類……266
退席する敬……166
大体類……212
代替類……251
大々的類……235
大多数類……213
大抵類……213
泰斗(たいと)類……180
大同団結類……253
退任類……266
大任類……278
大半類……213
大部分類……213
待望類……271
タイミング類……226
大役類……278
代用類……251
代理類……251
対立類……215
倒れる類……205
他界類……205
高い類……237
高々類……238
だから(順行)類……206
高らか類……238
多岐類……213
妥協類……279
卓越類……244
託する類……276
卓絶類……244
卓抜類……244
長ける類……244
多彩類……213
多事多端(たじたたん)類……246
多謝類……196・249
多種多様類……213
携える類……257
携わる類……265
訪ねる敬……166
尋ねる敬……168
闘う類……216
叩き台類……254
但(ただ)し類……208
正しい類……223
多端(たたん)類……246
脱会類……270
脱俗類……246
脱退類……270
尊(たっと)ぶ類……195
奉る類……202
例えようもない類……212
掌(たなごころ)を指す類……245
多年類……224
楽しい類……193
荼毘(だび)に付す類……183
食べ物敬……174
食べる敬……170
多忙類……246
多方面類……213
玉梓(たまずさ)敬……175
玉響(たまゆら)類……225
賜(たまわ)る敬……169
賜(たまわ)る類……202

手向(たむ)け[類]……179
多面的[類]……213
多様[類]……213
多用[類]……246
嘆願[類]……271
暖気[類]……184
団結[類]……253
短見[類]……191
断行[類]……258
短縮[類]……218
誕生[類]……204
端正[類]……240
端整[類]……240
男性[敬]……171
断然[類]……214
段違い[類]……214
断腸の思い[類]……197
担当[類]……279
暖冬[類]……188
耽読(たんどく)[類]……280
丹念[類]……222
淡泊[類]……233
端麗[類]……240

ち

小さい[類]……235
近い[類]……239
近しい[類]……257
知遇[類]……248
知悉(ちしつ)[類]……270
遅日[類]……187
遅滞[類]……218
父[敬]……172
父上[敬]……172
父御[敬]……172
因(ちな)みに[類]……209
緻密[類]……245
知命[類]……181
着手[類]……272
着任[類]……265
治癒(ちゆ)[類]……269
仲夏(ちゅうか)[類]……188
仲介[類]……267
中元の送り状[手]……44
中元の礼状[手]……48
仲裁[類]……267
中秋[類]……188
仲秋[類]……188
仲春[類]……187
衷心(ちゅうしん)[手]……28
仲冬[類]……188
注文する[類]……263
中略[類]……178
弔意[類]……197
弔事(ちょうじ)[類]……182
長寿[類]……204
超人[類]……180
超人的[類]……244
長生[類]……204
長逝(ちょうせい)[類]……205
超俗[類]……246
長大[類]……235
頂戴[敬]……169
頂戴[類]……202
頂戴する[敬]……170
頂戴する[類]……190
長蛇の列[類]……235
超弩級(ちょうどきゅう)[類]……235

眺望 類 ……189
長命 類 ……204
澄明(ちょうめい) 類 ……231
弔問(ちょうもん) 類 ……200
直轄 類 ……267
緒(ちょ)に就(つ)く 類 ……272
鎮魂(ちんこん) 類 ……183
陳謝 類 ……249
陳情 類 ……279
沈痛 類 ……197
珍味 類 ……233

つ

追求 類 ……279
追従 類 ……257
追伸 手 ……13
追随 類 ……257
追随を許さない 類 ……212
序(ついで)ながら 類 ……209
就(つ)いては 類 ……207
追悼 類 ……197
終(つい)に 類 ……209
痛快 類 ……193
通暁(つうぎょう) 類 ……270
通じ合う 類 ……258
通知のメール(社内メンテナンス) メ ……115
通知のメール(社員旅行) メ ……114
通読 類 ……280
通例 類 ……225
使いこなす 類 ……263
使う 類 ……263
束の間 類 ……225
付き合い 類 ……254
付き合う 類 ……254
月明かり 類 ……230
次に 類 ……207
就(つ)く 類 ……265
継ぐ 類 ……263
都合する 類 ……264
伝える 敬 ……168
慎み深い 類 ……223
慎む 類 ……222
謹んで 類 ……268
慎ましい 類 ……223
慎ましやか 類 ……223
綴る 類 ……274
集う 類 ……248
勤め上げる 類 ……265
勤める 類 ……264
努める 類 ……268
勤めを辞める 類 ……266
常 類 ……225
常々 類 ……225
常日頃 類 ……225
粒揃い 類 ……244
妻 敬 ……172
つまり(換言) 類 ……208
詰まる所 類 ……209
罪が無い 類 ……242
通夜 類 ……183
艶々(つやつや) 類 ……231
艶(つや)やか 類 ……231
梅雨(つゆ)入り 類 ……188
露霜(つゆじも) 類 ……187
梅雨空(つゆぞら) 類 ……185
梅雨(つゆ)冷え 類 ……183
貫く 類 ……266
連れ添う 類 ……182

て

手厚い類 ……222
提携類 ……253
低減類 ……217
定刻類 ……226
定時類 ……226
呈示類 ……259
提示類 ……259
低姿勢類 ……223
抵触類 ……216
呈する類 ……259
停滞類 ……218
丁重類 ……222
丁寧類 ……222
丁寧語敬 ……164
丁年(ていねん)類 ……181
定例類 ……226
体(てい)を成す類 ……266
手落ち類 ……252
手掛ける類 ……258
手が届く類 ……239
手紙敬 ……175
手紙類 ……178
適用類 ……263
手透き類 ……227
手狭(てぜま)類 ……237
手近類 ……239
手違い類 ……219
徹する類 ……266
徹底類 ……266
手詰まり類 ……219
手に手を取る類 ……253
手に取るように類 ……245
手抜かり類 ……252
手広い類 ……236
手解(てほど)き類 ……259
手前敬 ……170
手前共敬 ……170
手回り類 ……239
出回る類 ……275
出向く類 ……200
手元類 ……239
照り返す類 ……230
照り輝く類 ……230
照り映える類 ……230
出る幕ではない類 ……250
手を組む類 ……253
手を携える類 ……253
手を付ける類 ……272
手を繋(つな)ぐ類 ……253
手を取り合う類 ……253
手を握る類 ……253
手を引く類 ……219
手を結ぶ類 ……253
天衣無縫(てんいむほう)類 ……242
典雅(てんが)類 ……240
展開類 ……274
天下無敵類 ……212
天気晴朗(てんきせいろう)類 ……185
転勤類 ……265
電光石火類 ……225
伝言類 ……229
天寿類 ……204
転出類 ……265
転職類 ……265
転身類 ……265
天真爛漫(てんしんらんまん)類 ……242

転籍類 ……265
転属類 ……265
転任類 ……265
天の底が抜けたよう類 ……185
天引き類 ……218
天命類 ……204
転用類 ……263
典麗(てんれい)類 ……240

と

訪(と)う類 ……200
灯影類 ……230
統轄(とうかつ)類 ……267
統括類 ……276
同感類 ……192
頭語手 ……11
灯光類 ……230
同行類 ……257
搭載(とうさい)類 ……270
当社類 ……179
踏襲類 ……264
陶酔(とうすい)類 ……193
同ずる類 ……192
陶然(とうぜん)類 ……193
透徹(とうてつ)類 ……243
当店敬 ……175
当店類 ……179
到頭(とうとう)類 ……209
同道(どうどう)類 ……257
尊(とうと)ぶ類 ……195
同伴類 ……257
当方敬 ……170
東奔西走(とうほんせいそう)類 ……246
透明類 ……243
瞠目(どうもく)類 ……199
登用類 ……270
到来類 ……201
当惑類 ……198
遠い類 ……238
通り雨類 ……185
時に類 ……210
篤実(とくじつ)類 ……223
督促類 ……250
特命類 ……229
特約類 ……278
読了類 ……280
督励(とくれい)類 ……272
溶け込む類 ……258
遂げる類 ……269
床上げ類 ……269
ところで(転換)類 ……209
年類 ……228
年月類 ……228
年をとる類 ……204
とすれば類 ……207
どちらにしろ類 ……210
嫁(とつ)ぐ類 ……182
突進類 ……261
届け類 ……230
届け出類 ……230
届け出る類 ……230
滞(とどこお)る類 ……218
整える類 ……266
とどのつまり類 ……209
兎(と)に角(かく)類 ……210
途に就(つ)く類 ……201
兎(と)にも角(かく)にも類 ……210
～殿敬 ……175

～殿類 ……179
殿方敬 ……171
殿御敬 ……171
どの道類 ……210
とは言うものの類 ……208
とは言え類 ……208
度外れる類 ……244
飛び抜ける類 ……244
富む類 ……213
弔(とむら)い類 ……183・227
ともあれ類 ……210
兎(と)も角(かく)類 ……210
兎(と)も角(かく)も類 ……210
共白髪類 ……204
執り行う類 ……258
取り掛かる類 ……272
取り組む類 ……258
取り立てる類 ……270
取り次ぐ類 ……266
取り取り類 ……213
取り成す類 ……267
とりまとめる類 ……267
取り持つ類 ……267
取りも直さず類 ……209
取り止める類 ……220
努力する類 ……268
トレード類 ……251
ドレッシー類 ……240
吐露(とろ)類 ……247
永久類 ……226
永遠の別れ類 ……280
頓挫(とんざ)類 ……219
豚児(とんじ)敬 ……173
頓首(とんしゅ)類 ……176
どん底類 ……238
とんだ類 ……211
とんでもない類 ……211

な

乃至(ないし)類 ……209
内示類 ……259
内蔵類 ……260
内諾類 ……260
内命類 ……229
内約類 ……278
尚類 ……209
尚且(なおか)つ類 ……206
尚更(なおさら)類 ……206
治る類 ……268
長い類 ……235
長い時間類 ……224
永い眠りに就(つ)く類 ……205
仲立ち類 ……267
長丁場類 ……224
長々類 ……235
中に立つ類 ……267
長年類 ……224
永の別れ類 ……280
仲間入り類 ……256
仲間外れ類 ……216
仲良くする類 ……258
長らく類 ……224
流れに棹(さお)差す類 ……272
流れを汲(く)む類 ……264
中を取る類 ……279
亡き数に入る類 ……205
亡くす類 ……205
亡くなる類 ……205

名残(なごり)惜しい[類] …… 198
為さる[敬] …… 166
成し遂げる[類] …… 269
梨の礫(つぶて)[類] …… 275
成す[類] …… 269
菜種梅雨(なたねづゆ)[類] …… 185
夏[類] …… 188
何しろ[類] …… 210
名に背かない[類] …… 223
何より[類] …… 210
何を措(お)いても[類] …… 210
並[類] …… 214
波に乗る[類] …… 272
並外れる[類] …… 244
奈落の底[類] …… 238
並び無い[類] …… 212
並びに[類] …… 206
鳴りを潜(ひそ)める[類] …… 232
馴れ親しむ[類] …… 258
馴れ馴れしい[類] …… 275
慣れる[類] …… 269
軟化[類] …… 240
難航[類] …… 219
軟質[類] …… 240
軟弱[類] …… 240
難色を示す[類] …… 255
軟風(なんぷう)[類] …… 186

に

逃がす[類] …… 269
濁(にご)す[類] …… 243
濁(にご)る[類] …… 243
日月[類] …… 228
日本晴れ[類] …… 185
にも拘(かか)わらず[類] …… 208
入念[類] …… 222
入梅(にゅうばい)[類] …… 188
柔和(にゅうわ)[類] …… 221
任官[類] …… 270
認識[類] …… 269
認識不足[類] …… 278
任ずる[類] …… 270
任命[類] …… 270
任用[類] …… 270

ぬ

抜かり[類] …… 252
抜きんでる[類] …… 244
抜ける[類] …… 270

ね

願い上げる[類] …… 271
願い下げ[類] …… 255
願い出る[類] …… 230
願う[類] …… 271
猫の額[類] …… 237
寝静まる[類] …… 232
ネチケット[メ] …… 22
熱意が籠(こも)る[類] …… 268
熱中[類] …… 246
熱波[類] …… 184
熱望[類] …… 271
根深い[類] …… 237
根雪[類] …… 186
念入り[類] …… 222
念願[類] …… 271
年月[類] …… 228
懇(ねんご)ろ[類] …… 222・257

捻出類 ……264
念じる類 ……271
年頭類 ……188
念の為類 ……209
年齢類 ……181

の

濃厚類 ……232
納骨類 ……183
濃淡類 ……232
濃密類 ……232
残らず類 ……212
残り香類 ……234
載せる類 ……270
望ましい類 ……193
望む類 ……270
延び延びになる類 ……218
野辺(のべ)送り類 ……183
飲み口類 ……233
のみならず類 ……206
飲む類 ……190
暖簾(のれん)を下ろす類 ……275
野分き類 ……186

は

葉類 ……189
拝謁(はいえつ)敬 ……167
拝謁(はいえつ)類 ……247
配下類 ……267
拝賀類 ……196
媒介類 ……267
拝顔敬 ……167
拝顔類 ……247
倍旧(ばいきゅう)手 ……32
拝具類 ……176
拝啓類 ……176
排撃類 ……216
拝見敬 ……167
拝見類 ……277
拝察敬 ……175
拝察類 ……256
拝辞敬 ……175
拝辞類 ……255
拝借敬 ……170
媒酌類 ……267
拝受敬 ……169
拝受類 ……202
排除類 ……216
拝誦(はいしょう)敬 ……167
拝誦類 ……280
拝する敬 ……167
拝する類 ……277
排斥類 ……216
陪席敬 ……166
陪席類 ……201
倍増類 ……217
配置転換類 ……265
拝聴敬 ……169
拝聴類 ……204
拝呈(はいてい)類 ……176・202
拝読敬 ……167
拝読類 ……280
背反類 ……216
拝眉(はいび)手 ……31
拝眉(はいび)敬 ……167
拝眉(はいび)類 ……247
拝復類 ……176
拝命敬 ……169

拝命類 ……250
売約類 ……278
配慮類 ……192
拝領敬 ……169
拝領類 ……202
南風(はえ)類 ……186
生え抜き類 ……241
生える類 ……190
はがき敬 ……175
捗(はかど)る類 ……272
儚(はかな)くなる類 ……205
破棄類 ……278
波及類 ……275
白雨(はくう)類 ……186
薄志類 ……178
薄謝類 ……178
白砂青松(はくしゃせいしょう)類 ……189
白寿(はくじゅ)類 ……181
麦秋類 ……188
驀進(ばくしん)類 ……261
博する類 ……202
白眉(はくび)類 ……180
歯車が噛み合う類 ……257
励ます類 ……272
励む類 ……268
恥類 ……272
恥じ入る類 ……272
始める類 ……272
始める(事業)類 ……273
走り梅雨類 ……186
橋渡しをする類 ……267
箸を付ける類 ……190
弾みがつく類 ……194
弾む類 ……194
馳せ集まる類 ……248
馳せ参じる類 ……248
旗揚げ類 ……273
果たす類 ……269
破談類 ……278
八分通り類 ……213
バックアップ類 ……250
抜群類 ……244
初時雨(はつしぐれ)類 ……186
初霜類 ……187
初空類 ……185
初便り類 ……178
抜擢(ばってき)類 ……270
初春類 ……188
果てし無い類 ……236
花嵐類 ……186・189
鼻先類 ……239
花時(はなどき)類 ……189
花冷え類 ……183
花吹雪類 ……189
餞(はなむけ)類 ……202
歯の根が合わない類 ……183
母敬 ……172
母上敬 ……172
憚(はばか)る類 ……224
母君(ははぎみ)敬 ……172
母御(ははご)敬 ……172
幅広い類 ……236
省く類 ……177
侍(はべ)る類 ……257
早い話が類 ……209
破約類 ……278
早霜類 ……187
腹を割る類 ……258

張り合う[類] ……216
バリエーション[類] ……251
春[類] ……187
遥か[類] ……238
春寒[類] ……183
遥々[類] ……238
晴れ[類] ……185
馬齢(ばれい)を重ねる[類] ……204
晴れ晴れ[類] ……195
晴れやか[類] ……195
繁栄[類] ……177
晩夏[類] ……188
挽回[類] ……249
半減[類] ……217
万事[類] ……212
晩秋[類] ……188
晩春[類] ……187
反する[類] ……216
反省[類] ……274
万全[類] ……211
晩霜(ばんそう)[類] ……187
繁多(はんた)[類] ……246
反対に[類] ……208
判読[類] ……280
半人前[類] ……277
万能[類] ……210
繁忙(はんぼう)[類] ……246
反面[類] ……208
繁茂(はんも)[類] ……190
反目[類] ……215
繁用(はんよう)[類] ……246
汎用(はんよう)[類] ……263
万緑(ばんりょく)[類] ……189
範(はん)を垂(た)れる[類] ……259

ひ

日[類] ……228
贔屓(ひいき)[類] ……196・248
BCC[メ] ……20
延(ひ)いては[類] ……207
非衛生[類] ……243
日が浅い[類] ……225
控え目[類] ……223
控える[類] ……224
美化語[敬] ……164
光[類] ……230
光る[類] ……230
悲願[類] ……271
美観[類] ……189
引き合わせる[類] ……267
引き受ける[類] ……250
引き込まれる[類] ……193
引き立て[類] ……248
引き立てる[類] ……248
卑近(ひきん)[類] ……239
低い[類] ……238
卑下(ひげ)[類] ……222
日頃[類] ……225
氷雨[類] ……186・187
膝を交える[類] ……262
微少[類] ……235
美食[類] ……190
批正(ひせい)[類] ……249
秘蔵[類] ……260
密やか[類] ……232
悲痛[類] ……197
畢竟(ひっきょう)[類] ……209
畢生(ひっせい)[類] ……226

逼迫(ひっぱく)類 ……262
否定類 ……255
美的類 ……241
一廉(ひとかど)類 ……244
人様敬 ……171
一頻(ひとしき)り類 ……225
一通り類 ……214
一時(ひととき)類 ……225
人並み類 ……214
人並み外れる類 ……244
一旗揚げる類 ……273
一役買う類 ……262
日取り類 ……228
日永類 ……187
微(び)に入り細(さい)を穿(うが)つ類 ……222
否認類 ……255
非の打ち所がない類 ……211
批判的類 ……255
火蓋(ひぶた)を切る類 ……272
悲報類 ……229
非凡類 ……244
暇類 ……227
美味類 ……234
飛躍類 ……261
雹(ひょう)類 ……187
表現類 ……274
表出類 ……274
表する類 ……274
表白類 ……274
豹変(ひょうへん)類 ……252
渺茫(びょうぼう)類 ……236
表明類 ……274
日和(ひより)類 ……184
閃(ひらめ)く類 ……230
ピリオドを打つ類 ……251
比類の無い類 ……212
美麗類 ……241
披瀝(ひれき)類 ……247
広い類 ……236
広げる類 ……274
広々類 ……236
広まる類 ……275
火を見るよりも明らか類 ……245
賓客(ひんきゃく)敬 ……171
賓客(ひんきゃく)類 ……180
品行方正類 ……223
瀕(ひん)する類 ……262
便箋公 ……148
品の有る類 ……241
品の好(よ)い類 ……241

ふ

不案内類 ……278
不一(ふいつ)類 ……176
訃音(ふいん)類 ……229
無音(ぶいん)手 ……29
無音(ぶいん)類 ……275
風雅類 ……241
風光類 ……189
風光明媚(ふうこうめいび)類 ……189
封筒公 ……148
風味類 ……233
不衛生類 ……243
増える類 ……216
無遠慮類 ……275
深い類 ……237
不覚類 ……252
深々と類 ……237

深める類 ……237
不帰(ふき)の客となる類 ……205
不朽類 ……226
普及類 ……275
不謹慎類 ……211
腹案類 ……254
馥郁(ふくいく)類 ……234
福音類 ……229
復啓類 ……176
服務類 ……265
服喪(ふくも)類 ……182
父君(ふくん)敬 ……172
不敬類 ……275
不潔類 ……243
更ける類 ……237
不幸類 ……205
不心得類 ……211
無沙汰類 ……275
不賛成類 ……255
不二(ふじ)類 ……176
不悉(ふしつ)類 ……176
不躾(ぶしつけ)類 ……275
不始末類 ……219
不祝儀(ぶしゅうぎ)類 ……182
不首尾(ふしゅび)類 ……219
不純類 ……243
不肖(ふしょう)敬 ……170
不肖(ふしょう)類 ……277
不浄類 ……243
不承知類 ……255
腐心(ふしん)類 ……197
不尽(ふじん)類 ……176
付す類 ……276
不遜(ふそん)類 ……255
普段類 ……225
普通類 ……214
物故(ぶっこ)類 ……205
仏事(ぶつじ)類 ……182
不束(ふつつか)類 ……277
不手際類 ……219
太っ腹類 ……221
不届き類 ……211
不慣れ類 ……277
赴任類 ……265
不備類 ……176
不服類 ……197
不勉強類 ……278
訃報(ふほう)類 ……229
不本意類 ……197
不満類 ……197
踏み出す類 ……272
増やす類 ……217
冬類 ……188
不行き届き類 ……252
冬化粧類 ……188
プラスアルファ類 ……217
不履行類 ……278
降り敷く類 ……187
不慮類 ……199
フルーティー類 ……233
触れ合い類 ……254
無礼類 ……275
プレーン類 ……242
不和類 ……215
不惑(ふわく)類 ……181
紛糾類 ……215
分掌(ぶんしょう)類 ……279
分担類 ……279

芬々(ふんぷん)類 ……234
分与類 ……280
奮励類 ……268

へ

閉口類 ……198
弊社敬 ……174
弊社類 ……179
米寿(べいじゅ)類 ……181
平常類 ……225
平信類 ……178
平生(へいぜい)類 ……225
平素類 ……225
弊店敬 ……175
弊店類 ……179
閉店類 ……275
平年類 ……225
平板類 ……214
平々凡々類 ……214
平凡類 ……214
平癒(へいゆ)類 ……269
辟易(へきえき)類 ……198
ベスト類 ……212
別格類 ……214
別懇(べっこん)類 ……257
別便類 ……178
別離類 ……280
減らす類 ……218
遜(へりくだ)る類 ……222
へりくだる類 ……275
減る類 ……217
変化類 ……252
偏狭(へんきょう)類 ……237
変更類 ……252
返信類 ……178
鞭撻(べんたつ)類 ……272
変哲も無い類 ……214
変動類 ……252
変貌類 ……252
変容類 ……252
返礼類 ……179
勉励類 ……268

ほ

補遺(ほい)類 ……250
奉加(ほうが)類 ……202
望外類 ……199
包括類 ……276
芳紀(ほうき)類 ……181
奉迎敬 ……166
宝庫類 ……213
芳香類 ……234
報告のメール(会議・打ち合わせ)メ ……113
報告のメール(上司へ)メ ……112
報告のメール(取引先への納品)メ ……111
忙殺(ぼうさつ)類 ……246
芳醇(ほうじゅん)類 ……234
芳書(ほうしょ)敬 ……175
豊饒(ほうじょう)類 ……213
芳信(ほうしん)敬 ……175
鳳声(ほうせい)敬 ……168
鳳声(ほうせい)類 ……229
奉呈(ほうてい)類 ……202
捧呈(ほうてい)類 ……202
奉納類 ……202
茫漠(ぼうばく)類 ……236
豊富類 ……213
彷彿(ほうふつ)類 ……245

茫々(ぼうぼう)類 ……236
豊満類 ……214
茫洋(ぼうよう)類 ……236
火影(ほかげ)類 ……230
朗らか類 ……221
補完類 ……250
朴訥(ぼくとつ)類 ……242
星明かり類 ……230
補充類 ……250
暮秋類 ……188
暮春類 ……187
補正類 ……249
細い類 ……237
補足類 ……250
細作り類 ……237
細々類 ……235
細身類 ……237
菩提(ぼだい)を弔(とむら)う類 ……183
牡丹雪(ぼたんゆき)類 ……187
歩調を合わせる類 ……253
没類 ……205
牧歌的類 ……242
発起類 ……273
没する類 ……205
発足(ほっそく)類 ……273
没頭類 ……246
没年類 ……228
補填(ほてん)類 ……250
母堂(ぼどう)敬 ……172
程近い類 ……239
程遠い類 ……238
殆(ほとん)ど類 ……213
骨を埋める類 ……227
仄(ほの)暗い類 ……231
保有類 ……260
本卦還り(ほんけがえり)類 ……181
本社類 ……179
本宅類 ……191
本復(ほんぷく)類 ……269
本望(ほんもう)類 ……271

ま

邁進(まいしん)類 ……261
マイペース類 ……221
参る敬 ……166
参る類 ……200
マイルド類 ……233
前祝い類 ……182
任せる類 ……275
賄(まかな)う類 ……264
罷(まか)り越す敬 ……166
罷(まか)り越す類 ……200
罷(まか)り出る敬 ……166
罷(まか)り出る類 ……200
巻き返す類 ……249
幕開き類 ……273
幕開け類 ……273
幕が開く類 ……273
幕を開ける類 ……274
幕を切って落とす類 ……273
孫敬 ……174
摩擦類 ……215
勝る類 ……244
況(ま)して類 ……206
まじめ類 ……222
混じり気の無い類 ……242
交わり類 ……254
交わる類 ……254

又と無い 類 ……215
または(選択) 類 ……209
待ち受ける 類 ……276
間近 類 ……239
間近い 類 ……239
待ち構える 類 ……276
待ち望む 類 ……272
待ち設ける 類 ……276
待ち侘(わ)びる 類 ……276
待つ 類 ……276
真っ暗 類 ……231
末期(まつご) 類 ……205
末席(まっせき)を汚(けが)す 敬 ……166
末席(まっせき)を汚(けが)す 類 ……201
全うする 類 ……269
間遠(まどお) 類 ……238
纏(まと)まる 類 ……253
まとめる 類 ……276
真夏 類 ……188
間に合わせる 類 ……264
招く 類 ……277
目映(まばゆ)い 類 ……231
目深(まぶか) 類 ……237
眩(まぶ)しい 類 ……231
塗(まみ)れる 類 ……243
守る 類 ……277
満悦 類 ……195
満期 類 ……251
満喫 類 ……190・194
満載 類 ……214
満足 類 ……194
満遍なく 類 ……212
満了 類 ……251
満を持す 類 ……276

み

見合わせる 類 ……220
見送る 類 ……220
身軽 類 ……236
右に出る者がいない 類 ……212
砌(みぎり) 類 ……227
身綺麗 類 ……241
見事 類 ……210
短い時間 類 ……224
未熟 類 ……277
水際立つ 類 ……210
水も漏らさぬ 類 ……211
水を打ったよう 類 ……232
店 敬 ……175
店終(みせじま)い 類 ……275
店開き 類 ……274
魅せられる 類 ……193
店を畳む 類 ……275
霙(みぞれ) 類 ……187
身近 類 ……239
満ち足りる 類 ……195
導く 類 ……259
味読 類 ……280
皆様 敬 ……171
みなさん 敬 ……171
皆々様 敬 ……171
ミニ 類 ……235
身に余る 類 ……199
身の回り 類 ……239
身罷(みまか)る 類 ……205
耳にする 類 ……204
雅(みや)び 類 ……241
雅(みや)びやか 類 ……241

妙案 類 ……254
冥利 類 ……195
妙齢(みょうれい) 類 ……181
見る 敬 ……167
見る 類 ……277
見るに堪えない 類 ……198
身を固める 類 ……182
身を挺する 類 ……268
身を投ずる 類 ……268
実を結ぶ 類 ……262

む

向かう 類 ……200
迎える 敬 ……166
無窮(むきゅう) 類 ……226
無垢(むく) 類 ……242
向こう様 敬 ……171
向こうに回す 類 ……216
向こうを張る 類 ……216
虫がいい 類 ……224
無邪気 類 ……242
無上 類 ……212
寧(むし)ろ 類 ……208
無心 類 ……242
無尽蔵(むじんぞう) 類 ……214
蒸す 類 ……184
息子 敬 ……173
娘 敬 ……173
娘さん 敬 ……174
無双 類 ……212
無知 類 ……277
睦(むつ)まじい 類 ……257
無敵 類 ……212
空しくなる 類 ……205
無二 類 ……215
胸が痛む 類 ……197
胸が張り裂ける 類 ……197
胸が塞(ふさ)がる 類 ……197
胸を痛める 類 ……197・198
胸を借りる 類 ……216
胸を焦(こ)がす 類 ……193
胸を締め付けられる 類 ……197
胸を膨らませる 類 ……252
無念 類 ……197
無比 類 ……212・215
村雨(むらさめ) 類 ……186
無類 類 ……212

め

名案 類 ……254
明快 類 ……245
明解 類 ……245
明確 類 ……245
明言 類 ……203
明察 類 ……256
名勝 類 ……189
名状 類 ……274
明晰(めいせき) 類 ……245
明白 類 ……245
明敏(めいびん) 類 ……220
明々白々 類 ……245
瞑目(めいもく) 類 ……205
明瞭(めいりょう) 類 ……245
明朗 類 ……221
目が高い 類 ……223
目が回るよう 類 ……246
目から鼻に抜ける 類 ……220
目眩(めくる)めく 類 ……231

目溢(めこぼ)し類……279
目先を変える類……252
目敏(めざと)い類……220
召し上がる敬……170
召し上がる類……190
メッセージ類……229
滅相(めっそう)も無い類……211
目通り敬……167
目通り類……247
目と鼻の先類……239
目減り類……218
目を疑う類……199
目を輝かす類……194
目を瞑(つぶ)る類……205
目を細くする類……194
目を細める類……194
目を見張る類……199
面目次第も無い類……272
面目無い類……272
綿密類……245

も

申し上げる敬……168
申し上げる類……203
申し入れ類……230
申し入れる類……230
申し受ける敬……169
申し受ける類……202
申し送る敬……168
申し越す敬……168
申し込み類……230
申し込む類……229
申し付ける敬……168
申し付ける類……229
申し伝える敬……168
申し出類……230
申し出る類……230
申し述べる敬……168
申し述べる類……203
申し分が無い類……212
申し分ない類……193
猛暑類……184
申し渡す敬……168
猛進類……261
申す敬……168
申す類……203
猛省類……274
朦朧(もうろう)類……231
萌(も)え立つ類……190
萌(も)え出る類……190
萌(も)える類……190
目迎(もくげい)敬……166
目睫(もくしょう)の間(かん)類……239
目する類……252
目前類……239
若(も)しくは類……209
持ち重り類……236
持ち掛ける類……256
持ち前類……220
喪中(もちゅう)類……227
持って生まれた類……220
以(もっ)ての外類……211
尤(もっと)も類……209
縺(もつ)れる類……215
持て成し類……248
戻り梅雨(もどりづゆ)類……186
悖(もと)る類……216
喪に服す類……182

物心がつく類 ……181
物静か類 ……232
物の見事に類 ……210
物柔らか類 ……221
もらう敬 ……169
盛り返す類 ……249
盛り込む類 ……278
盛り沢山類 ……214
漏れ無く類 ……212
悶着(もんちゃく)類 ……215

や

夜気(やき)類 ……184
躍進類 ……261
約する類 ……178
約束類 ……278
約束を破る類 ……278
役目類 ……279
役割類 ……279
焼け付く類 ……184
闇類 ……231
遣(や)り合う類 ……216
遣(や)り繰りする類 ……264
遣(や)り通す類 ……269
遣(や)り遂げる類 ……269
遣(や)り抜く類 ……269
柔い類 ……240
やわらかい類 ……240
柔らかい類 ……240
軟らかい類 ……240

ゆ

唯一類 ……215
有為類 ……252
誘引(ゆういん)類 ……256
優越類 ……244
悠遠(ゆうえん)類 ……238
優雅類 ……241
勇敢類 ……221
悠久(ゆうきゅう)類 ……226
優遇類 ……248
友好類 ……254
勇姿類 ……221
雄姿類 ……221
有終の美を飾る類 ……251
友人敬 ……172
有数類 ……210
有する類 ……260
優待類 ……248
勇退類 ……266
雄大類 ……235
誘致類 ……277
優美類 ……241
有望類 ……252
幽明境(ゆうめいさかい)を異にする類 ……205
夕闇類 ……231
融和類 ……258
宥和(ゆうわ)類 ……258
愉悦類 ……194
故に類 ……207
雪類 ……186
雪明かり類 ……230
行き詰まる類 ……218・219
行き悩む類 ……219
雪催(ゆきもよ)い類 ……187
逝(ゆ)く類 ……205
譲り渡す類 ……280
譲る類 ……279・280

豊か類 ……………………………………213
委ねる類 …………………………………276
指折り類 …………………………………211
指折り数える類 …………………………253
愉楽(ゆらく)類 …………………………194
許す類 ……………………………………279

よ

夜明け類 …………………………………227
よい類 ……………………………………210
酔い痴(し)れる類 ………………………193
宵闇(よいやみ)類 ………………………231
要求類 ……………………………………279
養子縁組届公 ……………………………132
養子縁組届の書き方公 …………………128
容赦(ようしゃ)類 ………………………279
陽春類 ……………………………………187
擁(よう)する類 …………………………260
要するに類 ………………………………209
夭逝(ようせい)類 ………………………206
要請類 ……………………………………279
夭折(ようせつ)類 ………………………206
用談類 ……………………………………262
要は類 ……………………………………209
要望類 ……………………………………272
要務類 ……………………………………265
用命類 ……………………………………229
洋々類 ……………………………………236
揺籃期(ようらんき)類 ……………181・227
余暇(よか)類 ……………………………227
善かれ悪しかれ類 ………………………210
余寒(よかん)類 …………………………183
佳(よ)き日類 ……………………………228
浴する類 …………………………………203
横殴り類 …………………………………186
夜寒(よさむ)類 …………………………183
誼(よしみ)類 ……………………………255
因(よ)って類 ……………………………207
夜長類 ……………………………………188
呼び掛ける類 ……………………………256
読む敬 ……………………………………167
読む類 ……………………………………280
喜び類 ……………………………………194
慶(よろこ)び類 …………………………194
慶(よろこ)び事類 ………………………182
齢(よわい)類 ……………………………182
世を去る類 ………………………………206

ら

来駕(らいが)敬 …………………………166
来駕(らいが)類 …………………………200
来会類 ……………………………………201
来客類 ……………………………………180
来社類 ……………………………………201
来場類 ……………………………………201
来宅類 ……………………………………200
来談類 ……………………………………262
来賓敬 ……………………………………171
来賓類 ……………………………………180
落手類 ……………………………………203
楽天的類 …………………………………222
落葉類 ……………………………………189
乱文手 ……………………………………33
爛漫(らんまん)類 ………………………189
爛々(らんらん)類 ………………………231

り

リクエスト類 ……………………………280

履行類 ……259
離婚届公 ……134
離婚届の書き方公 ……128
リタイア類 ……266
離脱類 ……270
離任類 ……266
利発類 ……220
離別類 ……280
略儀手 ……34
略述類 ……274
隆昌(りゅうしょう)手 ……30
留任類 ……265
流麗(りゅうれい)類 ……241
涼(りょう)類 ……184
良案類 ……254
遼遠(りょうえん)類 ……238
凌駕(りょうが)類 ……244
涼気類 ……184
了見類 ……191
涼秋類 ……188
了承類 ……260
両親敬 ……172
諒(りょう)とする類 ……203
慮外類 ……199
緑風類 ……186
凛々(りり)しい類 ……223
履歴書公 ……143
臨終類 ……206
臨席類 ……201

る

類が無い類 ……212
類を見ない類 ……212

れ

冷気類 ……184
礼儀正しい類 ……223
礼遇類 ……248
令閨(れいけい)敬 ……172
励行類 ……268
零細類 ……235
令姉(れいし)敬 ……173
令嬢敬 ……173
礼状(アンケート回答)手 ……54
礼状(取引先紹介)手 ……52
令息敬 ……173
令孫(れいそん)敬 ……174
令弟敬 ……173
例年類 ……225
令夫人敬 ……172
令妹(れいまい)敬 ……173
黎明期(れいめいき)類 ……227
玲瓏(れいろう)類 ……231
礼を失する類 ……275
歴史的類 ……215
歴任類 ……265
列席類 ……201
廉潔(れんけつ)類 ……220
練達類 ……269
廉直(れんちょく)類 ……221
憐憫(れんびん)類 ……198
連絡の通知(FAX番号変更)手 ……59
連絡の通知(組織改編)手 ……56
連絡の通知(電話番号変更)手 ……58
連絡のメール(社内メンテナンス)メ ……115
連絡のメール(社員旅行)メ ……114
連絡のメール(社名変更)メ ……109

連絡のメール(電話番号変更)メ ……110

ろ

老境(ろうきょう)類 ……182
老人敬 ……172
老生(ろうせい)敬 ……170
老大家(ろうたいか)類 ……180
老婆心(ろうばしん)類 ……250
朗報類 ……229
露見類 ……247
露呈類 ……247
論究類 ……274

わ

矮小(わいしょう)類 ……235
ワイド類 ……236
分かち合う類 ……260
分かつ類 ……280
別れ霜(わかれじも)類 ……187
別れる類 ……280
弁(わきま)え類 ……270
弁(わきま)える類 ……270
分け与える類 ……280
分ける類 ……280
和する類 ……258
蟠(わだかま)る類 ……215
わたし敬 ……170
渡り合う類 ……216
渡りを付ける類 ……267
詫び状(苦情)手 ……102
詫び状(欠席)手 ……98
詫び状(納品遅延)手 ……94
詫び状(商品破損)手 ……100
詫び状(納入不手際)手 ……96
侘び住まい類 ……191
割引類 ……218
割り引く類 ……218
悪い類 ……211

〈主要参考文献〉
『三省堂　類語新辞典』
『絵で見る　慶弔事典』
『手紙文例・スピーチ例事典』
『絵で見る　現代生活のマナー事典』
『すぐに役立つ　日本語活用ブック』
以上　三省堂刊

◆

〈編集協力〉
株式会社　一校舎

◆

〈本文レイアウト・装幀〉
石原　亮

◎333

すぐに役立つ　文例活用ブック

2009年 4 月10日　第1刷印刷
2009年 4 月20日　第1刷発行

編　者　三省堂編修所
発行者　株式会社 三省堂　代表者　八幡統厚
印刷者　三省堂印刷株式会社
発行所　株式会社 三省堂
〒101-8371
東京都千代田区三崎町二丁目22番14号
電話　編集（03）3230-9411
　　　営業（03）3230-9412
振替口座　00160-5-54300
http://www.sanseido.co.jp/

〈文例活用ブック・336pp.〉

ISBN978-4-385-15827-3